부흥과 영적 각성을 위한 하나님의 패턴 7단계

하나님과의 신선한 만남

헨리 블랙가비 / 클로드 킹 지음

전의우 옮김

요단출판사

하나님과의 신선한 만남

1998년 7월 20일 제1판 1쇄 발행
2022년 7월 29일 제1판 11쇄 발행

지은이 헨리 블랙가비, 클로드 킹
옮긴이 전의우
발행인 김용성
펴낸곳 요단출판사
보 급 김동윤 이대성 박준호
주 소 158-053 서울특별시 영등포구 국회대로 76길 10
기 획 (02) 2643-9155
보 급 (02) 2643-7290-1 Fax. (02) 2643-1877
등 록 1973.8.23. 제13-10호

ⓒ 요단출판사 1998

정 가 14,000원
ISBN 978-89-350-0307-5 03230

│ 이 책의 한국어판 저작권은 요단출판사가 소유하고 있습니다.
출판사의 사전 승인없이 책의 내용이나 표지 등을 복제, 인용할 수 없습니다.

HENRY T. BLACKABY
CLAUDE V. KING

FRESH ENCOUNTER

EXPERIENCING GOD IN REVIVAL AND SPIRITUAL AWAKENING

BROADMAN
& HOLMAN
PUBLISHERS

Nashville, Tennessee

© 1996 by Henry T. Blackaby and Claude V. King
All rights reserved

Printed in the United States of America

4262-54
0-8054-6254-6

Published by
Broadman & Holman Publishers
Nashville, Tennessee

Dewey Decimal Classification: 269.24
Subject Heading: REVIVALS
Library of Congress Card Catalog Number: 95-53177

Unless noted otherwise, Scripture passages are from the New King James Version, copyright © 1979, 1980, 1982, Thomas Nelson, Inc., Publishers. Other Bibles used are the Holy Bible, New International Version (NIV), copyright © 1973, 1978, 1984 by International Bible Society; and the King James Version KJV).

Fresh Encounter: Experiencing God in Revival and Spiritual Awakening is a compilation, reorganization, and expansion of messages by Henry Blackaby and Claude King in the following resources published in 1993 by LifeWay Press (127 9th Ave., N., Nashville, TN 37234)—*Fresh Encounter: God's Pattern for Revival and Spiritual Awakening, Fresh Encounter Leader's Manual,* and *Fresh Encounter: A Plumb Line for God's People.*

Library of Congress Cataloging-in-Publication Data
Blackaby, Henry T.
    Fresh encounter : experiencing God in revival and spiritual awakening / Henry T. Blackaby and Claude V. King
       p. cm.
    ISBN 0-8054-6254-6
    1. Revivals. I. King, Claude V., 1954– . II. Title.
BV3790.B53   1996
269—dc20   95–53177
                                                                                 CIP

00 99 98 97 96 5 4 3 2 1

차례

서문

1부 부흥과 영적 각성

1장·· 영적 부흥의 길로 초청 17
2장·· 하나님이 정하신 다림줄 31
3장·· 부흥에서 하나님 체험하기 49
4장·· 영적 각성에서 하나님 체험하기 63
5장·· 부흥성회에 대한 성경적 기초 75
6장·· 성경에 나타난 부흥들 89

2부 부흥과 영적 각성을 위한 하나님의 패턴

7장·· 하나님의 패턴의 일곱 단계 113
8장·· 하나님께서는 잃어버린 세상을 구속하기 위해 일하고 계신다 125
9장·· 하나님의 백성은 그에게서 떠나는 경향이 있다 143
10장·· 하나님께서는 그의 백성을 사랑하시기 때문에 징계하신다 169
11장·· 하나님께서는 그의 백성에게 회개를 촉구하신다 193
12장·· 하나님은 회개하는 그의 백성을 부흥시키신다 213

3부 부흥과 영적 각성 그리고 영적 지도력

13장··영적 지도자의 역할 235

14장··영적 지도자의 자질 257

15장··영적 지도자들을 위한 개인적 부흥 277

16장··주의 길 예비하기 311

17장··하나님의 백성이 하나님께 돌아가도록 인도하기 333

18장··부흥이 찾아올 때 359

19장··지속적인 부흥을 위한 시간들 369

20장··이 땅의 부흥을 간구하는 기도 385

각주··398

서문

　　미국을 비롯해 세계 도처에서는 지금 수많은 성도들이 하나님을 다시 만나고자 하는 강렬한 소원의 기도를 드리고 있다. 이것은 교회도 마찬가지이다. 지금까지 교회는 영적 무기력증과 불감증에 빠져 있었다. 그러나 이제 더 이상 이런 죄에 머물 수는 없다. 뭔가 하늘로부터 내려오는 새로운 사건이 필요하다고 말을 한다. 또한 신·구약성경과 기독교 역사 속에 나타난 영적 각성운동과 같은 동일한 하나님의 능력과 임재를 기다리고 있다. 어떤 사람들은 이미 영적 부흥을 통해서 성령의 바람을 경험하고 있다. 그러나 지금도 많은 사람들이 '무엇을 어떻게 해야 할지' 당혹해 하고 있다. 그들의 기도 제목은 '과연 오늘날 우리에게도 영적 각성의 축복을 주신다는 하나님의 말씀이 있는가?' 또는 '이 영적 각성운동을 위해서 무엇을 준비해야 하는가?' 하는 점이다. 분명히 하나님은 그 백성의 기도를 들으시고 응답해 주실 줄 믿는다.

성경의 주인공처럼 우리도 거룩하신 하나님의 임재 안으로 들어갈 수 있다면 얼마나 신기하고 놀랍겠는가? 하나님 앞에 선다는 말은 곧 온 천지를 창조하신 창조주 앞에 선다는 말이다. 뿐만 아니라 창조주 하나님은 죄로 타락한 모든 사람들을 구원하실 구속자로 행동하시면서 당신의 아들 예수 그리스도께 인간의 죄를 대신 지게 하시고 그 잔인한 십자가 위에 죽게 하셨다. 그러므로 하나님을 만나고자 하는 그 어떤 시도도 상당한 대가와 책임이 뒤따른다.

간절히 찾는 자만이 그분 앞에 설 수 있다. 이것은 어떤 원리나 개념적인 반응이 아니라 전체로 드려야 할 전인격적인 반응이다. 그렇기 때문에 하나님을 만나는 일은 항상 심각한 태도가 요구된다.

이 책은 독자들에게 성경 곳곳에 타오르고 있는 영적 각성운동의 불길을 보여줄 것이다. 성경본문과 아울러 참고사항도 언급되었으니 하나님의 약속을 마음껏 읽어보기 바란다. 말씀을 읽는 동안 성령께서 당신을 도와서 그 말씀의 의미를 알게 하시고, 그 말씀을 통해서 자신의 신분을 노출하고 계시는 하나님을 직접 만날 수 있도록 해 주실 것이다. 하나님은 말씀을 통해 그 백성들에게 오시기 때문에 말씀과의 만남은 곧 하나님과의 만남이다. 따라서 우리는 말씀을 만날 때마다 전인격적인 자세로 하나님을 환영해야 할 것이다.

또한 독자들은 이 책을 읽는 중에 아래와 같은 사항들을 숙지해 주기 바란다.

* 말씀 속에서 하나님을 만날 수 있도록 성경을 진지하게 읽어라.
* 하나님을 만나기를 기대하라.

* 각 장이 끝날 때마다 기도로 하나님을 만날 준비를 하라.
* 다른 믿음의 동료들과 정기적으로 만나서 하나님이 자신에게 계시하신 것을 서로 나누는 시간을 만들어라.
* 만약 하나님이 구체적으로 요구하시는 것이 계시되면 즉시 순종하도록 하라.
* 지금까지 하나님의 뜻대로 살지 못한 것이 있다면 회개하고 다시 순종하기 바란다.
* 믿음의 동료들끼리 매일 정기적으로 그날 은혜받은 것들을 서로 나누어라.
* 영적 부흥운동이 개인과 교회 위에 일어날 때까지 계속 기도하고, 연구하고, 순종하기 바란다.

이 책을 쓴 목적은 바로 하나님의 백성들이 하늘로부터 내려오는 성령의 불을 경험할 수 있도록 성경과 기독교 역사에 일어난 영적 각성운동의 실례들을 제공하는 데 있다. 만약 이 동일한 영적 부흥의 사건이 오늘날에도 일어난다면 변화된 소수의 성도들을 통해 전세계 모든 사람들에게 구원의 복된 소식을 전할 수 있을 것이다.

경고

하나님이 말씀하신다는 사실은 연구나 토론의 목적보다는 바로 순종의 요구를 내재하고 있다. 하나님이 당신과 가정 그리고 교회 위에 말씀하기를 원하시는가? 그렇다면 하나님이 말씀하실 때마다 그분께 순종할 준비를 하라. 창조주 하나님의 말씀을 듣고도 순종하지 않는 것은 대단히 큰 죄다. 하나님은 당신의 창조주시며 또한 그리스도는 교회의 머리이다. 뿐만 아니라 하나님은 온 우주의 통치자로서 당신의 주님이 될 권리가 있다. 이런 하나님께서 순종을 요구하시는 것은 당연한 것이다.

이런 의미에서 본 저자는 독자들에게 한 가지 경고를 하고자 한다. 만약 여러분이 하나님과 실제적이고 영적인 교제를 나누는 관계가 아니라면 차라리 이 책을 공부하지 말라. 왜냐하면 일단 성령께서 말씀을 통해 하나님의 생각을 알려주면, 당신은 즉각 이 말씀에 순종할 책임이 있기 때문이다. 그렇지 않으면 하나님과의 관계가 세워지지 않는다. 이때 당신은 하나님의 말씀을 순종할 수도 불순종할 수도 있다. 때때로 무지 때문에 불순종할 수도 있지만 하나님은 진리를 알고도 불순종하는 자들의 죄를 더욱 더 심판하신다(벧후 2:20-21 참조). 한번은 예수님도 제자들에게 정곡을 찌르는 질문을 하셨다. "너희는 나를 불러 주여 주여 하면서도 어찌하여 나의 말하는 것을 행치 아니하느냐"(눅 6:46).

우선 사람을 선택하여 잃어버린 세상을 구원시키는 도구로 사용하시는 하나님의 분명한 의도를 깨닫지 못하면 결코 이 책에 언급된 내용들을 소화할 수 없다. 만약 이 책을 다 공부한 뒤에도 여전히 하나님의 말씀을 의도적으로 불순종한다면 당신의 마음이 전보다 더 강퍅하게 되었다는 증거이다. 이 책을 읽고도 불순종함으로 더 강퍅하게 될 바에야 차라리 읽지 않는 편이 낫다.

독자 여러분! 우리가 불순종했을 때 치러야 할 단순한 대가뿐만 아니라 하나님께 돌아가지 않았을 때 치러야 할 심각한 대가를 생각해 보라. 이것이 당신의 가정과 교회에 어떤 영향을 끼칠지 상상해 보았는가? 영적 부흥에 실패한 백성들의 미래는 암울하고 어둡고 생명이 없다. 모세도 하나님의 백성들에게 경고하기를, 하나님의 말씀은 "허사가 아니라 너희의 생명이니"(신 32:47)라고 했다.

예레미야와 이스라엘

예레미야 41-42장은 이스라엘의 비극적인 역사 중 한 부분을 서술하고 있다. 예루살렘 성은 이미 바벨론 군대의 손에 함락되었다. 한편 이스라엘의 지도자들은 전쟁중에 살아 남은 백성들을 모아서 바벨론 사람들의 눈을 피해 애굽으로 피난하기 시작했다. 그때 그들은 피난중에 하나님의 얼굴을 찾기로 결정했다.

> 이에 모든 군대에 장관과 가레아의 아들 요하난과 호사야의 아들 여사냐와 백성의 작은 자로부터 큰 자까지 다 나아와 선지자 예레미야에게 이르되 당신은 우리의 간구를 들으시고 이 남아 있는 모든 자를 위하여 당신의 하나님 여호와께 기도하소서 당신이 목도하시거니와 우리는 많은 중에서 조금만 남았사오니 당신의 하나님 여호와께서 우리의 마땅히 갈 길과 할 일을 보이시기를 원하나이다 선지자 예레미야가 그들에게 이르되 내가 너희 말을 들었은즉 너희 말대로 너희 하나님 여호와께 기도하고 무릇 여호와께서 너희에게 응답하시는 것을 숨김이 없이 너희에게 고하리라 그들이 예레미야에게 이르되 우리가 당신의 하나님 여호와께서 당신을 보내사 우리에게 이르시는

모든 말씀대로 행하리이다 여호와는 우리 중에 진실무망한 증인이 되시옵소서 우리가 당신을 우리 하나님 여호와께 보냄은 그의 목소리가 우리에게 좋고 좋지 아니함을 물론하고 청종하려 함이라 우리가 우리 하나님 여호와의 목소리를 청종하면 우리에게 복이 있으리이다(렘 42:1-6).

마침내 백성들은 하나님의 명령을 전적으로 순종할 것을 맹세했다. 10일이 지났다. 그때 하나님은 백성들에게 그 땅을 떠나지 말라고 말씀하시면서 다음과 같은 경고를 했다.

너희 유다의 남은 자여 이제 여호와의 말씀을 들으라 만군의 여호와 이스라엘의 하나님이 이같이 말씀하시되 너희가 만일 애굽에 들어가서 거기 거하기로 고집하면 너희의 두려워하는 칼이 애굽 땅으로 따라가서 너희에게 미칠 것이요 너희의 두려워하는 기근이 애굽으로 급히 따라가서 너희에게 임하리니 너희가 거기서 죽을 것이라(렘 42:15-16).

비록 백성들은 하나님의 지시를 찾는 것처럼 행동했지만 하나님은 이미 그들의 마음이 애굽 땅으로 기울어져 있다는 것을 아셨다. 이때 예레미야는 백성들에게 다음과 같은 경고를 한다.

유다의 남은 자들아 여호와께서 너희 일로 하신 말씀에 너희는 애굽으로 가지 말라 하셨고 나도 오늘날 너희에게 경계한 것을 너희는 분명히 알라 너희가 나를 너희 하나님 여호와께 보내며 이르기를 우리를 위하여 우리 하나님 여호와께 기도하고 우리 하나님 여호와께서 말씀하신 대로 우리에게 고하라 우리가 이를 행하리라 하여 너희 마음을 속였느니라 너희 하나님 여호와께서 나를 보내사 너희에게 명하신 말씀을 내가 오늘날 너희에게 고하였어도 너희가 그 목소리를 도무지 순종치 아니하였은즉 너희가 가서 우거하려 하는 곳에서 칼과 기근과 염병에 죽을 줄 분명히 알지니라(렘 42:19-22).

백성들은 하나님의 지시를 찾는 듯했지만 자신들의 기본계획은 바꾸지 않았다. 예레미야에 의하면, 이것은 이스라엘 백성들의 생명까지 빼앗을 수 있는 치명적인 실수였다.

이 책을 읽다 보면 영적 부흥을 일으키는 여러 조건들을 직접 알게 될 것이다. 부디 당신의 가정과 교단 위에 이런 영적 부흥이 일어날 수 있도록 이 조건들을 미리 준비하기 바란다. 또한 하나님은 당신의 말보다는 행동 때문에 심판하신다는 사실을 기억하기 바란다.

하나님은 뭔가 놀라운 일을 하신다

우리 주변을 돌아보면 어려운 조건들이 산재해 있다. 그러나 실제적으로 우리는 그 어느 시대보다도 더 신나게 살 수 있는 그런 시대에 살고 있다. 전능하신 하나님은 지금까지 끈질기게 버티고 있던 복음의 장애요소들을 하나둘씩 제거하고 계신다. 이제는 복음이 세계 구석구석 어느 곳에도 들어가지 않는 곳이 없다. 뿐만 아니라 지금 이 지구촌에 사는 사람들은 그 어느 때보다 영적인 기아에 허덕이고 있다. 믿을 수 없는 사실은 어제의 수많은 불신자들이 복음을 듣고 새로운 삶을 살아가고 있다는 것이다. 한때 선교사들을 받아들이지 않던 나라들도 이제는 달라졌다. 그들도 성경과 복음을 요청하고 있다. 이런 관점에서 보면, 우리는 기회로 꽉 찬 세계에 살고 있다. 복음이 그 어느 때보다 더 수용되는 세계란 말이다. 우리가 던져야 할 질문은 바로 이것이다. 어떻게 하면 우리 자신이 하나님이 사용하실 수 있는 깨끗한 그릇이 되어서 하나님의 구원사역을 감당할 수 있는가 하는 점이다. 심각하게 생각하고 하나님의 뜻에 순종하는 여러분이 되기를 바란다.

"하나님이 말씀하실 때마다 두렵고 떨리는 마음으로 순종하게 하시고, 하나님이 그 백성 중에 행하실 놀라운 일을 기대하는 일에 민첩하게 하소서. 모든 영광이 하나님 한 분에게만 있나이다."

1995년 11월
헨리 블랙가비와 클로드 킹

1부

부흥과 영적 각성

1장
영적 부흥의 길로 초청

웃시야 왕은 권력과 인기를 한몸에 안고 유다 왕국을 52년 동안 통치했다(주전 792-740). 그는 집권 초기부터 모든 것을 "여호와 보시기에 정직히 행하였고"(대하 26:4 참조), 그 대가로 "저가 여호와를 구할 동안에는 하나님이 형통케 하셨다"(대하 26:5 참조). 그러는 동안 유다 왕국은 평화와 번영 속에 꽃을 피우게 된다. 그러나 역대하 26:16을 보면, "저가 강성하여지매 그 마음이 교만하여 악을 행하여" 범죄를 저지르게 된다. 그는 교만한 나머지 제사장에게만 주어진 신성한 직무를 월권하여 자기 스스로 향단에 분향하려고 했다. 하나님이 가만 계시겠는가? 웃시야는 즉시 문둥병이 들어서 말년을 쓸쓸히 보내게 된다. 더 이상 하나님의 전에도 들어갈 수 없었을 뿐만 아니라 그의 왕국 통치권도 아들의 손에 넘어가게 된다.

이사야 선지자는 웃시야 왕이 죽던 해에 예루살렘 성에 살았다. 하나님은 이미 백성들의 사악한 행위와 죄를 선지자에게 경고한 바 있었다. 이 나라가 지금 심각한 영적 위기에 처해 있다는 사실을 선지자 자신도 알고 있었다. 최근에 문둥병으로 죽은 웃시야 왕의 죽음도 시사하는 바가 있었다. 이사야 선지자는 국가적인 죄로 심란해진 마음을 안고 여호와의 전으로 올라갔다.

> 웃시야 왕의 죽던 해에 내가 본즉 주께서 높이 들린 보좌에 앉으셨는데 그 옷자락은 성전에 가득하였고 스랍들은 모셔 섰는데 각기 여섯 날개가 있어 그 둘로는 그 얼굴을 가리었고 그 둘로는 그 발을 가리었고 그 둘로는 날며 서로 창화하여 가로되 거룩하다 거룩하다 거룩하다 만군의 여호와여 그 영광이 온 땅에 충만하도다 이같이 창화하는 자의 소리로 인하여 문지방의 터가 요동하며 집에 연기가 충만한지라 그때에 내가 말하되 화로다 나여 망하게 되었도다 나는 입술이 부정한 사람이요 입술이 부정한 백성 중에 거하면서 만군의 여호와이신 왕을 뵈었음이로다 때에 그 스랍의 하나가 화저로 단에서 취한 바 핀 숯을 손에 가지고 내게로 날아와서 그것을 내 입에 대며 가로되 보라 이것이 네 입에 닿았으니 네 악이 제하여졌고 네 죄가 사하여졌느니라 하더라 내가 또 주의 목소리를 들은즉 이르시되 내가 누구를 보내며 누가 우리를 위하여 갈꼬 그때에 내가 가로되 내가 여기 있나이다 나를 보내소서(사 6:1-8).

이사야는 성전에서 하나님을 새롭게 만났다. 그러나 실제 하나님과의 만남은 두렵고 떨리는 경험이었다. 이사야는 하나님의 거룩성을 인식하는 순간 바로 그 자리에서 문둥병이 걸린 웃시야 왕의 비극을 생각했을지도 모른다. 너무나 두려운 나머지 이사야는 하나님의 임재 앞에 벌벌 떨게 되었다. 이사야와 하나님과의 새로운 만남에서는 다음과 같은 결과가 나타난다.

* 하나님은 자신의 거룩성을 계시하셨다.
* 이사야는 자신의 죄를 심각하게 인식하게 되었다.
* 이사야는 자신의 죄를 회개하였다.
* 하나님은 그의 죄를 용서하시고, 그의 죄과를 제거하셨으며, 그를 깨끗하게 만드셨다.
* 하나님은 자신의 계획을 발표하셨다.
* 이사야는 즉시 "내가 여기 있나이다, 나를 보내소서"라고 고백하면서 자원했다.
* 그때 하나님은 그를 보내면서 백성들에게 전할 사명을 맡기셨다.

비록 이사야는 2700여 년 전의 사람이지만 우리는 하나님을 만난 그의 경험을 통해서 우리도 동일한 영적 부흥을 경험할 수 있다는 소망을 얻게 된다. 비록 죄악이 만연한 나라에 산다고 해도 하나님을 만나는 길은 항상 열려 있다. 우리는 하나님의 임재를 통해서 하나님의 거룩성과 인간의 죄성을 동시에 보게 된다. 오직 하나님만이 우리의 부정한 것을 정화시킬 수 있고 또 우리 속에 하나님의 거룩성을 회복할 수 있다. 하나님께서는 하나님의 특별한 때에 특별하신 방법으로 여러분을 불러서 이 세상을 구원할 복음의 도구로 사용하실 것이다.

어둡고 절망적인 순간

오늘날 많은 크리스천들은 이 사회에 만연해 있는 윤리적인 부패와 교회의 영적 무기력을 안타깝게 생각하고 있다. 또 어떤 곳에서는 이런 윤리적인 환경들이 날이 갈수록 더 악화되고 있다. 빠른 속도로 자라는 독버섯처럼 인간의 사악함이 자라고 있다. 이에 덩달아서 변태적인 행위도 기하급수적으로 불어나고 있다. 전에는 범죄로 취급되었던 것들이 이제는 시대의 유행처럼 인정되고 있다. 도덕적 기준과 가치도 무너졌다. 자신들 보기에 좋은 것이 판단의 기준이 되어버렸다. 사람도 단체도 심지어 정부도 기회가 있으면 크리스천들이 하는 일을 반대하고 있다. 하나님을 더 이상 두려워하지 않는다. 어쩌면 우리는 지금 이사야 선지자가 살았던 시대와 동일한 환경에서 살고 있는지도 모른다. 윤리적, 영적인 위기가 위험수위에 와 있다. 하나님의 심판의 칼이 언제 임할지 두렵기만 하다.

비록 우리가 지금 영적 어두움 속에 포위되어 있다고 하더라도 놀라지 말라. 어쩌면 당연한 일일 수도 있다. 죄와 악은 어두울 수밖에 없다. 문제는 어두움이 아니라 빛이다. 오직 빛만이 어두움을 쫓아낼 수 있다. 오늘날 이 땅은 이런 빛의 부재로 인해서 영적인 어두움이 온 세상에 깔려 있다.

예수님도 말씀하시기를, "너희는 세상의 빛"이라고 하셨다(마 5:14-16 참조). 만약 우리 속에 있는 그리스도의 빛이 세상의 염려나 죄 때문에 흐려진다면 상대적으로 증가되는 것은 어두움뿐이다. 동시에 하나님의 자녀들이 자신들을 성화시켜 참된 빛을 비추기 시작한다면, 어두움은 이내 도망치고 말 것이다. 어두움은 결코 빛을 상대로 싸울 수가 없다. 오직 빛만이 어두움을 물리칠 수 있다.

비록 우리가 살고 있는 이 나라와 도시뿐만 아니라 심지어 교회까지 영적 암흑 속에 놓여 있다 해도 결코 실망하지 말라. 어쩌면 우리는 예루살렘 성처럼 하나님의 기억 속에 잊혀진 존재라고 생각할지 모르지만 하나님은 결코 당신의 백성들을 버리지 않으신다. 하나님이 시온에게 하신 말씀을 읽어보라.

> 오직 시온이 이르기를 여호와께서 나를 버리시며 주께서 나를 잊으셨다 하였거니와 여인이 어찌 그 젖먹는 자식을 잊겠으며 자기 태에서 난 아들을 긍휼히 여기지 않겠느냐 그들은 혹시 잊을지라도 나는 너를 잊지 아니할 것이라 내가 너를 내 손바닥에 새겼고 너의 성벽이 항상 내 앞에 있나니(사 49:14-16).

본문에서 하나님이 강조하시는 것은 무엇인가? 그것은 바로 어미가 그 젖먹이 자식을 잊어버릴 수 없는 것처럼 하나님도 결코 당신의 백성을 잊어버릴 수 없다는 것이다. 또한 하나님이 우리를 당신의 손바닥에 새겼다는 것이다. 지금도 예수님은 못박힌 두 손을 보이시면서 우리를 부르고 계신다. "내 손바닥에 난 이 상처를 보아라. 내가 어떻게 너희를 잊을 수 있겠느냐?" 하나님은 이사야를 통해 이런 말씀을 하셨다.

> 여호와께서 또 가라사대 은혜의 때에 내가 네게 응답하였고 구원의 날에 내가 너를 도왔도다 내가 장차 너를 보호하여 니로 백성의 언약

> 을 삼으며 나라를 일으켜 그들로 그 황무하였던 땅을 기업으로 상속
> 케 하리라 내가 잡혀 있는 자에게 이르기를 나오라 하며 흑암에 있는
> 자에게 나타나라 하리라 그들이 길에서 먹겠고 모든 자산에도 그들
> 의 풀밭이 있을 것인즉(사 49:8-9).

비록 시대가 암울하고 절망적일지라도 하나님은 여전히 온 세상을 통치하고 계신다는 사실을 기억하라. 지금처럼 우리는 하나님의 백성들이 그 어느 때보다 더 간절히 영적인 부흥을 사모하는 것을 본 적이 없다. 행동하시는 하나님은 그 백성들의 마음을 움직여서 무릎을 꿇게 하시고 당신의 얼굴을 구하게 하신다. 영적 각성을 향한 하나님의 시간이 점점 다가오는 것을 볼 수 있다. 아마 이 책을 읽는 당신도 심적인 부담을 안고 영적 부흥을 기다리는 사람 중에 한 사람일지 모른다. 하나님께서 부디 당신의 눈을 열어주셔서 앞으로 하늘에서 파송하는 신뢰할 만한 영적 각성운동을 볼 수 있었으면 좋겠다.

하나님의 초청

지금 당신의 교회는 하나님을 경험하고자 이전보다 더 갈급해 하고 있는가? 아니면 황폐한 사막처럼 영적으로 메말라 갈라져 있는가? 혹시 새로운 영적 부흥을 사모하는 분위기를 느낄 수 없는가? 부패한 세상에 대해 뭔가 초조하고 부담되는 어떤 의식 같은 것 말이다. 당신의 가족이나 친구들이 영적 부흥을 통해 은혜를 체험한 적이 있는가? 오직 영적 각성만이 우리의 유일한 소망이라는 사실을

많은 사람들이 공감하고 있다. 하나님은 성경을 통해서 영적 각성이 일어날 수 있는 조건에 대해 말씀하셨다. "혹 내가 하늘을 닫고 비를 내리지 아니하거나 혹 메뚜기로 토산을 먹게 하거나 혹 염병으로 내 백성 가운데 유행하게 할 때에 내 이름으로 일컫는 내 백성이 그 악한 길에서 떠나 스스로 겸비하고 기도하여 내 얼굴을 구하면 내가 하늘에서 듣고 그 죄를 사하고 그 땅을 고칠지라"(대하 7:13-14).

한 국가가 안고 있는 문제를 고치는 일은 바로 하나님의 백성들이 먼저 회개하고 하나님께 돌아설 때 시작되는 것이다. 하나님은 지금도 당신의 구속사업을 맡아 사역할 거룩한 사람들을 찾고 계신다. 하나님이 필요로 하는 그릇은 바로 깨끗한 사람과 깨끗한 교회이다. 베드로도 이렇게 말했다. "… 너희가 어떠한 사람이 되어야 마땅하뇨 거룩한 행실과 경건함으로 하나님의 날이 임하기를 바라보고 간절히 사모하라… 그러므로 사랑하는 자들아 너희가 이것을 바라보나니 주 앞에서 점도 없고 흠도 없이 평강 가운데서 나타나기를 힘쓰라"(벧후 3:11-14).

우리는 하나님께서 자기 백성을 부르시는 일을 이미 진행하고 계시다는 사실을 확실히 믿는다. 예수께서 말씀하시기를, "누구든지 목마르거든 내게로 와서 마시라 나를 믿는 자는 성경에 이름과 같이 그 배에서 생수의 강이 흘러나리라"(요 7:37-38)고 하셨다.

너희 목마른 자들아 물로 나아오라 돈 없는 자도 오라 너희는 와서 사먹되 돈 없이 값없이 와서 포도주와 젖을 사라(사 55:1).

너희는 여호와를 만날 만한 때에 찾으라 가까이 계실 때에 그를 부르라 악인은 그 길을 불의한 자는 그 생각을 버리고 여호와께로 돌아오라 그리하면 그가 긍휼히 여기시리라 우리 하나님께로 나아오라 그가 널리 용서하시리라(사 55:6-7).

내 입에서 나가는 말도 헛되이 내게로 돌아오지 아니하고 나의 뜻을 이루며 나의 명하여 보낸 일에 형통하리라 너희는 기쁨으로 나아가며 평안히 인도함을 받을 것이요 산들과 작은 산들이 너희 앞에서 노래를 발하고 들의 모든 나무가 손바닥을 칠 것이며(사 55:11-12).

성령과 신부가 말씀하시기를 오라 하시는도다 듣는 자도 오라 할 것이요 목마른 자도 올 것이요 또 원하는 자는 값없이 생명수를 받으라 하시더라(계 22:17).

수고하고 무거운 짐진 자들아 다 내게로 오라 내가 너희를 쉬게 하리라(마 11:28).

만군의 여호와가 이르노라… 내게로 돌아오라 그리하면 나도 너희에게 돌아가리라(말 3:7).

그러므로 너희가 회개하고 돌이켜 너희 죄 없이함을 받으라 이같이 하면 유쾌하게 되는 날이 주 앞으로부터 이를 것이요(행 3:19).

하나님의 백성들이 성경말씀을 상고하고 성령의 임재 가운데 개인적으로 혹은 집단적으로 자신들의 죄를 참으로 회개하면, 그때부터 하나님은 그 백성들에게 보내주실 신뢰할 만한 영적 부흥을 준비하신다. 하나님은 그에게로 돌아오라고 우리를 부르신다. 우리가 하나님께로 돌아갈 때 하나님은 능력과 권세로 우리 모든 죄를 깨끗이 씻어주시고 용서해 주시는 것이다. 뿐만 아니라 긍휼이 풍성하신 하나님은 그와의 관계를 새롭게 회복시켜 주시고, 치료해 주실 것이다.

죄에 빠진 이 나라를 구원하는 길은 하나님의 백성들이 그 죄를 회개하고 하나님께 돌아가는 것뿐이다. 우리는 지금 사회 구석구석에서 하나님의 의미심장한 활동을 목격하고 있다. 어쩌면 지금이 바로 하나님의 은혜가 구체적으로 현실화될 수 있는 시기일지도 모른다. 하나님의 영광을 위해서, 육신의 몸을 입고 오신 독생자 예수 그리스도를 영화롭게 하기 위해서, 우리 자녀와 친척들을 위해서, 이웃과 친구들을 위해서 그리고 또 이 나라를 구원하기 위해서 하나님의 선민인 우리가 먼저 그 악한 길에서 떠나 스스로 겸비하고 기도하여 하나님의 얼굴을 구하면서 주님과 사랑의 관계로 돌아가자.

아래에 언급되는 내용은 미국 식민지 시대에 일어났던 제1차 영적 각성운동 때 역사하셨던 하나님의 활동에 대한 증언들이다. 많은 힘을 얻기 바란다.

하나님의 은혜에 대한 증언: 제1차 영적 각성운동

보통 학자들은 미국 식민지 때에 일어났던 제1차 영적 각성운동 시기를 1740-1743년으로 잡고 있다. 역사상에 일어났던 여느 영적 각성운동처럼 제1차 영적 각성운동이 일어나기 전, 당시 식민지 지역교회의 영적인 기후는 마를 대로 말라 있었다. 중간 계약신학과 같은 잘못된 의식들이 교회에 침투해서 믿음으로 말미암아 구원을 얻는다는 전통적인 구원관을 흔들어놓고 있었다. 그 결과로 불신자들도 버젓이 교회의 회원으로서 활동을 했었다. 교회는 세상과 뒤섞여 있었고 성도들의 참된 신앙고백도 없어지고 말았다.

순회 전도자였던 조지 화이트필드(George Whitefield)와 길버트 테넨트(Gilbert Tennent) 같은 사람들은 그 당시 크리스천들의 굳은 마음의 밭을 기경하기 위해서 사용되었다. 그들이 하나님의 말씀을 선포했을 때 한 번도 중생의 경험이 없었던 수많은 교회 회원뿐만 아니라 심지어 목회자까지도 회개하고 하나님께 돌아오는 역사가 있었다. 그들은 한결같이 구원의 문제를 붙들고 씨름했다. 역사학자들의 통계에 따르면, 영적 각성운동이 일어났던 기간 동안 증가된 크리스천의 숫자는 미국 뉴잉글랜드 지역만 해도 2만 5천 명에서 5만 명이나 되었는데, 이 수치는 전 인구의 비율로 하면 7퍼센트에서 14퍼센트의 증가를 의미한다고 했다. 여기저기서 새로운 교회가 기하급수적으로 세워졌다. 다트머스 대학(Dartmouth College)과 프린스턴 대학(Princeton College) 같은 곳에서는 선교사와 목사들을 훈련시켜 복음의 사역자로 파송하기 시작했다. 각 교단간의 협동사업의 기초도 영적 각성운동을 통해서 세워졌다. 새 독립국가 헌법에 보장된 종교의 자유도 바로 이 각성운동을 통해서 잉태되었다.

1734년 즈음에 뉴잉글랜드에 있는 여러 지역에서 영적 각성운동이 일어나기 시작했다. 하나님은 초기의 이런 영적 부흥운동들을 이용하셔서 그 뒤에 일어나는 대각성 운동의 토양을 미리 준비하셨다.

매사추세츠 주에 있는 노스앰프톤(Northampton) 시는 1734-

1735년 사이에 일어난 영적 각성운동의 중심지였다. 그 당시 조나단 에드워즈(Jonathan Edwards)는 노스앰프톤 회중교회의 담임목회자였다. 이 마을의 영적인 분위기는 한마디로 무미건조하고 몰락 일보 직전이었다. 에드워즈의 말에 따르면, 젊은 청년들은 밤거리를 돌아다니면서 술과 관능과 쾌락에 빠졌다고 했다. 가정의 규율도 완전히 허물어져 버렸다. 더구나 이 마을은 서로 앙숙인 두 정당이 오랫동안 정치적인 싸움을 하면서 사람들의 마음이 갈라져 있었다.

1734년 어느 봄날에 이 마을 근처에 살던 두 명의 청년이 연달아 죽는 사건이 일어났다. 그러자 사람들은 영적인 문제와 영생의 문제에 대해서 심각하게 생각하기 시작했다. 하나님은 그 백성들의 기도를 들으시고 서서히 구원의 활동을 시작하셨다. 그 해 가을 어느 예배시간에 조나단 에드워즈는 "오직 믿음으로만 구원을 받는다"는 주제로 말씀을 전했다. 몇 개월이 지난 12월에 들어서 마침내 5-6명의 사람들이 중생의 체험을 하게 된다. 그 중 한 사람은 마을에서 가장 평판이 좋지 않던 젊은 여자였다. 그 여자의 삶이 얼마나 극적으로 변화되었는지 사람들은 이구동성으로 다 하나님의 은혜라고 말할 정도였다. 이런 일이 있은 지 6개월 동안 불과 1,100명에 불과한 이 마을에 영적 각성운동이 일어나면서 무려 300여 명이 회개하고 하나님께 돌아오는 역사가 일어났다. 에드워즈는 이렇게 말하고 있다.

> 하나님이 직접 구원의 사역에 동참하셔서 재빨리 당신의 일을 수행하시고, 성령도 많은 사람들의 마음 속에 신속히 활동함으로 인해 사

람들의 급속한 구원의 진보가 이루어졌다. 나이가 많든 적든 마을에 사는 사람들은 어느 누구나 할 것 없이 모두가 이 영생의 문제에 관심이 있었다. 마을은 하나님의 임재하심으로 충만해졌다. 이렇게 사랑과 기쁨으로 충만해져 본 적이 없었다. 각 가정들은 새롭게 발견한 구원의 선물로 인해서 기쁨에 싸여 있었다. 공중모임도 너무나 아름다웠다. 회중들이 드리는 예배는 살아서 꿈틀거렸고, 모든 사람들이 자발적으로 예배에 동참했다. 찬양 속에는 생기가 있었고, 심미한 거룩성 속에 하나님은 하나님으로서 높임을 받았다.[1]

요약

* 비록 당신이 죄악이 만연한 나라에 산다해도 여전히 하나님을 새롭게 만날 수 있다.
* 우리 나라는 지금 이사야 선지자 시대처럼 도덕적, 영적 위기에 처해 있다. 어쩌면 우리는 심판의 날에 가까이 살고 있는지도 모른다.
* 우리가 살고 있는 이 땅에 점점 어두움이 짙어지는 것은 빛이 그만큼 밝게 비추지 못하고 있기 때문이다.
* 만약 하나님의 백성들이 깨끗한 그릇이라면, 드러난 빛이 어두움을 물리칠 것이다.
* 하나님은 아직도 이 우주의 보좌를 통치하신다.
* 영적 부흥은 우리의 유일한 희망이다.
* 만군의 하나님이 말씀하시기를, "내게로 돌아오라 그리하면 나도 너희에게로 돌아가리라"(말 3:7)고 하셨다.

* 우리 나라를 치유하는 길은 오직 하나님의 백성들이 회개하기를 기다리는 것뿐이다.

기도 가운데 하나님 만나기

천천히 시간을 들여서 기도 가운데 하나님의 임재 속으로 들어가 보라.
* 성령께서 마음 속에 있는 죄나 자존심 그리고 인생여정중에 저지른 어떤 불결한 죄들을 보여주시도록 기도하고, 또 그 죄를 씻어주시고 용서해 주시도록 기도하라.
* 우리 나라와 도시 그리고 각 교회의 솔직한 실상들을 하나님의 관점에서 볼 수 있는 영안이 열리도록 기도하라. 또 하나님의 아픔이 나의 아픔이 될 수 있도록 기도하라.
* 두 손을 들어서 당신의 모든 관심을 예수님에게만 집중하라. 그리고 당신을 잊지 않고 죄 가운데서 구원해 주신 하나님의 사랑에 감사하라.
* 개인적이고 집단적인 영적 부흥을 사모하는 강렬한 마음을 하나님께 말하라. 이 책을 읽는 동안 신선한 이해력이 증가하도록 기도하고, 또 새로운 영적 조우(遭遇)가 이루어질 수 있도록 기도하라.

다른 사람들과 함께 하나님 만나기

소그룹에서 기회가 있을 때, 이런 토론문제들을 생각해 보라.
1. 이사야 선지자가 성전에서 하나님을 만난 사건은 얼마나 중요한 것이었는가? 당신의 생각은 어떤가?
2. 우리 나라가 지금 영적, 도덕적 위기에 처해 있다는 사실을 보여주는 실제적인 증거는 무엇인가?
3. 만약 우리 나라가 지금 사악한 행위 때문에 하나님의 심판을 받는다면, 이 일이 얼마나 가까운 시일 안에 일어날지 생각해 보았는가?
4. 왜 우리 나라를 치료하는 일이 하나님의 백성들이 회개하기를 기다리는 일과 관련이 있는가?
5. 1730년대에 매사추세츠 주 노스앰프톤 마을 사람들이 지은 사악한 행위와 오늘날 우리 시대 사람들이 짓는 죄를 비교하면 어떤 유사성이 있는가?

2장
하나님이 정하신 다림줄

하나님은 개인적이고 친밀한 사랑의 관계를 맺고자 자기 백성을 창조하셨다. 예수님이 하나님에 대해서 말씀하신 명령 중에 가장 중요한 것이 있다면 바로 마가복음 12:30 말씀일 것이다. "네 마음을 다하고 목숨을 다하고 뜻을 다하고 힘을 다하여 주 너의 하나님을 사랑하라 하신 것이요."

다른 어떤 것보다 하나님이 바라시는 것은 당신의 사랑이다. 하나님이 원하시는 것은 바로 당신과의 사랑의 관계이다. 우리도 알듯이 예수 그리스도가 베풀어주신 구원의 은혜를 믿고 또 자신의 삶을 주님께 완전히 의탁한 사람들은 그리스도 안에서 새로운 생명을 소유하게 되었다. 예수님이 말씀하시길, "영생은 곧 유일하신 참 하나님과 그의 보내신 자 예수 그리스도를 아는 것이니이다"(요 17:3). 하나님과의 사랑의 관계를 통해서 하나님을 개인적으로 친밀하게 경험할 때만이 하나님을 알 수 있다. 이것이 바로 당신이 창조된 목적이다. 뿐만 아니라 마가복음 12:30은 한 개인에게 주어진 것이 아니라 하나님의 모든 백성들에게 주어진 명령이다. 따라서 하나님의 백성들만이 그분의 사랑이 말하고 있는 전체적인 의미를 이해할 수 있다. 하나님은 자기 백성들을 살아 있는 예수 그리스도의 몸인 교회로 만드셨다. 그때 하나님의 생각은 자기 백성들이 총체적 존재로서 자신을 사랑하도록 하신 것이다. 이런 사랑의 관계를 통해서 하나님은 백성들에게 자신의 존재와 능력을 계시하시는 것이다. 또한 백성들은 하나님과의 사랑의 관계를 통해서 이 참사랑의 실체를 얻게 되는 것이다. 동시에 세상은 하나님의 백성들로부터 이 사랑을 경험함으로써 비로소 우리를 예수님의 제자라고 부르게 되는 것이다. 다음은 바로 예수님이 기도하신 내용의 핵심이다.

> 내가 비옵는 것은 이 사람들만 위함이 아니요 또 저희 말을 인하여 나를 믿는 사람들도 위함이니 아버지께서 내 안에, 내가 아버지 안에 있는 것같이 저희도 다 하나가 되어 우리 안에 있게 하사 세상으로 아버지께서 나를 보내신 것을 믿게 하옵소서 내게 주신 영광을 내가 저희에게 주었사오니 이는 우리가 하나가 된 것같이 저희도 하나가 되게 하려 함이니이다 곧 내가 저희 안에, 아버지께서 내 안에 계셔 저희로 온전함을 이루어 하나가 되게 하려 함은 아버지께서 나를 보내신 것과 또 나를 사랑하심같이 저희도 사랑하신 것을 세상으로 알게 하려 함이로소이다 (요 17:20-23).

죄와 벌

　　비록 우리가 하나님과 사랑의 관계를 맺고 있다고 해도 우리는 여전히 죄 가운데 살기 때문에 하나님을 떠날 때가 많다. 이때 우리는 하나님과 사랑의 관계를 단절하는 것이다. 교회도 하나님과 사랑의 관계를 단절할 수 있다. 그러나 하나님은 사랑이라고 하셨다(요일 4:16 참조). 비록 백성들이 반란을 일으킨다 해도 하나님은 여전히 그 백성들을 사랑하신다.

　　그러나 당신이 일방적으로 그 사랑의 교제권을 이탈하여 하나님의 사랑을 버리면, 반드시 벌을 받게 된다는 사실을 기억하라. "주께서 그 사랑하시는 자를 징계하시고 그의 받으시는 아들마다 채찍질하심이니라"(히 12:6). 하나님은 거룩하시고 공의로우시기 때문에 죄와 반역을 반드시 징계하신다. 하나님은 개인이든 가정이든 교회든 간에 다 그들을 사랑의 계약 속으로 다시 초청하기 위해 그들의 죄를 징계하시는 것이다. 그 결과 하나님의 백성들은 징계를 통해서 하나님을 다시 찾아 하나님이 진설해 주신 풍성한 삶을 누리고 또 하나님의 구속사역에 동참해서 복음전파의 사명을 감당하게 되는 것이다(사 35:8 참조).

　　하나님은 자기 자녀들을 사랑하기 때문에 징계하시는 것이다. 하나님은 우리가 누릴 수 있는 최상의 삶이 바로 자신과 사랑의 관계를 나눌 때만 가능하다는 사실을 누구보다 더 잘 알고 계신다. 분명한 사실은 하나님의 징계나 심판이 영원한 저주가 아니라 하나님 품으로 다시 돌아오라는 그분의 초청이라는 것이다. 세상을 구해야 할 이 막중한 일이 위험에 처해 있다. 혹시 당신은 지금 하나님의 징계를 받고 있지는 않는가? 당신의 교회는 어떤가? 다시 말하지만 하나님은 오직 사랑하는 자만 징계하신다. 징계는 당신을 부르시는 하나님의 초청이며, 이 과정을 통해서 세상이 하나님과 화목되는 일이 계속되는 것이다.

많은 크리스천과 교회들은 지금까지 하나님을 떠나 죄와 어울려 살다 보니 자신들이 지금 하나님으로부터 얼마나 떨어져 있는지 감각조차 없다. 설상가상으로 그들은 성경에 대해 무지하기 때문에 자신들이 하나님이 요구하시는 삶의 기준에 턱도 없이 미달하고 있다는 사실을 모르고 있다. 또한 그들은 자신들의 죄로 인해 하나님의 분명한 징계를 받고 있음에도 불구하고 그것을 영적 투쟁을 하는 의인의 고난처럼 일축해 버린다. 이런 종류의 크리스천을 하나님은 어떻게 처리하시겠는가?

하나님의 다림줄

성경에서 하나님은 반항하는 백성들을 처리하시는 방법을 묘사하기 위해서 다림줄에 대한 비유를 사용하셨다.

> 또 내게 보이신 것이 이러하니라 다림줄을 띄우고 쌓은 담 곁에 주께서 손에 다림줄을 잡고 서셨더니 내게 이르시되 아모스야 네가 무엇을 보느냐 내가 대답하되 다림줄이니이다 주께서 가라사대 내가 다림줄을 내 백성 이스라엘 가운데 베풀고 다시는 용서치 아니하리니 (암 7:7-8).

하나님은 마치 다림줄에 일치하는 일직선 벽처럼 그 백성들을 만드셨다. 우리가 하나님을 떠나 있을 때 우리는 종종 우리 자신이 하나님으로부터 얼마나 멀리 떠나 있는지를 모른다. 철저한 붕괴와 파멸의 시간이 얼마나 가까운지 짐작도 할 수 없다. 이러한 백성들을 돕기 위해서 하나님은 다림줄을 잡고 계신다. 이때 이탈한 백성은 하나님의 이런 기준점을 통해서 자신들의 궤도이탈을 인식하게 되는 것이다.

피사의 사탑은 우리가 가지고 있는 문제를 실제적으로 보여 주는 좋은 실례이다. 이 사탑은 높이가 179피트나 되는 대리석 종탑인데 이탈리아 피사(Pisa)에 있다. 문제는 그 종탑 밑에 있는 지반이 약해서 탑의 무게를 충분히 지탱하지 못하자 그만 한쪽 부분이 기울어지기 시작했던 것이다. 현재 이 종탑은 본래 중심점에서 17피트나 더 경사져 있다. 종탑 벽 자체는 일직선이지만 실제 전체 건물은 기울어져 있다. 문제는 바로 기초에 있었다. 만약 기초가 튼튼하고 바르게 세워져 있었다면 그 벽도 자연히 바르게 지탱될 것이다. 비록 큰 기중기로 이 탑을 들어올려 다림줄을 맞춘다고 해도 지반을 완전히 보수하지 않는 한 이내 경사

상태로 되돌아가고 말 것이다.

　이와 마찬가지로 당신의 영적 삶도 하나님과의 사랑의 관계 속에 그 뿌리를 내리고 있다. 당신의 생활관이나 믿음과 순종의 태도를 탑에 비유할 수 있다. 만약 당신(혹은 교회)의 현재 삶이 하나님의 원래 계획에서 삐뚤어져 있다면 그것은 바로 하나님과의 사랑의 관계가 제대로 되어 있지 않다는 기초적인 문제를 보여주는 것이다. 문제의 핵심은 바로 하나님과의 사랑의 관계 여부에 달려 있는 것이다. 예수님도 말씀하시기를, "사람이 나를 사랑하면 내 말을 지키리니"(요 14:23)라고 하셨다.

　하나님의 말씀은 자신의 존재와 목적과 뜻을 계시하고 있다. 따라서 성경은 우리에게 하나님의 다림줄과 같은 역할을 하는 것이다. 만약 우리가 하나님의 말씀과 계획 그리고 그의 뜻과 명령에서 떠나 있다는 것을 깨닫게 된다면, 우리는 우리에게 문제가 있다는 사실을 분명히 알 수 있다. 문제는 바로 우리가 하나님을 버렸다는 것이다. 이런 소외상태에서 하나님을 바르게 사랑할 수도 없고 또 그분의 명령을 따를 수도 없다. 이런 일은 영적으로도 불가능한 것이다. 만약 당신이 하나님의 말씀에 불순종하고 있다면, 그것은 바로 하나님을 사랑하고 있지 않다는 직접적인 증거가 되는 것이다. "나를 사랑하지 아니하는 자는 내 말을 지키지 아니하나니"(요 14:24).

에베소 교회를 향한 하나님의 다림줄

　요한계시록에 등장하는 일곱 교회에게 보낸 첫 편지에서 부활의 영이신 그리스도는 에베소 교회를 향해서 질책의 말씀을 하셨다. 이미 예수님은 에베소 교회의 행위와 수고와 인내를 알고 계셨다. 그러나 결정적인 오점은 피할 수 없었던 것이다. 예수님은 에베소 교회를 향해서 분명한 다림줄을 내리시고 저들의 잘못을 보여주신다.

> 그러나 너를 책망할 것이 있나니 너의 처음 사랑을 버렸느니라 그러므로 어디서 떨어진 것을 생각하고 회개하여 처음 행위를 가지라 만일 그리하지 아니하고 회개치 아니하면 내가 네게 임하여 네 촛대를 그 자리에서 옮기리라… 귀 있는 자는 성령이 교회들에게 하시는 말씀을 들을지어다 이기는 그에게는 내가 하나님의 낙원에 있는 생명나무의 과실을 주어 먹게 하리라(계 2:4-7).

우리가 영적 부흥을 필요로 하는 중요한 이유는, 우리가 하나님과 맺은 사랑의 관계, 즉 우리의 첫사랑을 저버렸기 때문이다. 하나님은 우리에게 죄를 회개하고 하나님과의 첫사랑으로 돌아오라고 말씀하신다. 에베소 교회를 향한 그분의 말씀에서 회개하지 않는 것은 곧 죽음을 뜻한다. 그들이 하나님과의 첫사랑의 관계로 돌아오기를 거절하면, 그분은 자기 촛대(교회를 대표하는 촛대, 계 1:20 참조)를 옮기리라고 말씀하셨다. 우리가 그분과 맺은 첫사랑을 회복하지 못하면, 우리는 하나님이 자기 백성들에게 의도하신 풍성한 삶을 누릴 수 있는 기회를 놓치고 말 것이다. 뿐만 아니라 잃어버린 바 된 이 세계는 잃어버린 영원을 향하여 계속해서 나아갈 것이다.

이 책을 계속 읽어 나가면서 주님이 당신의 삶과 교회, 교파 그리고 당신의 나라에 성서의 다림줄을 드리우시도록 하라. 당신이 그분을 떠난 그 지점을 하나님께서 보여주실 것이다. 당신이 하나님을 떠난 바로 그 지점을 본다면, 회복은 마음에서부터 시작해야 한다는 것을 기억하라. 먼저 깨어진 관계로 인해 상한 심령을 경험하는 곳으로 하나님께서 데려다 주기를 간절히 원해야 한다. "하나님의 뜻대로 하는 근심은 후회할 것이 없는 구원에 이르게 하는 회개를 이루는 것이요"(고후 7:10).

하나님께서 일부 사역자들과 지도자들에게 다림줄을 드리우실 때에 관한 다음 간증을 읽어라.

하나님의 은혜에 대한 증언: 중국 산동의 영적 부흥

1920년대에 중국에 있는 그리스도인 선교사들은 교회의 영적 상태로 인해 슬픔에 잠겨 있었다. 사람들은 영적인 민감성이나 영적인 것에 대한 관심이 거의 없었다. 선교사들은 많은 사람들이 정신적으로는 기독교를 받아들이면서도 결코 거듭나지 않는 것에 대해 의아해 하기 시작했다.

1920년에 선교사들이 한 달에 하루는 영적 부흥을 위해 기도하는 일에 헌신하기 시작했다. 1927년 3월, 남부 혁명군대는 남경을 불살랐고, 모든 선교사들은 곧 있을 철수를 위해 체푸(Chefoo)로 옮기라는 명령을 받았다. 그들은 성경을 연구하기 시작했고, 왜 그들의 사역이 중단되었는지를 하나님께 물었다. 그러자 하나님은 그분의 말씀을 통해서 말씀하기 시작하셨다.

한 침례교 선교사 그룹이 노르웨이 출신의 복음주의 루터교 선교사인 마리 몬센(Marie Monsen)에게 그들의 기도모임에 참석해 달라고 요청했다. 하나님은 마리 몬센을 사용하셔서 선교사들과 다른 사람들이 하나님과 바른 관계를 맺도록 인도하셨다. 그 선교사들은 하나님 앞에 나아와 여러 날을 보냈다. 그들은 자신들이 알고 있는 모든 죄를 고백했다. 그들은 서로간에 화해하려고 노력했다. 하나님은 그들이 하나님과 올바른 관계를 갖도록 하셨다. 마리는 선교사들과 다른 사람들에게 세 가지 날카로운 질문을 했다.

1. 당신은 성령으로 거듭났는가?
2. 당신이 거듭났다는 어떤 증거가 있는가?
3. 당신은 성령충만을 받았는가?

영적인 생명력을 향한 갈급함은 사람들로 하여금 많은 영혼을 찾는 일에 도움을 주었다. 그리스도인들, 특별히 지도자들은 영적으로 부흥되었고, 성령과 능력으로 채워졌다. 일단 그리스도인들이 영적으로 부흥되면, 하나님은 그들이 일하는 것을 통해 그들을 깨끗케 하실 것이다. 1932년에 영적 부흥은 널리 퍼지게 되었다.

많은 그리스도인들은 자신들이 단지 '머리'로만 그리스도인일 뿐이지 결코 그리스도를 신뢰하고 있지 않다는 사실을 깨닫게 되었다. 25년 동안 복음주의자인 초우(Chow)는 자신의 선한 구원사역들을 믿었던 것이지 그리스도를 믿었던 것이 아님을 깨달았다. 그는 구원받은 후에 설교를 하고 돈 받기를 거절했다. 9년간 간호 선교사로 활동하고 있는 루시 라이트(Lucy Wright)는 자신이 교회에 참석만 할 뿐이라는 걸 알았다. 그녀는 처음에는 그리스도를 믿었다. 1932년에 수많은 사람들이 그리스도에게로 돌아왔다. 어떤 학교에서는 600명의 여학생 전부와 1,000명의 남학생 중 900명이 열흘간의 기도모임이 열리는 동안에 그리스도를 믿게 되었다.

그 영적 부흥은 많은 결과를 가져왔다. 구원받은 사람들은, 예수께서 그들에게 행하신 것을 모든 사람들에게 전하기 위해 어디든 갔다. 그리스도를 믿게 된 사람들은 그들의 우상을 부서뜨리고, 불태워버렸다. 하나님의 백성들의 마음은 찬양과 감사로 가득 차 있었다. 즐거운 찬양이 예배시간을 채웠다. 새 찬송이 쓰여졌고, 성경말씀이 가사로 붙여졌다. 모든 믿는 자들은 하나님의 말씀을 무척이나 갈망했다. 매일 밤 성경공부 모임이 열렸다. 성경학교와 세미나에 등록한 사람들이 상당히 많이 증가했다. 영적으로 죽은 교회들이 부흥되었다. 교회출석이 늘어나고 교인들은 예배와 기도 그리고 제자훈련에 많은 관심을 기울였다. 기도모임이 2-3시간 지속되는 동안에 사람들은 하나님과 올바른 관계를 맺고 잃어버린 사람을 위해 기도하기 시작했다. 깨어진 가정과 관계들이 치유되었다.[1]

당신은 거듭났는가?

마리 몬센의 질문은 많은 사람들로 하여금 그들의 영적 삶을 주의깊게 살펴보도록 한다. 마찬가지로 당신에게도 영적 삶을 돌아보는 좋은 기회가 될 것이다.

당신은 영적 부흥과 영적 각성에 관한 이야기를 읽을 때, 그러한 경험을 한 적이 없음을 깨달을 것이다. 어떤 경우 당신은 그리스도에게 반응하여 그분의 초청에 응답했지만, 그분과 실제적이고 개인적인 관계를 갖지 않은 것처럼 느낄 수 있다. 아마도 당신이 교회 안에서 성장하고 교회의 일원이 되었음에도 불구하고 뭔가를 잃어버리고 있다고 생각할 수 있다. 당신은 이 질문, 즉 "당신은 성령으로 거듭났는가?"에 대한 답을 필요로 한다.

만약 당신이 거듭나지 않았다면, 그것이 당신이 회개해야 할 시작점인 것이다. 당신은 그리스도를 의지할 수 있고 그분 안에서 새로운 삶을 경험할 수 있다. 그분의 왕국은 당신의 회개를 기다리면서 바로 당신 옆에 있다. 당신이 거듭났는데도 주변상황들이 정말 옳은 것처럼 보이지 않는다면, 당신은 개인적인 영적 부흥이 필요한 상태이다.

하나님 앞에 놓여진 올바른(참된) 여건들을 이해시켜 달라고 그분께 요청하라. 로마서 8:16을 보라. "성령이 친히 우리 영으로 더불어 우리가 하나님의 자녀인 것을 증거하시나니." 하나님의 인도하심을 받으면서 당신 자신에게 다음 두 가지 질문을 해 보라. (1) 나는 하나님의 성령으로 거듭났는가? (2) 내가 중생을 경험했다는 증거는 무엇인가?

질문 1: 나는 하나님의 성령으로 거듭났는가? 좀더 깊이 살펴보려면 당신 자신에게 다음 질문들을 해 보라.

* 나는 하나님의 성령으로 거듭났는가?
* 나는 죄인임을 고백했는가?
* 나는 십자가상에서의 예수의 죽음과 죽은 자들 가운데서 다시 사신 그분의 부활이 나의 구원을 위한 유일한 희망이

라는 사실에 동의하는가?
* 나는 내 죄를 용서하고 예수의 흘린 피로 나를 깨끗케 해 달라고 하나님께 요청했는가?
* 나는 예수 그리스도의 주 되심에 나의 의지와 삶을 순종했는가?
* 나는 하나님께서 값없이 거저 주시는 영생의 선물을 받아들였는가?

고린도후서 5:17을 보라. "그런즉 누구든지 그리스도 안에 있으면 새로운 피조물이라 이전 것은 지나갔으니 보라 새것이 되었도다." 만약 당신이 거듭났다면 당신의 삶 속에서 그 증거를 보게 될 것이다.

질문 2: 내가 중생을 경험했다는 증거는 무엇인가? 좀더 깊이 살펴보려면 당신 자신에게 다음 질문들을 해 보라.
* 그리스도가 나의 삶 속에 머물러 계시는가?
* 성령이 내가 하나님의 자녀라는 사실을 확인시켜 주고 있는가?
* 나는 영적으로 하나님의 음성을 들으며 그분을 따르는가?
* 나는 그리스도 안에서 형제 자매를 사랑하는가?
* 성령이 영적 진리를 내게 계시하시는가?
* 하나님의 능력과 임재하심이 나의 삶 속에 확실하게 나타나는가?
* 하나님은 나의 삶을 통해 영적인 열매를 맺고 계시는가?

옛 속성(옛사람)과 새로운 속성(새사람)간의 차이점을 읽어보

라. 어느 것이 당신을 잘 묘사하는가?

옛사람의 삶

육체의 일은 현저하니 곧 음행과 더러운 것과 호색과 우상숭배와 술수와 원수를 맺는 것과 분쟁과 시기와 분냄과 당 짓는 것과 분리함과 이단과 투기와 술 취함과 방탕함과 또 그와 같은 것들이라 전에 너희에게 경계한 것같이 경계하노니 이런 일을 하는 자들은 하나님의 나라를 유업으로 받지 못할 것이요(갈 5:19-21).

육신을 좇는 자는 육신의 일을, 영을 좇는 자는 영의 일을 생각하나니… 육신의 생각은 하나님과 원수가 되나니 이는 하나님의 법에 굴복치 아니할 뿐 아니라 할 수도 없음이라 육신에 있는 자들은 하나님을 기쁘시게 할 수 없느니라(롬 8:5, 7-8).

새사람의 삶

오직 성령의 열매는 사랑과 희락과 화평과 오래 참음과 자비와 양선과 충성과 온유와 절제니 이 같은 것을 금지할 법이 없느니라(갈 5:22-23).

만일 너희 속에 하나님의 영이 거하시면 너희가 육신에 있지 아니하고 영에 있나니 누구든지 그리스도의 영이 없으면 그리스도의 사람이 아니라 또 그리스도께서 너희 안에 계시면 몸은 죄로 인하여 죽은 것이나 영은 의를 인하여 산 것이니라(롬 8:9-10).

하나님은 자신과의 사랑의 관계를 위해서 당신을 창조하셨다. 당신은 하나님과의 친밀한 사랑의 관계를 떠나서는 결코 참된 평안과 기쁨을 누리지 못할 것이다. 하나님과의 사랑의 관계는 실제적이고 개인적인 관계이다. 그것은 또한 영원한 관계이고 지속적이다. 그것은 바로 지금 여기서 시작할 수 있으며 천국에서도 영원히 지속될 것이다.

하나님이 당신을 그분께로 이끌고 있다면, 당신은 그분께 반응하겠는가? 인류는 죄 때문에 하나님과 분리되었고 영적으로 죽어 있었다. 그러나 하나님은 십자가상에서의 그리스도의 죽음을 통해 당신의 죄값을 치르셨다. 그분은 그렇게까지 당신을 사랑하셨다. 그분은 그것에 대한 보답으로 당신의 사랑과 헌신을 원하신다.

하나님은 다음과 같이 말씀하신다. "네가 만일 네 입으로 예수를 주로 시인하며 또 하나님께서 그를 죽은 자 가운데서 살리신 것을 네 마음에 믿으면 구원을 얻으리니"(롬 10:9). 예수님이 초기사역을 시작하셨을 때, 그분의 메시지는 "회개하라 천국이 가까왔느니라"(마 4:17)였다. 회개는 자기 중심적인 생활에서 벗어나 예수님이 당신의 마음과 생각과 생활을 지배하시는 그리스도 중심적인 생활로 돌아서는 것이다. 예수님은 이렇게 말씀하신다. "아무든지 나를 따라오려거든 자기를 부인하고 날마다 제 십자가를 지고 나를 좇을 것이니라"(눅 9:23).

당신은 바로 지금 하나님과의 사랑의 관계로 돌아설 수 있다. 그분은 듣고 계신다. 당장 그분께 아뢰라.

* 그분을 알고 경험하기 원하는 당신의 소망을 그분께 말하라.
* 당신의 죄와 그분의 용서하심에 대한 당신의 필요에 대하

여 그분께 동의하라.
* 그분께 당신을 용서해 달라고 요청하라.
* 그분의 뜻에 순종하고 그분을 당신 삶의 주님으로 받아들여라.

그렇게 할 때, 하나님께서 당신 속에 성령이 거하게 하실 것이다. 당신은 새로운 창조물이 될 수 있다. 이전의 삶은 사라져버리고 새로운 삶이 그 자리를 대신할 것이다(고후 5:17 참조).

요약

* 하나님은 친밀하고 개인적인 사랑의 관계를 맺고자 자기 백성을 창조하셨다.
* 하나님의 백성이라는 상황 속에서만 하나님의 크고 넘치는 사랑을 경험할 수 있다.
* 하나님은 거룩하시고 공의로우시기 때문에 죄와 반역을 반드시 벌하신다.
* 하나님은 자기 자녀들을 사랑하시기 때문에 징계하신다.
* 성경은 우리에게 하나님의 다림줄과 같은 역할을 한다. 우리가 그분의 말씀, 목적, 방법, 명령에서 떠나 있다는 것을 알게 될 때, 우리는 우리에게 문제가 있음을 분명히 알 수 있다.
* 당신이 하나님으로부터 떠나 있다면, 당신은 하나님을 올바르게 사랑할 수도 없고 그분께 온전히 순종할 수도 없다.

* 우리가 영적 부흥을 필요로 하는 중요한 이유는, 우리가 하나님과 맺은 사랑의 관계, 즉 우리의 첫사랑을 저버렸기 때문이다.

기도 가운데 하나님 만나기

당신의 마음을 하나님과의 사랑의 관계에 초점을 맞추기 위해 기도하는 데 시간을 할애하라.
* 당신은 하나님께서 자기 아들, 예수 그리스도를 통해 당신을 사랑의 관계로 초청해 주시는 데 대해 감사하라.
* 당신이 하나님을 얼마나 사랑하는지 하나님께 아뢰어라.
* 당신의 삶, 가족 또는 교회 안에서 하나님의 징계의 증거일 수 있는 어떤 것이라도 계시해 주시기를 주님께 요청하라. 그분이 계시하는 것이라면 어떤 것에든지 반응하라.
* 산동의 영적 부흥사례를 본 후에, 당신과 하나님과의 관계를 돌아보는 일을 도와 달라고 주님께 요청하라. 당신이 하나님과의 관계를 살펴볼 때, 그 세 가지 질문을 사용하라.

다른 사람들과 함께 하나님 만나기

소그룹에서 기회가 있을 때, 이런 토의문제들을 생각해 보라.
1. 그리스도인에게 있어 하나님과의 친밀하고 개인적인 사랑의 관계는 얼마나 중요한가? 교회에서는 어떠한가? 왜 그런가?

2. 하나님과의 사랑의 관계에 있어서 순종이 어떻게 그 척도가 되는가?
3. 당신의 입장에서 하나님이 우리 민족을 징계하고 계시다는 증거를 몇 가지 든다면 무엇이 있겠는가? 마찬가지로 당신의 교회를 징계하고 계시다는 실례들로는 무엇이 있겠는가?
4. 만약 하나님이 교회를 징계하시고자 하는데 교인들이 그것을 보고 '영적 전쟁'이라 일컫는다면 얼마나 심각한 문제이겠는가?
5. 교회가 그의 첫사랑을 회복하지 못하는 것이 왜 죽음과도 같다고 생각하는가?

3장
부흥에서 하나님 체험하기

　　부흥(revival, 재생, 소생, 재건, 부흥회 등으로 번역될 수 있지만 통일성을 기하기 위해 '부흥'으로 옮기도록 하겠다 - 역자 주)이란 단어는 크리스천들에게 여러 가지 의미를 가진다. 어떤 사람들에게 이것은 봄이나 가을에 열리는 일련의 집회들을 의미한다. 어떤 사람들은 부흥(부흥회)을 사람들이 그리스도를 믿고 구주와 주로 영접하는 때라고 생각한다. 또 어떤 사람들은, 많은 사람들이 회심하는 영적 각성을 묘사하는 데 부흥이란 단어를 사용한다.

　　현대사에서 부흥이란 단어는 복음을 전하는 예배를 가리키는 데 사용되곤 한다. 그러나 상황이 언제나 그런 것은 아니었다. 겨우 몇 십 년 전만 해도 교회의 부흥회는 대체로 2주간 계속되었다. 첫째 주는 하나님의 백성이 하나님과 바른 관계를 갖게 하는 데 초점이 맞추어졌다. 그들이 하나님과의 바른 관계를 진정으로 회복한다면, 그

것이 부흥이었다. 둘째 주에는 잃어버린 자들에게 복음을 전파하는 데 초점이 맞추어졌다. 교회들이 가정의 바쁜 스케줄에 자신의 계획을 맞추어감에 따라 부흥회 기간도 3-4일로 줄어들었다. 이렇게 제한된 시간 때문에 교회들은 하나님의 백성이 하나님과 바른 관계를 갖게 하는 데 초점을 맞추기보다는 복음전파를 강조하는 쪽을 선택했다. 그 결과 우리는 부흥이 진정 무엇인가에 대한 바른 이해를 잃어버리고 말았다.

하나님의 백성을 위한 부흥

진정한 부흥이란 무엇인가? 부흥(revival)이란 단어의 동사형인 'revive'는 두 부분으로 구성되어 있다. 접두어 're'는 '다시'(again)란 뜻이며, 어근 vive는 '살다'(to live)라는 뜻이다. 그러므로 'revive'는 '다시 살아나다'(to live again), '다시 소생하거나 건강을 찾거나 생기를 회복하다'(to come or be brought back to life, health, or vitality)라는 뜻이다. 부흥은 영적 생명과 생기가 회복되는 때이다. 어떤 사람이 한 늙은 시골 목사의 말을 인용했다. "당신이 살지(vived) 않았다면, 당신은 다시 살아날 수 없습니다!(revived)" 허물과 죄로 죽은 사람에겐 부흥이 필요치 않다. 이들에겐 거듭남으로써 주어지는 생명이 필요하다. 부흥은 일정기간 영적 침체에 빠져 죄를 짓고 하나님과의 교제가 깨어지는 경험을 한 후 영적 건강을 회복하는 것이다. 우리는 하나님께서 그의 백성을 그와의 올바른 관계로 회복시키시기 위해 하시는 일을 묘사하는 데 부흥이란 단어를 사용할 것이다. 부흥은 용서받고 생명과 영적 건강과 생기를 회복할 필요가 있는 하나님의 백성을 위한 것이다. 따라서 부흥은 하나님께서 영적 건강과 생기를 그의 백성에게 회복시키실 때 일어난다.

부흥은 신선한 만남, 하나님과의 신선한 사랑의 관계가 필요한 하나님의 백성을 위한 것이다. 진정한 부흥은 단순히 행동의 개선이나 변화만으로 이루어지지 않는다. 당신의 생활방식을 바꾸는 것만으로는 충분치 못하다. 하나님과 사랑의 관계가 회복되지 않는다면, 당신은 결국 옛 삶의 방식으로 돌아가고 말 것이다. 하나님께 대한 순종을 유발하는 지속적인 동기는 하나뿐이다. 그것은 하나님과의 건강한 사랑의 관계이다. 당신과 하나님 사이의 사랑의 관계가 올바르다면, 당신의 삶은 하나님의 기준에 부합될 것이다. 예수께서는 "사람이 나를 사랑하면 내 말을 지키리니"(요 14:23)라고 말씀하셨다.

당신은 이런 연결을 보고 있는가? 하나님과의 올바른 사랑의 관계는 순종의 전제조건이다. 올바른 행동이 나오는 것은 이러한 사랑의 관계 때문이다. 하나님과의 관계변화가 없는 행동개선은 일시적이며 피상적일 뿐이다. 부흥은 행동의 변화뿐만 아니라 하나님의 풍성함이 그의 백성에게 회복되는 마음의 변화까지 요구한다.

부흥은 하나님께서 그의 말씀의 다림줄을 그 백성 한가운데 두시는 것이다. 하나님께서는 우리가 죄악된 생활에서 돌이켜 거룩함과 그와의 사랑의 관계를 회복할 것을 요구하신다. 우리가 회개하고 하나님께 돌아갈 때, 하나님께서는 우리 마음을 그에게로 돌이키신다. 하나님께서는 우리를 용서하신다. 하나님께서는 우리를 깨끗케 하신다. 하나님께서는 우리에게 그의 생명의 풍성함을 회복시키신다. 하나님께서는 우리에게 새로운 생명을 주신다. 사실 하나님이 우리의 생명이시다. 이것이 부흥이다.

인격의 변화, 즉 마음의 변화가 일어나지 않으면 부흥도 일어나지 않는다. 하나님을 향한 당신의 사랑이 그에게 순종하도록 당신을 강권할 때, 부흥은 일어난다. 하나님께서 그의 백성을 능력으로 회복시키실 때, 우리는 그의 임재를 보며 느낄 것이다. 성경에 나타난 부흥의 한 예를 살펴보기로 하자.

아사 왕 때의 부흥

유다 왕 아사는 믿음의 유산을 가지고 있었다. 그는 다윗 왕의 4대손이었다. 아사의 아버지 아비야 왕은 여호와를 의뢰하고 백성들로 하여금 여호와의 계명을 준행하게 했다. 아사는 여호와를 의뢰하고 충성스럽게 섬기도록 교육받으며 자라났다. 아사는 왕이 되었을 때 이렇게 했다. "그 하나님 여호와 보시기에 선과 정의를 행하여 이방 제단과 산당을 없이하고 주상을 훼파하며 아세라 상을 찍고 유다 사람을 명하여 그 열조의 하나님 여호와를 구하게 하며 그 율법과 명령을 행하게 하고"(대하 14:2-4).

하나님께서는 그들이 원수들과 싸울 때 이기게 하셨다. 하나님께서는 그들을 번성케 하셨다. 그런데 그들의 마음은 여호와에게서 분명히 떠났으며, 성경은 이것에 대해 "이스라엘에는 참 신이 없고"(대하 15:3)라고 말하고 있다. 그러자 하나님께서는 아사랴 선지자를 통해 아사 왕에게 말씀을 주셨다.

> 하나님의 신이 오뎃의 아들 아사랴에게 임하시매 저가 나가서 아사를 맞아 이르되 아사와 및 유다와 베냐민의 무리들아 내 말을 들으라 너희가 여호와와 함께하면 여호와께서 너희와 함께하실지라 너희가 만일 저를 찾으면 저가 너희의 만난 바 되시려니와 너희가 만일 저를 버리면 저도 너희를 버리시리라 이스라엘에는 참 신이 없고 가르치는 제사장도 없고 율법도 없은 지가 이제 오래였으나 그 환난 때에 이스라엘 하나님 여호와께 돌아가서 찾으매 저가 그들의 만난 바가 되셨나니 그때에 열국에 거한 모든 백성이 크게 요란하여 사람의 출입이 평안치 못하며 이 나라가 저 나라와 서로 치고 이 성읍이 저 성읍과 또한 그리하여 피차 상한 바 되었나니 이는 하나님이 모든 고난으로 요란케 하셨음이니라 그런즉 너희는 강하게 하라 손이 약하지 않게 하라 너희 행위에는 상급이 있음이니라(대하 15:1-7).

하나님께서는 그를 버리기로 한 백성의 선택을 무효화하지 않으셨다. 오히려 하나님께서는 그들이 죄의 결과로 고통당하게 하셨다. 그들에겐 참된 신(하나님)이 없었다. 제사장들은 율법을 가르치지 않았다. 그 결과 백성들은 하나님으로부터 더 멀어졌다. 범죄가 너무나 증가하여 안전한 여행이 불가능하게 되었다. 나라와 성읍들이 서로 전쟁을 했다. 그리고 사람들은 하나님께 주목하지 않았다(이 중에 친숙하게 들리는 말이 있는가?).

하나님께서는 아사 왕에게 이것을 상기시킬 필요가 있었다. 그것은 하나님께서 이스라엘을 떠나신 것이 아니라 이스라엘이 하나님을 떠났다는 것이다. 그들이 하나님께 돌아오면 하나님께서는 그들과 함께하실 것이다. 하나님께서는 자신과의 올바른 관계로 그들을 다시 부르신다. 그들이 하나님을 찾으면, 하나님께서는 그들을 만나주실 것이다. 그러나 그들이 하나님을 버린다면, 하나님께서도 그들을 버리실 것이다. 아사는 여호와께 이런 말씀을 듣고 다음과 같은 반응을 보였다.

> 아사가 이 말 곧 선지자 오뎃의 예언을 듣고 마음을 강하게 하여 가증한 물건을 유다와 베냐민 온 땅에서 제하고 또 에브라임 산지에서 빼앗은 성읍들에서 제하고 또 여호와의 낭실 앞 여호와의 단을 중수하고 또 유다와 베냐민의 무리를 모으고 에브라임과 므낫세와 시므온 가운데서 나와서 저희 중에 우거하는 자를 모았으니 이는 이스라엘 사람들이 아사의 하나님 여호와께서 그와 함께하심을 보고 아사에게로 돌아오는 자가 많음이더라 아사 왕 십오년 삼월에 저희가 예루살렘에 모이고 그날에 노략하여 온 물건 중에서 소 칠백과 양 칠천으로 여호와께 제사를 드리고 또 마음을 다하고 성품을 다하여 열조의 하나님 여호와를 찾기로 언약하고 무릇 이스라엘 하나님 여호와를 찾지 아니하는 자는 대소남녀를 무론하고 죽이는 것이 마땅하다 하고 무리가 큰 소리로 부르며 피리와 나팔을 불어 여호와께 맹세하매 온 유다가 이 맹세를 기뻐한지라 무리가 마음을 다하여 맹세하고 뜻을 다하여 여호와를 찾았으므로 여호와께서도 저희의 만난 바가 되시고 그 사방에 평안을 주셨더라(대하 15:8-15).

아사는 가증한 우상들을 제거하고 여호와의 전을 수리함으로써 여호와께 돌아갈 준비를 했다. 그런 다음 그는 모든 백성들을 불러모았다. 이것은 중요한 일이었다. 나라의 미래가 백성들의 전적인 응답에 달려 있었다. 이 구절에 따르면, 백성들이 모인 것은 왕의 강요 때문이 아니었다. 그들은 마지못해 오거나 불평하지 않았다. 그들은 소리치며 피리와 나팔을 불고 기뻐하면서 온 마음과 영으로 열심히 하나님을 찾았다. 하나님께서는 그의 백성을 만나주셨고 모든 면에서 평화를 회복시켜 주셨다.

당신은 여기서 부흥의 패턴을 보는가? 하나님의 백성이 하나님을 버린다. 하나님께서 그들을 징계하신다. 그런 다음 하나님께서는 그들을 돌아오라고 부르신다. 모든 백성들이 전심으로 하나님을 찾으면, 하나님은 그들을 만나주신다. 회개 후에 부흥의 큰 기쁨이 찾아온다.

빠른 부흥과 점진적인 부흥

부흥은 하나님의 주권적인 역사이다. 우리는 하나님께 어떤 일도 강제로 시킬 수 없다. 하나님께서는 그의 주권으로 부흥의 전제조건들을 정하셨다. 하나님께서는 이렇게 말씀하셨다. "내게로 돌아오라 그리하면 나도 너희에게로 돌아가리라"(말 3:7). 부흥의 본질은 하나님께로 돌아가는 것이다. 이것은 빠르게 일어날 수도 있고 일정한 기간이 걸릴 수도 있다.

예를 들면, A 교회는 부흥이 필요하다. 이 교회는 죄와 타협하는 것이 일반화되었는데 심지어 교인들 사이에서도 마찬가지였다.

이 교회는 매주일 설교를 듣고 성경공부도 하지만, 사람들은 회개하지도 않고 하나님께 돌아오지도 않고 있다. 그들은 죄 회개라는 생각 자체를 거부하고 있을지도 모른다. 그때 하나님께서는 그들의 관심을 집중시키신다. 그들은 자신들이 하나님을 얼마나 화나게 하고 있는지 깨닫는다. 깊은 낙담과 부끄러움 가운데서 그들은 하나님 앞에 나아와 죄를 고백하고 용서와 깨끗케 됨과 회복을 구한다. 이들이 진심으로 돌아오고 있는 것을 보시고, 하나님께서는 이들에게 참된 부흥을 허락하신다.

B 교회도 비슷한 영적 갈급함을 겪고 있다. 하나님께서는 설교와 성경공부를 통해 B 교회 교인들에게 죄를 깨닫게 하신다. 하나님께서 죄를 드러내시자, 교인들은 회개하는 마음으로 하나님께 나아온다. 하나님께서는 마치 양파껍질처럼 죄를 한 꺼풀 한 꺼풀 벗기신다. 그런 다음 하나님께서는 한 꺼풀 한 꺼풀 벗긴 것을 버리신다. 이렇게 한 단계씩 진행될 때, B 교회 교인들은 죄를 회개하고 하나님과 그의 길로 돌아간다. 어떤 부흥이 찾아왔다고 말할 수 있는 특별한 행사도, 특별한 날이나 시점도 없이, 이 교회는 마침내 자신들이 바뀌었다는 것을 알게 된다. 그들은 이렇게 말한다. "저희는 과거의 저희가 아닙니다. 이제 하나님의 임재와 능력이 회복되었습니다. 우리는 서로 사랑하고 하나 됨을 다시 경험하고 있습니다!"

하나님께서는 A 교회와 B 교회에 부흥을 허락하셨다. 부흥이 A 교회에는 빨리 찾아왔지만 B 교회에는 일정한 기간을 두고 천천히 점진적으로 찾아왔다. 어느 쪽이든 하나님의 백성이 하나님께 돌아오고 하나님께서 그의 백성에게 돌아가실 때, 부흥이 일어났다. 1790년대에 점진적인 부흥의 기운이 시작되었으며 마침내 제2차 영적 대각성 운동으로 이어졌다. 하나님의 은혜에 대한 다음 증언을 읽어보라.

하나님의 은혜에 대한 증언: 제2차 대각성

제2차 대각성(The Second Great Awakening)은 1792년 무렵 영국에서 시작되었지만 그 뿌리는 더 이전으로 거슬러 올라간다. 1784년에 노스앰프톤 연합회의 목회자들은 매달 첫번째 월요일을 기도의 날로 선포했다. 기도회는 다른 지역과 교파들로 확산되기 시작했다. 사람들은 기도회의 목적을 이렇게 설명했다. "성령께서 우리 목회자들과 교회들 위에 임하시고, 죄인들이 회심하는 역사가 일어나며, 성도들의 신앙이 더욱 돈독해지며, 종교에 대한 관심이 다시 일어나고, 하나님의 이름이 영광을 받게 하는 것입니다. 동시에… 구속자에 대한 전체적인 관심이 애정 어린 마음으로 다시 기억되며, 복음이 세상의 가장 먼 곳들에까지 확장되게 하는 것입니다."

부흥은 목회자들과 교회에 찾아왔다. 부흥의 말씀은 대서양을 건너 확산되었으며, 1797년에는 미국에서도 부흥의 불길이 일어나기 시작했다. 이것은 제1차 각성과는 다른 것이었다. 제1차 대각성에서는 하나님께서 외부의 복음 전파자들을 통해 역사하셨다. 그러나 제2차 대각성에서는 하나님께서 교회 자체 내의 목회자들을 통해 역사하셨다.

목회자들은 하나님의 주권과 구속의 필요성에 초점을 맞추어 하나님의 말씀의 교리들을 설교했다. 성령께서 죄를 깊이 깨닫게 하셨으며, 사람들이 두 손 들고 그리스도께 나아와 회심하는 역사가 일어났다. 이러한 부흥은 20-30년 동안 계속되었다. 부흥과 영적 각성은 많은 대학의 캠퍼스들을 휩쓸었다. 예일에서는 230명의 학생들 중 75명이 회심했다. 이러한 회심자들 가운데 반 정도가 복음전파에 헌신했다.

이미 1800년 무렵에는 이 운동이 로키산맥을 넘어 켄터키와 테네시까지 확산되었다. 제임스 맥그래디(James McGready)는 야외집회에서 말씀을 전했다(나중에 이것은 천막집회로 알려졌다). 사람들은 거룩하신 하나님의 임재에 크게 사로잡혀 육체적인 고통을 경험하며 자주 넘어지거나 신음하거나 날카로운 소리를 질렀다. 개개인이 자신들의 죄를 회개하고 용서와 구원을 위해 열심히 기도했다. 많은 사람들이 즐거이 회심했다.

이러한 영적 각성은 수십 년간 계속되었다. 이 운동은 영국과 미국을 휩쓸었으며 세계 다른 나라들에까지 확산되었다. 사람들의 삶과 사회가 도덕적, 영적으로 너무나 많이 변한 나머지 외부 사람들이 이러한 급진적인 변화에 놀랄 정도였다. 대학 캠퍼스들은 불신앙의 자리에서 선교사와 복음의 사역자를 준비시키는 곳으로 다시 한 번 바뀌었다. 교회는 영적으로 다시 살았으며, 새로운 회심자들로 들끓었다. 지금까지 어느 누구도 이러한 제2차 대각성의 전체적인 결과가 어느 정도였는지 평가할 수 없었다. 켄터키에서만 침례교인의 수가 10,000명이 늘었다(이것은 켄터키 주 주민 20명당 1명에 해당하는 숫자였다). 감리교 감독교회의 교인은 1800년과 1803년 사이에 미국 전역에서 40,000명이 증가했다. 다른 많은 교단들도 이와 비슷한 성장을 맛보았다.

하나님의 주권적 역사의 가장 큰 영향은 현대 선교운동의 시작이었을 것이다. 윌리엄 케리(William Carey)는 기도의 날 기간 중에 노스앰프톤 연합회에서 설교사역을 시작했다. 1792년에 그는 침례교 선교회(Baptist Missionary Society)를 이끌었으며, 이 선교회의 첫번째 선교사로 인도에 파송되었다. 이 기간 중에 런던 선교회(London Missionary Society), 회중교회, 침례교, 감리교 해외선교회들, 여러 교단의 국내선교회들, 국내, 국제, 지역 성경연구회들, 많은 크리스천 대학들, 17개의 신학교를 비롯하여 많은 크리스천 기관들이 생겨났다. 하나님의 백성이 부흥할 때, 하나님께서는 이들에게 잃어버린 세상을 향한 그의 애타는 심정과 함께 새로운 마음을 주신다.[1]

요약

* 우리는 진정 부흥이 무엇인가에 대한 바른 이해를 잃어버리고 말았다.
* 부흥은 일정기간 영적 침체에 빠져 죄를 짓고 하나님과의 교제가 깨어지는 경험을 한 후, 영적 건강을 회복하는 것이다.
* 부흥은 하나님께서 영적 건강과 생기를 그의 백성에게 회복시키실 때 일어난다.
* 하나님께 대한 순종을 유발하는 지속적인 동기는 하나뿐이다. 그것은 하나님과의 건강한 사랑의 관계이다.
* 하나님께서는 우리가 죄악된 생활에서 돌이켜 거룩함과 그

와의 사랑의 관계를 회복할 것을 요구하신다.
* "너희가 여호와와 함께하면 여호와께서 너희와 함께하실 지라 너희가 만일 저를 찾으면 저가 너희의 만난 바 되시려니와 너희가 만일 저를 버리면 저도 너희를 버리시리라"(대하 15:2).
* 부흥은 하나님의 주권적인 역사이다. 우리는 하나님께 어떤 일도 강제로 시킬 수 없다.
* 부흥은 빨리 찾아올 수도 있고 일정한 기간을 두고 천천히 점진적으로 찾아올 수도 있다.
* 하나님의 백성이 부흥할 때, 하나님께서는 이들에게 잃어버린 세상을 향한 그의 애타는 심정과 함께 새로운 마음을 주신다.

기도 가운데 하나님 만나기

* 자비롭고, 인내하시며, 사랑이 많고, 인고(忍苦)하시는 하나님께 감사하라.
* 당신의 삶과 가족과 교회의 진실된 영적 상태를 보여 달라고 주님께 기도하라.
* 하나님께서 당신을 불러 모든 필요한 부분에서 그에게로 돌이키게 하는 역사를 일으켜 달라고 기도하라.
* 당신의 목회자나 리더들이 아사가 했던 것처럼 하나님의 말씀에 그렇게 반응할 수 있게 해 달라고 기도하라.

다른 사람들과 함께 하나님 만나기

소그룹에서 기회가 있을 때, 이런 토론문제들을 생각해 보라.
1. 이 과를 공부하기 전에, 당신은 부흥(revival)이란 말을 어떻게 정의했었는가? 당신의 정의는 바뀌었는가? 바뀌었다면 어떻게 바뀌었는가?
2. 당신의 교회가 교인들의 삶을 변화시키는 진정한 부흥을 경험한 적이 있는가? 있다면 하나님께서 그때 행하신 일을 다른 사람들에게 증거해 보라.
3. 하나님께 대한 사랑은 순종과 어떤 관계가 있는가?
4. 당신은 아사 시대의 부흥의 필요성과 오늘날의 부흥의 필요성 사이에 어떤 유사성이 있다고 보는가?
5. 당신이 아사 왕 때의 부흥 이야기에서 얻은 가장 의미 있는 통찰은 무엇이었는가?
6. 하나님께서 교회에서 부흥을 일으키시는 두 가지 방법은 무엇인가? 그 두 방법은 어떻게 다른가? 그 두 방법은 어떻게 비슷한가?

4장
영적 각성에서 하나님 체험하기

요한복음 3장에서 예수께서는 니고데모와 영적 진리를 논하셨다. "사람이 거듭나지 아니하면 하나님 나라를 볼 수 없느니라"(요 3:3). 예수께서는 이어서 두 번의 출생에 대해 설명하셨다. 하나는 육체적 출생이며 또 하나는 영적 출생이다.

> 육으로 난 것은 육이요 성령으로 난 것은 영이니 … 하나님이 세상을 이처럼 사랑하사 독생자를 주셨으니 이는 저를 믿는 자마다 멸망치 않고 영생을 얻게 하려 하심이니라 하나님이 그 아들을 세상에 보내신 것은 세상을 심판하려 하심이 아니요 저로 말미암아 세상이 구원을 받게 하려 하심이라 저를 믿는 자는 심판을 받지 아니하는 것이요 믿지 아니하는 자는 하나님의 독생자의 이름을 믿지 아니하므로 벌써 심판을 받은 것이니라 … 아들을 믿는 자는 영생이 있고 아들을

> 순종치 아니하는 자는 영생을 보지 못하고 도리어 하나님의 진노가
> 그 위에 머물러 있느니라(요 3:6, 16-18, 36).

이러한 새로운 출생을 통해 인간은 영적 생명을 경험하게 된다. 이것이 없으면, 인간은 '영생을 보지 못한다.' 이 출생은 성령을 통해 주어진다. 하나님의 바람은 모든 사람이 이 새 출생을 맛보는 것이다. 그의 사랑 때문에 하나님께서는 예수 그리스도를 통해 우리가 정죄를 받는 대신 구원을 받도록 우리 죄를 위해 그를 희생제물로 보내셨다. 거듭나지 못한 사람들에겐 부흥이 필요없다. 그들에게 필요한 것은 생명이다.

영적 각성이란 무엇인가?

영적 각성은 많은 사람들(또는 한 지역에서 큰 비율의 사람들)이 짧은 기간에 영적 생명에 대한 이 새로운 출생을 경험할 때 일어난다. 영적 각성은 그리스도를 위해 대중들이 내리는 결단의 시간에 불과한 것이 아니다. 결단은 새로운 출생을 나타낼 수도 있고 그렇지 않을 수도 있다. 영적 각성에서 사람들의 삶은 급진적으로 변한다. 영적 각성이 한 도시나 국가에서 사회적인 변화를 가져올 때가 많다. 주요한 사회개혁들은 영적 각성을 동반할 때가 많다. 사람들이 죄악된 옛생활을 벗어버리고 그리스도 안에서 새생활을 입을 때, 모든 것이 달라진다. "그런즉 누구든지 그리스도 안에 있으면 새로운 피조물이라 이전 것은 지나갔으니 보라 새것이 되었도다"(고후 5:17).

다음은 영적 각성 중에 일어나는 몇 가지 예들이다.
* 술집들이 손님이 없어 문을 닫는다.
* 범죄감소로 경찰과 법집행을 맡은 사람들이 할 일이 없어진다.
* 사업가들과 상인들이 훔친 물건과 돈을 돌려주려는 도둑들, 피고용자들로부터 돈이며 물건을 돌려 받는다.
* 크리스천들과 교회들이 고아원, 구제사업 등 가난한 사람들과 도움이 필요한 사람들을 도우려는 노력을 진지하게 시작한다.
* 압제당하는 사람을 보호하며 정의를 수호하기 위해 법이 바뀌거나 제정된다.
* 인종과 민족들 사이에 화해가 이루어진다.
* 몹쓸 말이 점잖고 정중한 말로 바뀐다.
* 사적이고 공적인 부도덕한 행동들이 놀라울 정도로 줄어든다.
* 결혼생활이 회복되고 가정생활이 견고해진다.

오순절의 영적 각성

예수께서 오시기 전, 이스라엘의 역사는 밑바닥을 헤매고 있었다. 400년이 넘는 기간 동안 하나님의 백성은 하나님의 말씀을 듣지 못했다. 하나님의 선지자들이 없었기 때문이다. 바리새인들은 율법의 정신이나 하나님과의 개인적이며 진실된 관계는 전혀 고려하지 않고 율법의 문자적 준수에 기초한 율법주의 정신을 발전시켰다.

성전예배는 마음에서 우러나는 반응이라기보다는 머리로만 이루어지는 의식이 되어버렸다. 하나님의 백성에겐 부흥이 절실히 필요했다. "때가 차매 하나님이 그 아들을 보내사"(갈 4:4). 하나님께서는 그의 백성을 회개와 부흥으로 부르실 준비를 하고 계셨다. 예수께서 처음 말씀을 전파하실 때, 그의 메시지는 "회개하라 천국이 가까왔느니라"(마 4:17)였다. 많은 사람들이 회개하고 하나님께로 돌아오기 시작했다. 하나님의 백성 가운데 부흥이 일어나기 시작했다.

　　예수께서 잡히시고, 재판을 받으시고, 십자가에 달리실 때, 제자들은 그를 버렸다. 베드로는 저주하면서 예수를 안다는 사실을 부인하기까지 했다. 어떤 의미에서 예수의 부활과 승천 사이의 기간은 제자들과 예수와의 관계갱신 또는 부흥(회복)을 위한 시간을 제공했다. 또한 이 기간은 예수께서 제자들을 더 철저히 준비시키시는 시간을 제공하기도 했다. "해받으신 후에 또한 저희에게 확실한 많은 증거로 친히 사심을 나타내사 사십 일 동안 저희에게 보이시며 하나님 나라의 일을 말씀하시니라"(행 1:3). 예수께서는 이들을 성경으로 돌이키시고 성경이 자신에 관해 말하는 모든 것들을 설명해 주셨다. "이에 모세와 및 모든 선지자의 글로 시작하여 모든 성경에 쓴 바 자기에 관한 것을 자세히 설명하시니라"(눅 24:27).

　　오순절에 성령이 임하셨을 때, 성령께서는 처음으로 초대교회에 능력을 주셨다. 이때 교회는 부흥(삶의 갱신)이 필요치 않았다. 그들은 이미 되살아나(revived) 있었다. 그들은 새롭게 능력을 받은 교회로서 그저 하나님께서 그의 백성에게 의도하시는 생명의 풍성함을 체험하기 시작했을 뿐이었다.

오순절날이 이미 이르매 저희가 다같이 한곳에 모였더니 홀연히 하늘로부터 급하고 강한 바람 같은 소리가 있어 저희 앉은 온 집에 가득하며 불의 혀같이 갈라지는 것이 저희에게 보여 각 사람 위에 임하여 있더니 저희가 다 성령의 충만함을 받고 성령이 말하게 하심을 따라 다른 방언으로 말하기를 시작하니라 그때에 경건한 유대인이 천하 각국으로부터 와서 예루살렘에 우거하더니 이 소리가 나매 큰 무리가 모여 각각 자기의 방언으로 제자들의 말하는 것을 듣고 소동하여 다 놀라 기이히 여겨 이르되 보라 이 말하는 사람이 다 갈릴리 사람이 아니냐 우리가 우리 각 사람의 난 곳 방언으로 듣게 되는 것이 어찜이뇨 우리는 바대인과 메대인과 엘람인과 또 메소보다미아, 유대와 가바도기아, 본도와 아시아, 브루기아와 밤빌리아, 애굽과 및 구레네에 가까운 리비야 여러 지방에 사는 사람들과 로마로부터 온 나그네 곧 유대인과 유대교에 들어온 사람들과 그레데인과 아라비아인들이라 우리가 다 우리의 각 방언으로 하나님의 큰일을 말함을 듣는도다 하고 다 놀라며 의혹하여 서로 가로되 이 어찐 일이냐 하며(행 2:1-12).

하나님의 백성이 성령의 사역에 자신들을 완전히 내어 맡길 때, 하나님께서는 깨어 있는 세상을 그에게로 이끄실 것이다. 베드로는 성령의 오심에 대한 구약의 예언들을 설교함으로써 무리들의 질문에 대답했다. 그런 다음, 그는 예수가 그리스도이심을 선포했다. 메시지는 간단했다. 하나님께서 그를 통해 역사하셨기 때문에, 그 결과는 하나님만이 하실 수 있는 엄청난 것이었다.

그런즉 이스라엘 온 집이 정녕 알지니 너희가 십자가에 못박은 이 예수를 하나님이 주와 그리스도가 되게 하셨느니라 하니라 저희가 이 말을 듣고 마음에 찔려 베드로와 다른 사도들에게 물어 가로되 형제들아 우리가 어찌할꼬 하거늘 베드로가 가로되 너희가 회개하여 각각 예수 그리스도의 이름으로 침례(세례)를 받고 죄 사함을 얻으라 그리하면 성령을 선물로 받으리니 … 그 말을 받는 사람들은 침례(세례)를 받으매 이날에 제자의 수가 삼천이나 더하더라(행 2:36-38, 41).

하나님의 백성이 하나님과 바른 관계를 가지고 그에게 완전히 굴복할 때, 하나님께서 영적 각성 가운데서 어떤 일을 하실 것인가? 앞에서 인용한 성경구절은 이것을 가장 잘 보여주는 예이다. 신자들이 배우지 않은 외국어로 말할 때, 하나님께서는 이들을 통해 그의 능력을 나타내셨다. 간략한 메시지가 전파되었을 뿐인데, 죄를 깨닫게 하는 성령의 사역으로 사람들은 '마음이 찔렸다.' 3,000명이 그 메시지를 받아들여, 회개하고, 침례(세례)를 받고, 성령을 선물로 받았다. 120명으로 시작된 교회에 하나님께서 하루에 3,000명을 더해 주셨다. 이것이 영적 각성이다!

하나님의 백성 가운데서 부흥을 일으키시고 그런 다음 잃어버린 자들 가운데서 영적 각성을 일으키시는 것, 이것이 하나님의 패턴이다. 1세기의 '첫번째' 영적 각성은 계속되었다.

저희가 사도의 가르침을 받아 서로 교제하며 떡을 떼며 기도하기를 전혀 힘쓰니라 사람마다 두려워하는데 사도들로 인하여 기사와 표적이 많이 나타나니 믿는 사람이 다 함께 있어 모든 물건을 서로 통용하고 또 재산과 소유를 팔아 각 사람의 필요를 따라 나눠 주고 날마

다 마음을 같이하여 성전에 모이기를 힘쓰고 집에서 떡을 떼며 기쁨
과 순전한 마음으로 음식을 먹고 하나님을 찬미하며 또 온 백성에게
칭송을 받으니 주께서 구원받는 사람을 날마다 더하게 하시니라(행
2:42-47).

초대교회 사람들은 하나님께서 기적적으로 역사하시는 것을
보면서 경외심에 휩싸였다. 그들의 삶이 변화되었다. 그들은 기쁘고
진실된 마음으로 이기심을 버리고 살았다. 그들은 하나님을 찬양했
으며 모든 사람들의 호의를 누렸다.

당신도 이런 교회의 일원이 되고 싶지 않은가? 하나님의 백성
이 하나님과의 바른 관계를 유지할 때, 그 바른 관계는 서로에 대한 사
랑으로 나타난다. 하나님을 닮은 그들의 서로에 대한 사랑은 잃어버
린 예루살렘 사람들의 마음을 사로잡았으며, 영적 각성이 계속되었
다! 다음은 하나님께서 그의 백성을 통해 하셨던 몇몇 일들에 대한 요
약이다.

* "말씀을 들은 사람 중에 믿는 자가 많으니 남자의 수가 약
  오천이나 되었더라"(행 4:4).
* "믿고 주께로 나오는 자가 더 많으니 남녀의 큰 무리더라"
  (행 5:14).
* "하나님의 말씀이 점점 왕성하여 예루살렘에 있는 제자의
  수가 더 심히 많아지고 허다한 제사장의 무리도 이 도에 복
  종하니라"(행 6:7).
* "그리하여 온 유대와 갈릴리와 사마리아 교회가 평안하여

든든히 서 가고 주를 경외함과 성령의 위로로 진행하여 수
가 더 많아지니라"(행 9:31).
* "온 욥바 사람이 알고 많이 주를 믿더라"(행 9:42).
* "이방인들이 듣고 기뻐하여 하나님의 말씀을 찬송하며 영
생을 주시기로 작정된 자는 다 믿더라 … 제자들은 기쁨과
성령이 충만하니라"(행 13:48, 52).
* "이에 여러 교회가 믿음이 더 굳어지고 수가 날마다 더하니
라"(행 16:5).
* "에베소에 거하는 유대인과 헬라인들이 다 이 일을 알고 두
려워하며 주 예수의 이름을 높이고 믿은 사람들이 많이 와
서 자복하여 행한 일을 고하며 또 마술을 행하던 많은 사람
이 그 책을 모아 가지고 와서 모든 사람 앞에서 불사르니 그
책 값을 계산한즉 은 오만이나 되더라 이와 같이 주의 말씀
이 힘이 있어 흥왕하여 세력을 얻으니라"(행 19:17-20).

하나님의 은혜에 대한 증거: 웨일스에서 일어난 영적 각성

1904년 가을, 웨일스에서 부흥이 일어났다. 그로부터 6개월
동안 이 영적 대각성 운동에서 100,000명의 사람들이 구원을 받았
다. 어느 누구도 이 운동(campaign)을 조직하지 않았다. 사람들은 광
고나 공적인 교섭이나 라디오 방송이나 영혼을 사로잡는 증거집회
도 열지 않았다. 하나님께서 세상의 관심을 사로잡는 주권적인 일을
하셨다. 하나님의 성령이 하나님과 바른 관계에 있는 사람들에게 임

했을 때, 빛이 모든 곳에 비춰었다. 증거한 사람도 하나 없는데 사람들은 "제가 구원 얻기 위해 어떻게 해야 합니까?"라고 외쳤다.

웨일스는 런던의 서쪽에 위치한 영국의 공국이었다. 이 지역은 하나님의 백성 가운데 일어난 아름다운 부흥의 역사들을 가지고 있었다. 20세기가 시작될 무렵에, 웨일스 사람들은 하나님의 성령의 신선한 바람을 갈망하고 있었다. 마지막 큰 부흥은 1859년과 1860년에 일어났다. 교인들이 감소하고 있었다. 사람들은 종교적인 일에 무관심했다. 교회들은 형식에 사로잡혔다. 하나님의 백성에겐 부흥이 필요했다.

1904년 하나님께서는 웨일스의 많은 곳에서 많은 사람들을 통해 부흥을 낳는 역사를 일으키셨다. 웨일스는 부흥의 불길의 빠른 확산을 위해 하나님께서 준비하신 불씨통 같았다. 하나님께서는 이반 로버츠(Evan Roberts)라는 젊은이를 택하셔서 특별하게 사용하셨다. 이반은 웨일스의 탄광에서 일했다. 그는 부흥에 대한 큰 꿈을 안고 있었다. 그는 하나님의 성령을 부어 달라고 13년 동안 기도했다. 하나님의 백성인 다른 그룹들과의 기도모임이 그의 생활에서 중요한 위치를 차지하게 되었다. 1904년 초에 이반은 말씀을 전파하라는 하나님의 부르심에 응답하여 이를 준비하기 위해 학교에 들어갔다.

그는 주일학교 예배 후에, 셋 여호수아(Seth Joshua) 기도회를 인도했다. 그의 기도 중 하나는 "주여, 나의 무릎을 꿇리소서"라는 기도였다. 하나님의 성령께서 이 짧은 한 마디를 통해 이반의 마음을 감동하셨다. 문을 나서면서 그는 계속해서 "오 주님, 나의 무릎을 꿇리소서!"라고 기도했다.

하나님께서는 로퍼(Loughor)에 있는 고향 교회에 가서 젊은이들과 함께 일 주일 동안 예배를 인도하게 하셨다. 1904년 10월 31일 월요일 밤 기도회 후에, 17명의 젊은이들이 이반의 메시지를 듣기 위해 남았다. 그의 메시지는 네 가지였다.

1. 고백하지 않은 죄가 있다면 무엇이든 내놓아야만 합니다.
2. 모든 의심스러운 습관을 반드시 버려야만 합니다.
3. 성령께 즉시 순종해야만 합니다.
4. 그리스도를 공적으로 고백해야 합니다.

그날 밤 17명의 젊은이들 모두가 그의 호소를 받아들였다. 그들은 계속해서 만나기로 했다. 밤마다 사람들이 늘었다. 하나님의 백성이 하나님께로 돌아가자 전 지역에서 성령이 임했다. 잃어버린 사람들이 극적으로 회심했다 - 5개월 동안에 86,000명 그리고 10월의 모임 후 6개월 동안 100,000명이 넘는 사람들이 회심하고 그리스도께로 돌아오는 역사가 일어났다.

이것은 삶을 변화시키는 헌신이었다. 술집들이 손님이 없어 문을 닫았다. 범죄가 급격하게 줄어들어 경찰들은 할 일이 없었다. 사람들은 해묵은 빚을 갚았으며 도둑질과 다른 나쁜 행동들에 대한 배상을 해 주었다. 심지어 노새들은 회심한 광부들이 사용하는 새로운 말을 알아듣지 못해 일의 속도가 느려지는 경우까지 있었다(그들은 욕을 더 이상 하지 않았다!). 부흥의 소식은 다른 나라들로 퍼져 나갔으며, 크리스천들에게 기도의 불길이 번지기 시작했다. 곧 하나님께서는 세계 곳곳에서 사람들을 그에게로 인도하시는 역사를 시작하셨다.[1]

요약

* 거듭나지 못한 사람들에겐 부흥이 필요없다. 그들에게 필요한 것은 생명이다.
* 영적 각성은 많은 사람들(또는 한 지역에서 큰 비율의 사람들)이 짧은 기간에 영적 생명에 대한 이 새로운 출생을 경험할 때 일어난다.
* 예수께서 처음 말씀을 전파하실 때, 그의 메시지는 "회개하라 천국이 가까왔느니라"(마 4:17)였다.
* 초대교회는 새롭게 능력을 받은 교회로서 그저 하나님께서 그의 백성에게 의도하시는 생명의 풍성함을 체험하기 시작했을 뿐이었다.
* 하나님의 백성이 성령의 사역에 자신들을 완전히 내어 맡길 때, 하나님께서는 깨어 있는 세상을 그에게로 이끄실 것이다.
* 120명으로 시작된 교회에 하나님께서는 하루에 3,000명을 더해 주셨다. 이것이 영적 각성이다!
* 하나님께서는 인간들 가운데서 하나님을 닮은 사랑을 보여 주심으로써 잃어버린 예루살렘 사람들의 마음을 진정으로 사로잡고 지속적인 영적 각성을 일으키셨다.
* "주님, 우리의 무릎을 꿇리소서." "주님, 저의 무릎을 꿇리소서."

기도 가운데 하나님 만나기

* 당신이 섬기는 교회에 대해 기도하라. 당신의 교회가 지역사회의 영적 각성에 쓰임받기 위해 하나님께서 당신의 교회에 어떤 변화를 원하시는지 하나님께 여쭤보라.
* 지역사회의 잃어버린 사람들을 위한 하나님의 마음을 당신도 느낄 수 있게 해 달라고 기도하라.
* 이반 로버츠의 네 가지 호소를 주의깊게 읽어보라. 그런 다음 당신이 하나님께 대한 응답으로 해야 할 필요가 있는 것은 무엇이든 가르쳐 달라고 기도하라.
* 기도: "주님, 나의 무릎을 꿇리소서."

다른 사람들과 함께 하나님 만나기

소그룹에서 기회가 있을 때, 이런 토론문제들을 생각해 보라.
1. 거듭난다는 것은 무엇을 뜻하는가?
2. 부흥과 영적 각성은 어떻게 다른가?
3. 복음서와 사도행전의 역사들이 어떻게 부흥과 영적 각성으로 보여질 수 있는가?
4. 우리가 부흥과 영적 각성을 경험한다면, 하나님께서는 우리 사회에 어떤 변화들을 이루시겠는가?

5장
부흥성회에 대한 성경적 기초

구약시대에 하나님께서는 그의 백성이 그와의 교제에서 떠나리라는 것을 알고 계셨다. 그들의 마음은 하나님께 대한 전적인 사랑을 잃어버릴 것이다. 그 때문에 하나님께서는 전체가 한데 모여 하나님과의 교제를 새롭게 하기 위한 정기적인 시간들을 따로 준비해 두셨다. 이러한 갱신(새롭게 함)의 시간들은 성회라는 이름으로 불렸다. 성회는 하나님의 백성이 신성한 일을 위해 함께 모이는 날이었다. 성회는 다음과 같은 일을 하는 시간으로 규정되었다.

* 하나님과 그의 계명과 규례에 대한 순종을 보여주는 때
* 그의 백성을 위한 하나님의 예비하심들을 기억하는 때
* 자신의 (시간적, 물질적) 모든 자원들에 대해 하나님께서 그 주인이심을 인정하는 때
* 하나님의 거룩하심을 인정하는 때

* 개인적인 죄와 집단적인 죄를 고백하고 회개하는 때
* 하나님과의 교제와 언약을 새롭게 하는 때

부흥을 위해 미리 정해진 시간들

레위기 23장과 민수기 28-29장은 매년 성회로 모이도록 규정된 7일에 대해 말하고 있다.

1. 유월절의 첫째 날(첫 달의 15일)
2. 유월절의 일곱째 날(첫 달의 21일)
3. 맥추절(오순절 - 유월절 후 50번째 되는 날)
4. 나팔절(일곱째 달의 1일)
5. 속죄일(일곱째 달의 10일)
6. 초막절의 첫째 날(일곱째 달의 15일)
7. 초막절의 여덟째 날(일곱째 달 22일)

구약의 여러 부흥들은 이렇게 미리 정해진(scheduled) 날에 일어났다. 하나님과의 가까운 교제를 유지하기 위해 마련된 이러한 연례행사들 외에 안식일도 성회의 역할을 해야 했다. 미리 계획된(정해진) 이런 날들이 그 의도된 목적을 성취했을 때, 하나님의 백성은 하나님과 올바른 관계를 지속했다. 그러나 단지 의식이나 종교적 전통에 불과하게 되었을 때, 이러한 날들은 백성을 하나님과의 교제로 돌이키는 본래의 목적을 성취하지 못했다. 하나님께서는 이러한 악회(惡會)들을 정죄하셨다(사 1:13 참조). 따라서 하나님께서는 그의 백성이 다시 그에게 돌아오게 하는 사랑의 징계로 그들에게 심판을 내리서야 할 때가 많았다. 하나님의 치료하시는 심판들을 겪으면서 요엘 선지자는 백성이 재빨리 여호와께로 돌아가야 한다는 것을 알았다. 그는 하나님께 서둘러 돌아가기 위해 긴급한 성회의 소집을 선포했다. 하나님께서는 그의 백성에 대한 용서와 회복으로 응답하셨다. 그리고 이렇게 말씀하셨다. "내가 전에 너희에게 보낸 큰 군대 곧 메뚜기와 늣과 황충과 팟종이의 먹은 햇수대로 너희에게 갚아 주리니"(욜 2:25). 하나님의 백성이 회개할 때, 하나님께서는 그들을 다시 살리셨다. 그러나 하나님의 바람은 그가 그의 백성을 징계할 필요가 없도록 그의 백성이 정기적이며 지속적인 성회를 통해 그와의 교제를 새롭게 하는 것이다.

신약의 성회

'성회'라는 말은 신약성경에는 나타나지 않는다. 예루살렘 크리스쳔들은 주로 유대인들이었다. 그래서 이들은 유대적인 관습과 율법을 그대로 지키고 시행했다. 콘스탄틴 때까지 유대 크리스쳔들은 유대의 절기를 계속 지켰으나 그리스도를 통해 이루어진 성취들에 초점을 맞추고 지켰다. 정해진 유대교의 성회와 관련된 것은 신약시대에 두 번 있었다. 두 번 모두 초대교회에는 크게 중요했다.

오순절

예수께서 승천하신 후에, 예루살렘 크리스쳔들은 성령을 기다리며 기도하는 가운데 열흘을 보냈다. 오순절날, 이 유대 크리스쳔들은 정해진 성회를 지키고 있었을 것이다. 이 다락방 성회중에 성령께서 임하셨으며, 교회는 능력을 받았다. 첫날 3,000명의 회심자들이 그리스도께 돌아왔다(행 2장 참조).

베드로의 구출

헤롯 왕이 교회를 핍박하고 야고보를 죽였을 때, 유대인들은 너무나 기뻤다. 그래서 이들은 베드로까지 죽일 의도로 그를 체포했다. 그날이 무교절(유월절 주간)이었기 때문에, 헤롯은 유월절 축제가 끝난 후 그를 재판하기 위해 베드로를 옥에 가두었다. 유월절 마지막 날(일곱째 날)은 성회로 예정되어 있었다. 다시 한 번 말하지만 예루살렘 크리스천들은 규정된 성회를 지키고 있었을 것이며, 특히 그들이 직면하고 있는 박해의 견지에서 이를 지키고 있었을 것이다. 그날 저녁 성회의 날이 지난 후, 크리스천들은 남아서 베드로를 위해 함께 기도했다. 하나님께서는 극적으로 개입하셔서 베드로를 감옥에서 구해 내셨다. 그로부터 얼마 후 하나님께서는 헤롯을 치셨고, 헤롯은 죽었다. 그러나 베드로는 살아서 초대교회에서 강한 지도력을 발휘했다(행 12장 참조).

우리 시대에 적용

부흥을 위해 준비된(계획된) 시간들이 따로 있었다는 이러한 성경적 사실은 오늘날의 교회들이 다루어야 할 몇몇 문제들을 제시해 준다.

갱신(새롭게 함)을 위한 정기적인 시간들

크리스천들은 달력에서 하나님과의 교제를 회복하는 정기적인 시간으로 구별된 날들을 볼 필요가 있다. 기독교 공휴일들(성탄절, 추수감사절), 계획된 '부흥' 성회(revival services), 침례 및 성만찬 거행일 등은 교인들이 하나님을 기억하고 그의 부르심에 응답하도록 그들을 도울 수 있는 시간들의 한 예이다(지속적인 갱신에 대한 더 많은 제안에 대해서는 19장 참조).

주일

크리스천들의 주일준수는 하나님과의 교제를 회복하는 정기적인 시간이 되어야 한다. 주일은 하나님께 거룩하게 지켜지고 악이 아니라 선을 행하는 날로 이용되어야 한다(마 12:12 참조). 우리에게 바리새인들의 율법주의는 필요없다. 그러나 주일을 주님께 성별하여 드리는 신선한 초청은 필요하다. 우리는 성부와 그의 말씀과 그의 백성들과의 교제에 특별한 관심을 기울일 필요가 있다. 하나님께서 창조 때에 안식하셨던 것처럼(창 2:1-3 참조) 우리도 주일에는 자기 만족적인 쾌락추구와 정기적인 일을 가능하다면 피할 필요가 있다. 주일은 지난 한 주를 점검하고, 고백하지 않은 죄를 고백하며, 돌이켜 하나님의 용서와 깨끗케 하심을 구하는 시간을 우리에게 가져다 준다. 또한 주일은 축하와 축제의 긍정적인 날이어야 한다. 주일은 궁핍한 사람들을 그리스도의 이름으로 섬기는 날이어야 한다. 주일은 온전히 주님께 바쳐진 날이어야 한다.

희생제물과 제사

번영 때문에 우리는 주님을 잊어버리고 살아 왔다(신 6:10-12의 경고를 보라). 십일조와 비례적인 희생제물과 제사는, 하나님께서 모든 것의 주인이 되시며 우리는 그저 청지기일 뿐이라는 것을 하나님께서 그의 백성에게 상기시키시기 위해 제정하신 것이다. 탐심과 불순종 때문에 많은 크리스천들이 하나님을 배반하고 있다. 이런 이유 때문에 많은 크리스천들과 교회들이 자신들도 모르는 사이 우상 숭배자가 되어 하나님의 저주와 진노 아래 살고 있다(말 3:6-12; 엡 5:5-6 참조).

사람들의 회집

성회에서는 모든 백성이 다 모였다. 교회들은 누구든지 오려는 마음이 있는 사람들로 이루어진 '성회'를 갖는 것에 만족해 할지 모른다. 하나님은 집단적인(전체적인) 회개를 찾고 계신다. 교회들은 사람들을 한데 모아 하나님께로 돌아가게 하는 방법을 가르쳐 달라고 주님께 간구해야 한다.

하나님의 심판

지도자들은 하나님의 징계와 심판의 표현들을 규명하고 확인할 수 있어야 한다. 하나님의 백성에게 심판이 임할 때, 그들은 자신들이 심판을 받고 있다는 것을 알아야 한다. 그래야만 즉시 응답할 수 있기 때문이다. 한 가지 일반적인 오류는 교회의 '영적 전쟁'에서 일어나는 모든 일을 나쁘다고 말하는 것이다. 영적 전쟁은 일어난다.

그러나 하나님의 징계도 이루어진다. 우리가 하나님의 징계를 사단의 공격으로 오인하면, 하나님께서 우리의 관심을 그에게로 집중시켜 우리에게 회개를 촉구하실 수 없게 될 것이다. 그러므로 영적 분별력을 기르기 위해서는 하나님께 의지하고 기도와 하나님의 말씀 연구를 통해 개인적으로 하나님과 긴밀하게 동행해야 한다.

성회들은(요일 1-2장에서 심판에 대한 응답으로 요청된 것처럼) 예외적인 모임이어야 한다. 갱신을 위한 정기적인 시간들이 충실하게 지켜지고 있다면, 하나님과의 교제는 유지될 것이다. 오늘 우리는 하나님의 백성이 하나님 앞에 함께 모여 하나님께 돌아가도록 촉구함으로써 하나님께서 지금 그의 백성과 우리 나라에 내리시는 심판에 즉시 응답해야 한다. 장기적으로 우리는 하나님과의 교제를 갱신하기 위한 정기적인 시간들을 찾아야 한다.

성경에 나타난 부흥이 주는 교훈들

신약성경이 기록될 당시, 교회는 아직 어린 상태였다. 따라서 우리는 집단적인 회개에 대한 자세한 내용은 많이 알 수 없다. 우리는 신약에서 회개에 대한 촉구를 본다. 그러나 하나님께서 그의 백성과 어떻게 관계를 가지시는가를 이해하는 데 기초가 되는 것은 구약성경이다. 우리는 구약의 집단적(전체적) 부흥사건들에서 몇몇 공통적인 요소들을 찾아볼 수 있다. 다음 장에서 우리는 구약의 몇몇 부흥사건들을 살펴볼 것이다. 그러기에 앞서 이러한 부흥사건들의 몇몇 공통된 요소들을 살펴보기로 하자. 그래야 다양한 부흥사건들에서 이러한 요소들을 가려낼 수 있지 않겠는가?

    1. 부흥은 지도자들에게서 시작되었다. 부흥은 위에서부터 시작되었다. 부흥이 번져가면서 다른 지도자들이 여기에 합류되었다. 이들은 무엇을 해야 할 것인가를 안다고 해서 조금도 교만하지 않았다. 지도자들은 다른 사람들의 도움에 의존했다. 왕은 선지자에게 도움을 구했다. 총독 느헤미야는 모든 집안의 지도자들로부터 조언을 구하기 위해 이들을 불러모았다. 한 사람이면 필요한 단서를 놓칠 수도 있었을 것이다. 그러나 여러 지도자들이 함께 일할 경우, 이들은 다른 사람들의 지혜와 조언 그리고 하나님께 대한 그들의 감수성을 통해 유익을 얻었다.

    2. 부흥은 하나님의 백성이 혹독한 징계와 심판을 경험한 후에 또는 임박한 심판에 대한 경고를 받은 후에 찾아오는 경우가 많다. 대부분의 경우 징계는 이미 찾아온 상태였다. 사람들은 어려움과 고통 가운데서 하나님께 울부짖으며 도움을 구했다. 때때로 심각한 죄에 대한 자각 때문에, 사람들은 하나님의 심판을 두려워하며 하나님께 응답하였다. 니느웨의 경우, 요나는 하나님의 임박한 심판을 한 문장의 메시지로 전했다. 그러자 왕과 모든 백성 심지어 가축들까지 베옷을 입고 재를 무릅쓰고 회개할 것을 촉구받았다.

    3. 많은 부흥들이 부흥이나 언약갱신을 위한 계획된 시간에 일어났다. 여기에는 나팔절, 초막절, 유월절이 포함되었다. 하나님께서는 그의 백성이 돌아오도록 하기 위한 미리 계획된 시간을 영화롭게 하실 수 있다. 부흥이 반드시 자발적인 것이어야 할 필요는 없다. 그러나 계획된 시간은 그저 전통이나 의식의 시간이 아니라 하나님

을 간절히 찾는 시간이 되어야 한다.

4. 모든 하나님의 백성은 이러한 계획된 모임에 참석해야 하는 것으로 생각되었다. 이것은 중요했으며, 어떤 변명도 받아들여질 수 없었다. 한 나라의 운명이 그들의 반응(응답)에 달려 있었다. 지도자들은 한 사람의 죄가 한 나라에 하나님의 심판을 가져다 줄 수도 있다는 것을 알고 있었다(예를 들면, 여호수아 7장의 아간의 경우가 그렇다). 지도자들은 모든 백성에게 하나님께로 돌아갈 것을 촉구했다. 어떤 경우 그들은 정해진 시간에 모임에 참석하지 않은 사람들에 대해서는 이스라엘의 가계(家系)에서 제해 버리겠다고 위협했다. 또 어떤 경우에는 하나님의 심판이 임박해져서 지도자들이 하나님께 돌아가는 회(會)에 참석하지 않는 사람은 누구든지 죽이겠다고 위협했다. 물론 우리는 이런 방법을 추천하지는 않을 것이다! 그러나 이것은, 이스라엘의 지도자들이 하나님께서 그들을 개인적으로뿐만 아니라 집단적으로 다루시며 그것도 매우 진지하게 다루신다는 것을 알고 있었음을 보여준다.

5. 지도자들은 부흥에 대해 백성을 분명하게 인도했다. 이러한 예배체험의 한 부분으로 지도자들은 백성들이 다음과 같이 하도록 도왔다.

* 하나님께서 과거에 그들을 위해 하신 일을 기억하도록
* 기쁨으로 경배와 찬양을 드리도록
* 제사와 제물을 드리도록
* 하나님의 거룩한 백성으로서 하나님과의 언약을 갱신하고 확증하도록

6. 부흥은 경배와 함께 시작되었다. 회개 후에, 경배와 찬양의 기쁨이 컸다. 경배와 찬양은 부활의 열매들이다. 이것은 우리가 자주 기도하는 '부흥'에 대한 체험이다. 그러나 힘든 회개와 깨끗케 되는 과정이 먼저 있어야 한다. 그런 다음 기쁨이 찾아온다.

7. 성경이 부흥체험의 중요한 부분이었다. 하나님의 말씀을 통해 그 백성은 하나님께서 요구하시는 것들을 알게 되었다. 그들은 또한 자신들이 하나님께 돌아가지 않을 경우 초래될 결과도 이해했다. 성경이 끝이 아니었다. 성경은 그 백성을 하나님께로 향하게 했다. 하나님은 이들이 돌아가야 할 대상이었다. 성경이 중심적인 위치를 차지해야 한다. 그러나 우리가 부흥에서 찾아야 할 분은 하나님 바로 그분이다.

8. 지도자들과 그 백성은 자신들의 죄와 조상들의 죄까지 고백하고 회개했다. 조상들의 죄를 고백하는 것은 이 과정에서 중요한 단계였다. 왜냐하면 하나님께서는 그 나라를 집단적으로(전체적으로) 다루고 계셨기 때문이다. 한 민족이나 나라가 범죄할 때, 그 죄는 그 세대나 다음 세대에서 반드시 다루어져야 한다. 그러나 가장 중요한 요소는 죄의 심각성을 고백하는 것이다(죄의 심각성에 대해 하나님과 생각을 같이하는 것이다). 죄를 고백한 후에, 그 백성은 조상들의 길로 걷지 않겠다고 다짐한다. 고백은 출발점일 뿐이며 그것만으로는 충분치 않다. 그 백성은 회개함으로써 끝까지 나아갔다.

9. 그 백성은 우상을 제거하고, 경배(예배) 처소를 정화하며, 그들의 길을 바꿈으로써 회개를 입증해 보였다. 그들은 회개의 열매를 맺는 행동을 취했다.

10. 그 백성은 기뻐하며 전심으로 이 모든 일들을 행했다. 그들은 응답하도록 강요받을 필요가 없었다. 어떻게든지 하나님께서는 그 백성에게 그들의 심각한 상황을 알리셨다. 일단 자신들의 상황을 깨닫자, 그 백성은 하나님께로 돌아가는 과정에 참여했다. 이것은 인간적으로는 불가능하다. 그러나 하나님이 함께하시면, 모든 일이 가능하다. 하나님께서는 이들에게 회개를 허락하셨다.

11. 하나님께서는 회개하는 그의 백성을 깨끗케 하시고, 용서하시며, 회복시키시고, 축복하심으로써 응답하셨다. 하나님께서는 바로 이런 부분에서 어떤 인간도 할 수 없는 주권적인 부흥역사를 이루신다. 하나님께서 이렇게 역사하실 때, 부흥은 이미 일어난 것이다!

기도의 지도자이자 「그리스도의 마음」(*The Mind of Christ*)의 저자인 헌트(T. W. Hunt)는 성경의 부흥들에 대해 다음과 같은 관찰을 했다.

* 대부분의 경우 고도의 사악함이 먼저 있었다.
* 대부분의 경우 복수 지도자들이 있었다.
* 고위관리들에게서 아래로 퍼져 나갔다.
* 이전에 세워진 하나님의 기준(시금석)이 회복되었다.
* 기록된 하나님의 말씀에 대한 큰 사랑이 뒤따랐다.
* 특히 유대 대명절들(절기들)에 나타나 있듯이 경배가 1차적인 위치를 차지했다. 이것은 마음에서 우러나오는 경배였다.
* 성전과 백성이 정결케 되었다.

헌트는 이렇게 덧붙인다. "성경적 증거는, 부흥의 때에 세워진 지도자들이 하나님께서 주신 책임을 받아들이지 않으려 한다면, 하나님께서는 주요한 사회적 격변을 통해 새로운 지도자들을 세우신다는 것이다."[1]

요약

* 하나님께서는 전체가 한데 모여 하나님과의 교제를 새롭게 하기 위한 정기적인 시간들을 따로 준비해 두셨다.
* 미리 계획된(정해진) 이런 날들이 그 의도된 목적을 성취했을 때, 하나님의 백성은 하나님과 올바른 관계를 지속했다.
* 이러한 날들이 단지 의식이나 종교적 전통에 불과하게 되었을 때는 백성을 하나님과의 교제로 돌이키는 본래의 목적을 성취하지 못했다.
* 크리스천들은 달력에서 하나님과의 교제를 회복하는 정기적인 시간으로 구별된 날들을 볼 필요가 있다.
* 주일은 하나님께 거룩하게 지켜지고 악이 아니라 선을 행하는 날로 이용되어야 한다
* 번영 때문에 우리는 하나님을 잊고 지냈다.
* 부흥은 위에서부터 시작되었다. 부흥이 번져 가면서 다른 지도자들이 여기에 합류되었다
* 지도자들은 하나님의 징계와 심판의 표현들을 규명하고 확인할 수 있어야 한다.

* 하나님의 말씀을 통해 그 백성은 하나님께서 요구하시는 것들을 알게 되었다. 그들은 또한 자신들이 하나님께 돌아가지 않을 경우 초래될 결과도 이해했다.
* 그들은 우상을 제거하고, 경배(예배) 처소를 정화하며, 자신들의 길을 바꿈으로써 회개를 입증해 보였다.
* 그 백성은 기뻐하며 전심으로 이 모든 일들을 행했다.
* "부흥의 때에 세워진 지도자들이 하나님께서 주신 책임을 받아들이지 않으려 한다면, 하나님께서는 주요한 사회적 격변을 통해 새로운 지도자들을 세우실 것이다."[1]

기도 가운데 하나님 만나기

* 잠시 시간을 내어 하나님께서 과거에 당신을 축복하신 때와 그 방법들을 기억해 보라. 크리스천으로서의 당신의 경험의 정점들(high points)을 생각해 보라. 지금 당신은 그때만큼 하나님과 가까운가?
* 그렇다면 당신이 하나님을 얼마나 사랑하는지 말씀드려라. 그가 당신에게 보여주신 사랑과 자비에 대해 감사드려라.
* 당신이 지금 그런 정점에 있지 않다면, 당신이 어디에서부터 멀어졌는가를 가르쳐 달라고 기도하라. 고백하지 않은 죄를 고백하라. 기도하며 주님의 낯을 구하라.
* 당신이 영적 지도자라면, 하나님의 백성이 하나님과의 관계를 정기적으로 새롭게 하도록 언제 어떻게 그들을 인도

해야 하는지 알게 해 달라고 기도하라.

다른 사람들과 함께 하나님 만나기

소그룹에서 기회가 있을 때, 이런 토론문제들을 생각해 보라.
1. 왜 하나님께서는 그의 백성이 그에게 돌아오도록 하기 위한 정기적인 시간들을 계획하셨는가?
2. 크리스천의 달력에서 하나님과의 교제를 새롭게 하기 위한 몇몇 적절한 시간들은 언제인가?
3. 어떤 면에서 주일이 더 이상 존중되지도 않고 거룩하게 지켜지지도 않는가? 우리가 주일을 거룩한 날로 구별하여 의미 있게 지킬 수 있는 방법들은 어떤 것들이 있는가?
4. 부흥의 때에 여러 지도자들이 있는 것이 왜 귀중한가?
5. 교회의 부흥의 시간들을 위해 하나님의 모든 백성을 한데 모으려고 애쓰는 것이 왜 중요한가?

6장
성경에 나타난 부흥들

우리는 이미 아사 왕 아래서 일어난 부흥에 대해 살펴보았다 (3장). 이 장에서는 성경에 기록된 몇몇 다른 부흥들에 대해 살펴보기로 하겠다. 우리는 하나의 전체적인 집단으로서 하나님의 백성이 하나님께로 돌아가는 방법들에 대한 매우 교훈적인 몇 가지 예를 살펴볼 것이다. 그런 다음 당신 스스로 연구하고 싶을지도 모르는 다른 부흥들도 소개할 것이다.

사무엘 아래서의 부흥

엘리 제사장 시대에 이스라엘은 하나님을 떠나 있었다. 그들은 블레셋과 싸워 4,000명의 군사를 잃었다. 지도자들은 막사로 돌아와 이렇게 말했다. "여호와께서 어찌하여 우리로 오늘 블레셋 사람 앞에 패하게 하셨는고 여호와의 언약궤를 실로에서 우리에게로 가져다가 우리 중에 있게 하여 그것으로 우리를 우리 원수들의 손에서 구원하게 하자 하니"(삼상 4:3).

이스라엘은 중대한 실수를 저질렀다. 그들은 자신들이 주도권을 가지고 하나님의 행동을 통제할 수 있을 것이라고 생각했다. 그들은 인간적인 추론을 사용했다.

그런 다음 그들은 하나님의 대체물로 눈을 돌렸다. 그들은 언약궤로 하나님 자신을 대체했다. 언약궤는 그의 백성 가운데 하나님의 임재를 상징하는 것이어야 했다. 그러나 그들은 자신들의 생각에서 미묘하지만 중요한 교체를 했다. 그들은 의뢰의 대상을 전능하신 하나님에게서 언약궤로 바꾸어버렸다. 그들은 '그것'이 그들을 구원할 것이라고 생각하고 '그것'을 가져갔다.

그러나 그것은 그들을 구원하지 못했으며, 그들은 다음 전투에서 30,000명의 군사를 잃었다. 언약궤는 빼앗겼고 엘리의 두 아들은 전사했다. 이 소식을 듣자, 엘리는 넘어져 목이 부러져 죽었다.

7개월 후에, 블레셋은 언약궤를 이스라엘에게 돌려주었다. 그리고 이 언약궤는 안전한 보관을 위해 길르앗 라못에게 맡겨졌다. 그 후 이스라엘은 하나님의 분명한 임재 없이 지냈다. 20년 후에, 이스라엘 백성은 마침내 하나님께 부르짖었다. 그들은 "여호와를 사모하였다." 사무엘은 그들이 이방 신상을 제거하고 하나님께 돌아가도록 함으로써 그들을 회개로 인도했다.

사무엘이 이스라엘 온 족속에게 일러 가로되 너희가 전심으로 여호

와께 돌아오려거든 이방 신들과 아스다롯을 너희 중에서 제하고 너
희 마음을 여호와께로 향하여 그만 섬기라 너희를 블레셋 사람의 손
에서 건져내시리라 이에 이스라엘 자손이 바알들과 아스다롯을 제하
고 여호와만 섬기니라 사무엘이 가로되 온 이스라엘은 미스바로 모
이라 내가 너희를 위하여 여호와께 기도하리라 하매 그들이 미스바
에 모여 물을 길어 여호와 앞에 붓고 그날에 금식하고 거기서 가로되
우리가 여호와께 범죄하였나이다 하니라 사무엘이 미스바에서 이스
라엘 자손을 다스리니라 이스라엘 자손이 미스바에 모였다 함을 블
레셋 사람이 듣고 그 방백들이 이스라엘을 치러 올라온지라 이스라
엘 자손이 듣고 블레셋 사람을 두려워하여 사무엘에게 이르되 당신
은 우리를 위하여 우리 하나님 여호와께 쉬지 말고 부르짖어 우리를
블레셋 사람의 손에서 구원하시게 하소서 사무엘이 젖 먹는 어린 양
을 취하여 온전한 번제를 여호와께 드리고 이스라엘을 위하여 여호
와께 부르짖으매 여호와께서 응답하셨더라(삼상 7:3-9).

이스라엘은 하나의 집단으로 함께 모여 금식을 하며, 그들의
죄를 고백하며, 물과 양의 제사를 드렸다. 사무엘은 영적 지도자로서
백성을 위해 기도했으며 하나님께서는 그의 기도에 응답하셨다.

사무엘이 번제를 드릴 때에 블레셋 사람이 이스라엘과 싸우려고 가
까이 오매 그날에 여호와께서 블레셋 사람에게 큰 우뢰를 발하여 그
들을 어지럽게 하시니 그들이 이스라엘 앞에 패한지라 이스라엘 사
람들이 미스바에서 나가서 블레셋 사람을 따라 벧갈 아래에 이르기
까지 쳤더라 사무엘이 돌을 취하여 미스바와 센 사이에 세워 가로되
여호와께서 여기까지 우리를 도우셨다 하고 그 이름을 에벤에셀이라

하니라 이에 블레셋 사람이 굴복하여 다시는 이스라엘 경내에 들어
오지 못하였으며 여호와의 손이 사무엘의 사는 날 동안에 블레셋 사
람을 막으시매(삼상 7:10-13).

하나님께서 그의 백성과 어떤 방법으로 관계를 가지시는가? 그들이 하나님에게서 떠났을 때, 하나님께서는 그들을 징계하셨다. 그들이 하나님께 울부짖으며 죄악을 회개할 때, 하나님께서는 그들의 울부짖음을 들으시고, 그들의 원수에게서 그들을 구원하시며, 그와의 올바른 관계로 회복시켜 주셨다.

니느웨의 회개

그의 크신 사랑과 자비 때문에 하나님께서는 악인의 죽음을 기뻐하지 않으신다. 우리는 요나의 이야기에서 하나님의 자비와 니느웨의 뜻 깊은 회개의 모습을 분명하게 본다. "여호와의 말씀이 아밋대의 아들 요나에게 임하니라 이르시되 너는 일어나 저 큰 성읍 니느웨로 가서 그것을 쳐서 외치라 그 악독이 내 앞에 상달하였음이니라 하시니라"(욘 1:1-2).

하나님께서는 요나를 선지자로 부르시고 그로 하여금 멸망에 직면해 있는 악한 도성에 메시지를 전하게 하셨다. 이스라엘 백성은 그들의 원수 앗수르의 수도인 이 성을 미워했을 것이다. 요나는 이 성이 회개하여 멸망을 면하는 것을 보고 싶지 않았다. 그래서 그는 하나님의 소명을 버리고 도망치려고 애썼다. 하나님께서는 요나를

뒤쫓으셨으며 마침내 큰 물고기 뱃속에서 그의 관심을 사로잡으셨다.

> 여호와의 말씀이 두번째 요나에게 임하니라 이르시되 일어나 저 큰 성읍 니느웨로 가서 내가 네게 명한 바를 그들에게 선포하라 하신지라 요나가 여호와의 말씀대로 일어나서 니느웨로 가니라 니느웨는 극히 큰 성읍이므로 삼일 길이라 요나가 그 성에 들어가며 곧 하룻길을 행하며 외쳐 가로되 사십 일이 지나면 니느웨가 무너지리라 하였더니(욘 3:1-4).

요나가 이스라엘의 원수의 성에서 심판의 메시지를 전파하면서 어떤 느낌을 받았을지 상상할 수 있겠는가? 그의 메시지는 겨우 한 문장이었다. 그는 그 성의 3분의 1을 걸어다니면서 그 메시지를 전했다. 그러자 사람들이 즉시 회개하기 시작했다.

> 니느웨 백성이 하나님을 믿고 금식을 선포하고 무론대소하고 굵은 베를 입은지라 그 소문이 니느웨 왕에게 들리매 왕이 보좌에서 일어나 조복을 벗고 굵은 베를 입고 재에 앉으니라 왕이 그 대신으로 더불어 조서를 내려 니느웨에 선포하여 가로되 사람이나 짐승이나 소떼나 양떼나 아무것도 입에 대지 말지니 곧 먹지도 말 것이요 물도 마시지 말 것이며 사람이든지 짐승이든지 다 굵은 베를 입을 것이요 힘써 여호와께 부르짖을 것이며 각기 악한 길과 손으로 행한 강포에서 떠날 것이라 하나님이 혹시 뜻을 돌이키시고 그 진노를 그치사 우리로 멸망치 않게 하시리라 그렇지 않을 줄을 누가 알겠느냐 한지라 (욘 3:5-9).

이 지도자의 주요한 역할이 무엇인지 알겠는가? 그는 왕으로서 성의 전 주민에게 금식하고, 굵은 베옷을 입고 재에 앉아 하나님께 부르짖으며(기도), 회개할 것을 명령했다. 그들이 하나님께 응답했을 때, 하나님께서는 마음이 누그러지셨다. "하나님이 그들의 행한 것 곧 그 악한 길에서 돌이켜 떠난 것을 감찰하시고 뜻을 돌이키사 그들에게 내리리라 말씀하신 재앙을 내리지 아니하시니라"(욘 3:10).

요나는 거민이 120,000명인 성이 회개하는 것을 지켜 보는 특권을 누렸다. 이 이방 성읍의 구원은 우리에게 소망을 가져다 주며, 우리로 하여금 하나님의 자비하심에 근거하여 용서를 구할 수 있게 해 준다. 우리도 회개하고 하나님께로 돌아갈 수 있도록, 하나님께서 우리 나라와 지도자들의 관심을 사로잡으시도록 기도할 수 있다.

히스기야 아래서의 부흥

아하스는 여호와의 성전 문을 닫고 다른 신들을 공개적으로 섬긴 매우 악한 왕이었다. 그는 심지어 자신의 몇몇 아들을 불에 태워 제사하기까지 했다. 그의 사악함 때문에 하나님의 심판이 임했다. "그러므로 그 하나님 여호와께서 아람 왕의 손에 붙이시매 저희가 쳐서 심히 많은 무리를 사로잡아 가지고 다메섹으로 갔으며 또 이스라엘 왕의 손에 붙이시매 저가 쳐서 크게 살육하였으니"(대하 28:5).

아하스 치하에서는 나라가 영적으로 거의 최저점에 도달해 있었다. 아하스의 16년간에 걸친 통치가 끝나고 이어서 그의 아들 히스기야가 유다의 왕이 되었다. 그는 아버지 아하스의 패턴을 따르지 않았다.

> 히스기야가 위에 나아갈 때에 나이 이십오 세라 예루살렘에서 이십구 년을 치리하니라 그 모친의 이름은 아비야라 스가랴의 딸이더라 히스기야가 그 조상 다윗의 모든 행위와 같이 여호와 보시기에 정직히 행하여 원년 정월에 여호와의 전 문들을 열고 수리하고 제사장들과 레위 사람들을 동편 광장에 모으고 저희에게 이르되 레위 사람들아 내 말을 들으라 이제 너희는 성결케 하고 또 너희 열조의 하나님 여호와의 전을 성결케 하여 그 더러운 것을 성소에서 없이하라 우리 열조가 범죄하여 우리 하나님 여호와 보시기에 악을 행하여 하나님을 버리고 얼굴을 돌이켜 여호와의 성소를 등지고 … 여호와께서 유다와 예루살렘을 진노하시고 내어버리사 두려움과 놀람과 비웃음거리가 되게 하신 것을 너희가 목도하는 바라 이로 인하여 우리의 열조가 칼에 엎드러지며 우리의 자녀와 아내가 사로잡혔느니라 이제 이스라엘 하나님 여호와로 더불어 언약을 세워 그 맹렬한 노로 우리에게서 떠나게 할 마음이 내게 있노니(대하 29:1-6, 8-10).

지혜로운 영적 지도자는 하나님의 백성 가운데서 번지는 영적 질병의 징후를 인식할 것이다. 히스기야는 그들의 조상이 하나님을 버렸다는 것을 알고 있었다. 그는 하나님 백성의 죄 때문에 그들 위에 임한 하나님의 심판으로 유다와 예루살렘이 파괴되고, 거민들이 죽고, 포로로 끌려가는 것을 보았다. 히스기야는 지금이 하나님께 부르짖을 때라는 것을 알고 있었다. 부흥을 준비하기 위해 히스기야는 경배(예배)의 처소를 수리하고, 정결케 하여 다시 하나님께 바쳤다.

레위인들은 16일 동안 성전을 청소하고 모든 부정한 것들을 제거하였다. 그런 다음 히스기야는 그 성의 모든 관리들을 불러모았으며, 이들은 성전에 들어가 하나님께 희생제사를 드렸다. 성전 악사들이 경배를 돕기 위해 예배에 동원되었다. "번제와 화목제의 기름과 각 번제에 속한 전제가 많더라 이와 같이 여호와의 전에서 섬기는 일이 순서대로 갖추어지니라 이 일이 갑자기 되었을지라도 하나님이 백성을 위하여 예비하셨음을 인하여 히스기야가 백성으로 더불어 기뻐하였더라"(대하 29:35-36).

히스기야는 모든 이스라엘과 유다에 편지를 보내어 유월절을 지키기 위해 모이게 했다. 유월절은 이미 지났으나 지도자들은 다음 해까지 기다릴 수 없다는 것을 느꼈다.

보발꾼들이 왕과 방백들의 편지를 받아가지고 왕의 명을 좇아 온 이스라엘과 유다에 두루 다니며 전하니 일렀으되 이스라엘 자손들아 너희는 아브라함과 이삭과 이스라엘의 하나님 여호와께로 돌아오라 그리하면 저가 너희 남은 자 곧 앗수르 왕의 손에서 벗어난 자에게로 돌아오시리라 너희 열조와 너희 형제같이 하지 말라 저희가 그 열조의 하나님 여호와께 범죄한 고로 여호와께서 멸망에 붙이신 것을 너희가 목도하는 바니라 그런즉 너희 열조같이 목을 곧게 하지 말고 여호와께 귀순하여 영원히 거룩케 하신 전에 들어가서 너희 하나님 여호와를 섬겨 그 진노가 너희에게서 떠나게 하라 너희가 만일 여호와께 돌아오면 너희 형제와 너희 자녀가 사로잡은 자에게서 자비를 입어 다시 이 땅으로 돌아오리라 너희 하나님 여호와는 은혜로우시고

자비하신지라 너희가 그에게로 돌아오면 그 얼굴을 너희에게서 돌이
키지 아니하시리라 하였더라(대하 30:6-9).

히스기야는 하나님께 돌아갈 것을 백성에게 촉구했다. 이것
은 경배로의 초대였다. 모든 사람이 하나님께 돌아가길 원했던 것은
아니다. 하나님께 돌아가길 원치 않는 사람들은 사자들을 꾸짖거나
비웃었다. 그러나 또 다른 사람들은 스스로를 낮추고 모여 경배를 드
렸다. 그러자 하나님은 다음과 같이 행하셨다. "하나님이 또한 유다
사람들을 감동시키사 저희로 왕과 방백들이 여호와의 말씀대로 전
한 명령을 일심으로 준행하게 하셨더라"(대하 30:12). 백성은 모여 하
나님께로 돌아갔다. 히스기야는 백성을 위해 기도했다.

> 여호와께서 히스기야의 기도를 들으시고 백성을 고치셨더라… 온 회
> 가 다시 칠 일을 지키기로 결의하고 이에 또 칠 일을 즐거이 지켰더
> 라 유다 왕 히스기야가 수송아지 일천과 양 칠천을 회중에게 주었고
> 방백들은 수송아지 일천과 양 일만을 회중에게 주었으며 성결케 한
> 제사장도 많았는지라 유다 온 회중과 제사장들과 레위 사람들과 이
> 스라엘에서 온 온 회중과 이스라엘 땅에서 나온 나그네와 유다에 거
> 한 나그네가 다 즐거워하였으므로 예루살렘에 큰 희락이 있었으니
> 이스라엘 왕 다윗의 아들 솔로몬 때로부터 이러한 희락이 예루살렘
> 에 없었더라 그때에 제사장들과 레위 사람들이 일어나서 백성을 위
> 하여 축복하였으니 그 소리가 들으신 바 되고 그 기도가 여호와의 거
> 룩한 처소 하늘에 상달하였더라(대하 30:20, 23-27).

회개했다는 하나의 표시로 백성은 성회로부터 그 땅을 깨끗케 하는 데까지 나아갔다. "이 모든 일이 마치매 거기 있는 이스라엘 무리가 나가서 유다 여러 성읍에 이르러 주상을 깨뜨리며 아세라 목상을 찍으며 유다와 베냐민과 에브라임과 므낫세 온 땅에서 산당과 단을 제하여 멸하고 이스라엘 모든 자손이 각각 그 본성 기업으로 돌아갔더라"(대하 31:1).

그후 5개월 동안 백성은 '모든 것의' 십일조를 넉넉하게 하나님께 가져왔다. "히스기야와 방백들이 와서 더미를 보고 여호와를 송축하고 그 백성 이스라엘을 위하여 축복하니라"(대하 31:8). 한 백성이 하나님께 대한 사랑을 회복할 때, 그들의 드림(헌금)은 그 사랑을 반영한다. 헌금문제는 하나님과의 깨어진 관계를 보여주는 분명한 징후일 때가 많다. 헌금문제를 해결하기 위해서는 사람들을 인도하여 하나님께로 돌아가게 해야 한다. 이것은 히스기야의 공적에 대한 요약이다. "히스기야가 온 유다에 이같이 행하되 그 하나님 여호와 보시기에 선과 정의와 진실함으로 행하였으니 무릇 그 행하는 모든 일 곧 하나님의 전에 수종드는 일에나 율법에나 계명에나 그 하나님을 구하고 일심으로 행하여 형통하였더라"(대하 31:20-21).

히스기야의 인도하에 이루어진 경배(예배)와 부흥의 기쁨에 대해 생각해 보라. 당신의 교회는 이렇게 순종하는가? 당신의 교회는 예배에서 하나님과 이러한 기쁨을 경험하는가? 그렇지 못하다면, 당신의 영적 지도자들이 당신의 교회를 인도하여 하나님께로 돌아가게 할 때 그들을 위해 기도하라.

요시야와 힐기야 아래서의 부흥

요시야가 유다의 왕이 되었을 때, 조상들의 죄 때문에 성전이 무너져내리고 있었다. 율법서가 분실된 지 오래였다. 요시야 왕은 하나님이 요구하시는 것이 무엇인지 알지도 못했다. 통치 18년에 요시야는 하나님의 성전을 수리하기 시작했다. 성전을 수리하는 중에 제사장 힐기야는 율법서를 발견했다. 율법서가 낭독되는 것을 들으면서 요시야는 유다의 모든 일들을 하나님의 율법(하나님의 다림줄)에 비추어보았다. 요시야는 하나님께 부르짖었다. 그는 괴로워하며 하나님 앞에서 옷을 찢었다.

그는 두려웠다. 왜냐하면 하나님의 백성이 그의 계명과 율법을 지키지 않으면 하나님께서 그 백성을 벌하겠다고 말씀하신 것을 이제 알게 되었기 때문이다. 요시야는 앞선 왕들에 대해 틀림없이 배신감을 느꼈을 것이다. 그는 분명히 이렇게 물었을 것이다. "어떻게 이렇게 무책임할 수가 있었던 말인가?" 요시야는 이제 하나님을 떠난 백성의 징후를 분명하게 보았다. 그는 지도자로서 즉시 하나님께 나아가 하나님의 인도하심을 구했다. 요시야는 여선지자 훌다를 통해 하나님의 말씀을 구했다. "너희는 가서 나와 및 이스라엘과 유다의 남은 자를 위하여 이 발견한 책의 말씀에 대하여 여호와께 물으라 우리 열조가 여호와의 말씀을 지키지 아니하고 이 책에 기록된 모든 것을 준행치 아니하였으므로 여호와께서 우리에게 쏟으신 진노가 크도다"(대하 34:21).

그녀는 하나님을 찾았고 하나님의 말씀을 받아 전했다.

여호와의 말씀이 내가 이곳과 그 거민에게 재앙을 내리되 곧 유다 왕 앞에서 읽은 책에 기록된 모든 저주대로 하리니 이는 이 백성이 나를 버리고 다른 신에게 분향하며 그 손의 모든 소위로 나의 노를 격발하였음이라 그러므로 나의 노를 이곳에 쏟으매 꺼지지 아니하리라 하라 하셨느니라(대하 34:24-25).

첫째, 하나님께서는 요시야에게 유다 백성에게는 이미 때가 너무 늦었다고 말씀하셨다. 하나님의 마지막 심판이 그 나라에 임할 것이다. 하나님은 오래 참으신다. 그러나 하나님은 노여움을 영원히 참지는 않으신다. 약 40년 후에, 하나님께서 예레미야에게 말씀하셨다. "너는 이 백성을 위하여 복을 구하지 말라 그들이 금식할지라도 내가 그 부르짖음을 듣지 아니하겠고 번제와 소제를 드릴지라도 내가 그것을 받지 아니할 뿐 아니라 칼과 기근과 염병으로 그들을 멸하리라"(렘 14:11-12).

예레미야 시대가 되었을 때, 하나님께서는 예레미야에게 이제는 그 문제에 대해 더 이상 기도하기에도 너무 늦었다고 말씀하셨다. 그의 백성을 향한 하나님의 촉구는 '회개하라 그렇지 않으면 멸망한다'는 것이다. 이런 말씀을 들을 때, 우리는 응답하는 게 낫다. 회개가 더 이상 선택으로 남아 있지 않을 때가 올 것이다. 그때가 되면 우리는 심판을 기대할 수밖에 없다. 다행스럽게도 하나님께서는 요시야의 괴로워하는 마음을 보시고 심판을 늦추셨다.

내가 이곳과 그 거민을 가리켜 말한 것을 네가 듣고 마음이 연하여 하나님 앞 곧 내 앞에서 겸비하여 옷을 찢고 통곡하였으므로 나도 네 말을 들었노라 여호와가 말하였느니라 그러므로 내가 너로 너의 열조에게 돌아가서 평안히 묘실로 들어가게 하리니 내가 이곳과 그 거민에게 내리는 모든 재앙을 네가 눈으로 보지 못하리라 하셨느니라 사자들이 왕에게 복명하니라(대하 34:27-28).

하나님께서는 단지 우리의 외적인 행동만을 보지는 않으신다. 하나님께서는 우리의 마음을 보신다. 하나님께서는 요시야가 백성의 죄 때문에 진정으로 괴로워하는 것을 보셨다. 요시야의 응답은 하나님의 마지막 심판에서 전 세대를 구해 냈다. 이 부흥의 이야기에서 매우 의미 깊은 사실은, 하나님께서는 요시야가 응답한 후에 그러나 백성이 회개하기 전에 그의 심판에서 그 세대를 제외시키기로 결정하셨다는 것이다. 지도자가 회개했을 때, 하나님께서는 들으시고 응답하셨다. 그런 후에 요시야는 백성을 모두 이끌고 하나님께 돌아갔다.

왕이 보내어 유다와 예루살렘의 모든 장로를 불러 모으고 이에 여호와의 전에 올라가매 유다 모든 사람과 예루살렘 거민과 제사장들과 레위 사람들과 모든 백성이 무론노소하고 다 함께한지라 왕이 여호와의 전 안에서 발견한 언약책의 모든 말씀을 읽어 무리의 귀에 들리고 왕이 자기 처소에 서서 여호와 앞에서 언약을 세우되 마음을 다하고 성품을 다하여 여호와를 순종하고 그 계명과 법도와 율례를 지켜 이 책에 기록된 언약의 말씀을 이루리라 하고 예루살렘과 베냐민에 있는 자들로 다 이에 참가하게 하매 예루살렘 거민이 하나님 곧 그 열조의 하나님의 언약을 좇으니라 이와 같이 요시야가 이스라엘 자손에게 속한 모든 땅에서 가증한 것을 다 제하여 버리고 이스라엘의 모든 사람으로 그 하나님 여호와를 섬기게 하였으므로 요시야가 사는 날에 백성이 그 열조의 하나님 여호와께 복종하고 떠나지 아니하였더라(대하 34:29-33).

요시야는 백성을 회개로 인도했다. 백성은 모든 거짓 신들을 제거함으로써 자신들이 하나님께로 돌아왔다는 것을 입증해 보였다. 그들은 전심으로 하나님을 따랐다. 일단 백성이 회개하자, 요시야는 백성으로 하여금 유월절과 무교절을 지키게 했다. 이때는 하나님께서 이스라엘을 애굽의 속박에서 구원하실 때 행하신 모든 일들을 기념하고 찬양하는 때였다. 회개 후에, 기쁨은 경배로 이어졌다. "선지자 사무엘 이후로 이스라엘 가운데서 유월절을 이같이 지키지 못하였고 이스라엘 열왕도 요시야가 제사장들과 레위 사람들과 모인 온 유다와 이스라엘 무리와 예루살렘 거민과 함께 지킨 것처럼은 유월절을 지키지 못하였더라"(대하 35:18).

에스라와 느헤미야 아래서의 부흥

구약시대 죄의 사이클 중 한 시점에서 하나님께서는 유다를 바벨론의 포로로 보내심으로써 심판하셨다. 70년 후에, 하나님께서는 그 백성을 예루살렘으로 다시 데려오기 시작하셨다. 제사장 겸 학사인 에스라와 총독 느헤미야의 인도 아래 의미 깊은 부흥이 일어났다. 이 부흥은 나팔절에 시작되었다.

이스라엘 자손이 그 본성에 거하였더니 칠월에 이르러는 모든 백성이 일제히 수문 앞 광장에 모여 학사 에스라에게 여호와께서 이스라엘에게 명하신 모세의 율법책을 가지고 오기를 청하매 칠월 일일에 제사장 에스라가 율법책을 가지고 남자, 여자 무릇 알아들을 만한 회중 앞에 이르러 수문 앞 광장에서 새벽부터 오정까지 남자, 여자 무릇 알아들을 만한 자의 앞에서 읽으매 뭇백성이 그 율법책에 귀를 기울였는데 때에 학사 에스라가 특별히 지은 나무 강단에 서매 그 우편에 선 자는 맛디댜와 스마와 아나야와 우리야와 힐기야와 마아세야요 그 좌편에 선 자는 브다야와 미사엘과 말기야와 하숨과 하스밧다나와 스가랴와 므술람이라 학사 에스라가 모든 백성 위에 서서 저희 목전에 책을 펴니 책을 펼 때에 모든 백성이 일어서니라 에스라가 광대하신 하나님 여호와를 송축하매 모든 백성이 손을 들고 아멘 아멘 응답하고 몸을 굽혀 얼굴을 땅에 대고 여호와께 경배하였느니라(느 8:1-6).

백성은 낭독되는 하나님의 말씀에 귀를 기울이면서 여섯 시간 동안(해뜰 때부터 한낮까지)을 꼼짝 않고 서 있었다. 당신 같으면 이렇게 할 수 있겠는가? 놀랍기만 하다! 지금 우리의 시각에서 볼 때 놀랍기만 한 또 다른 사실은 모든 백성이 모였으며, 모두가 그 말씀을 이해할 수 있었다는 것이다. 이것은 참석해도 좋고 안 해도 좋은 선택적인 행사가 아니었다. 백성들은 어떻게 하나님께서 그들을 한 나라로 불러내셨는가에 대해 들었다. 그들은 하나님께서 그들을 위해 행하신 모든 기적과 놀라운 역사들에 대해 들었다. 그들은 하나님을 경배하지 않을 수 없었다. 이 부흥의 체험은 하나님의 말씀낭독과

의미 깊은 경배의 시간으로 시작되었다. "레위 사람들이 다 그 처소에 섰는 백성에게 율법을 깨닫게 하는데 하나님의 율법책을 낭독하고 그 뜻을 해석하여 백성으로 그 낭독하는 것을 다 깨닫게 하매"(느 8:7-8).

율법의 말씀을 이해했을 때, 백성은 자신들과 자신들의 선조들이 얼마나 끔찍하게 하나님을 배반했는가를 깨달았다. 그들은 울며 통곡하기 시작했다. 영적 지도자들의 특별한 반응을 눈여겨보라.

> 백성이 율법의 말씀을 듣고 다 우는지라 총독 느헤미야와 제사장 겸 학사 에스라와 백성을 가르치는 레위 사람들이 모든 백성에게 이르기를 오늘은 너희 하나님 여호와의 성일이니 슬퍼하지 말며 울지 말라 하고 느헤미야가 또 이르기를 너희는 가서 살진 것을 먹고 단 것을 마시되 예비치 못한 자에게는 너희가 나누어 주라 이날은 우리 주의 성일이니 근심하지 말라 여호와를 기뻐하는 것이 너희의 힘이니라 하고(느 8:9-10).

지도자들은 하나님께 드려지는 그 경배와 찬양을 중단시키고 싶지 않았다. 그들은 백성이 하나님의 임재의 기쁨을 체험할 필요가 있다는 것을 알고 있었다. 진정한 경배는 사람들에게 회개할 수 있는 힘을 줄 것이다. 이스라엘은 큰 기쁨을 경험했다. 그러나 경배만으로는 부흥을 가져올 수 없었다. 아무리 많은 기도나 절기나 금식이나 성경공부도 그렇게 할 수 없었다. 하나님께서는 회개를 요구하셨다. 그것은 악에서 떠나 하나님께로 돌아가는 것이었다.

나팔절 다음날에 어떻게 하나님께 돌아갈 것인가를 모색하기 위해 여러 지도자들이 함께 모였다.

> 그 이튿날 뭇백성의 족장들과 제사장들과 레위 사람들이 율법의 말씀을 밝히 알고자 하여 학사 에스라의 곳에 모여서 율법책을 본즉 여호와께서 모세로 명하시기를 이스라엘 자손은 칠월 절기에 초막에 거할지니라 하였고(느 8:13-14).

여기에서는 유대 월력을 아는 것이 중요하다. 유대인들이 그 다음으로 지켜야 할 행사는 일곱째 달 10일에 있는 속죄일이었다(레 23:27 참조). 그런 다음 일곱째 달 15일에서 22일까지는 초막절을 지켜야 했다(레 23:34-43 참조). 지도자들은 백성이 너무나 절망하고 약한 가운데 있기 때문에 속죄일이 요구하는 대로 자신들의 죄를 철저히 다룰 준비가 되어 있지 못하다는 것을 깨달았던 것이 분명하다. 그래서 그들은 속죄일을 건너뛰고 초막절을 지키기로 결정했다.

그들은 8일 동안 초막절을 지켰다. 이 기간에 그들은 광야생활 동안에 하나님께서 그들에게 베푸신 놀라운 섭리의 역사들을 찬양했다. "이에 크게 즐거워하며"(느 8:17). 지도자들이 기쁨에 대해 앞에서 뭐라고 말했는지 기억하는가? "여호와를 기뻐하는 것이 너희의 힘이니라"(느 8:10). 이제 그 백성은 강했으며, 철저한 회개를 통해 자신들의 죄를 해결할 준비가 되어 있었다. 이틀 후에, 백성은 특별한 회개의 시간을 갖기 위해 모였다.

> 그달 이십사일에 이스라엘 자손이 다 모여 금식하며 굵은 베를 입고 티끌을 무릅쓰며 모든 이방 사람과 질교하고 서서 사기의 죄와 열조

의 허물을 자복하고 이날에 낮 사분지 일은 그 처소에 서서 그 하나
님 여호와의 율법책을 낭독하고 낮 사분지 일은 죄를 자복하며 그 하
나님 여호와께 경배하는데(느 9:1-3).

백성은 금식하며, 베옷을 입고, 죄를 고백하고 그 죄에서 돌이
켰으며, 하나님을 경배했다. 고백의 시간에 이어 느헤미야는 하나님
께서 그의 백성을 위해 행하신 놀라운 일들을 열거했다. 그는 그 나
라의 영적 표석들을 자세히 열거했다. 그는 그 나라의 죄 때문에 그
땅에 임한 하나님의 심판에 대해 자세히 말했다. 그는 하나님께서 심
판 가운데 행하신 모든 일들이 옳다는 데 동의했다. 그런 다음 느헤
미야는 백성에게 그들과 하나님과의 언약관계를 재확인시켰다. 부
흥은 참된 경배로 시작해서 경배로 끝난다.

이 부흥의 체험은, 백성이 하나님께로 돌아가도록 영적 지도
자들이 그들을 어떻게 인도했는가를 보여준다는 점에서 우리에게
매우 교훈적이다. 이 영적 체험은 우리에게 주의를 주기도 한다. 유
다 백성은 서로가 장차 언약을 지키는 것을 돕고 싶어했다. 그래서
이들은 구속력 있는 계약에 서명했으며, 여기에는 그들이 장차 하
나님의 계명을 어떻게 지킬 것인가가 언급되어 있었다(느 9:38-10:39 참
조). 우리가 아는 바로는, 하나님께서는 이 계약에 전혀 문제를 느끼
지 않으셨다.

그러나 그 다음 세대는 이 세대와는 달리 하나님을 직접 체험
하지 못한 세대였다. 이 새 세대는 성문법들을 지키기 시작했으며,
그들이 계명을 충실하게 지키도록 돕기 위해 다른 성문법들을 발전

시키기 시작했다. 예수께서 유대인에게 오실 때쯤에는, 바리새파가 백성의 종교생활에 강한 영향력을 행사하고 있었다. 그들은 율법의 문자적 준수를 강조했으나 정작 율법의 정신은 놓치고 말았다. 그들은 성경을 부지런히 연구했으나 그리스도와의 개인적인 관계를 갖기는 거부했다. 부흥은 유리처럼 깨어지기 쉬워서 한 세대에서 다음 세대로 옮겨질 수 없다. 다음 세대는 그들 스스로 개인적인 방법으로 하나님을 체험하도록 인도되어야 한다.

심화연구

다음 목록에는 하나님의 백성이 하나님께로 돌아가거나 하나님과의 관계를 새롭게 한 성경의 다른 기사들이 포함되어 있다. 당신도 이 기사들을 읽고 싶을 것이다.

* 야곱은 그의 가족을 회개로 인도했다: 창세기 34-35장
* 갈멜산의 엘리야: 열왕기상 18:16-46
* 여호사밧은 위기의 때에 백성으로 하여금 하나님을 바라게 했다: 역대하 20장
* 여호야다와 요아스의 개혁: 역대하 23-24장
* 요엘은 성회를 소집했다: 요엘 1-2장
* 에스라는 이방결혼의 죄를 처리했다: 에스라 9-10장
* 느헤미야의 개혁: 느헤미야 13장

요약

* "너희가 전심으로 여호와께 돌아오려거든 이방 신들과 아스다롯을 너희 중에서 제하고 너희 마음을 여호와께로 향하여 그만 섬기라 너희를 블레셋 사람의 손에서 건져내시리라"(삼상 7:3).
* 이방 성읍의 구원은 우리에게 소망을 가져다 주며, 우리로 하여금 하나님의 자비하심에 근거하여 용서를 구할 수 있게 해 준다.
* 지혜로운 영적 지도자는 하나님의 백성 가운데서 번지는 영적 질병의 징후를 인식할 것이다.
* "너희 하나님 여호와는 은혜로우시고 자비하신지라 너희가 그에게로 돌아오면 그 얼굴을 너희에게서 돌이키지 아니하시리라"(대하 30:9).
* 한 백성이 하나님께 대한 사랑을 회복할 때, 그들의 드림(헌금)은 그 사랑을 반영한다. 헌금문제는 하나님과의 깨어진 관계를 보여주는 분명한 징후일 때가 많다.
* 회개가 더 이상 선택으로 남아 있지 않을 때가 올 것이다.
* 하나님께서는 요시야가 응답한 후에 그러나 백성이 회개하기 전에 그의 심판에서 그 세대를 제외시키기로 결정하셨다.
* 진정한 경배는 사람들에게 회개할 수 있는 힘을 줄 것이다.
* 느헤미야는 "여호와를 기뻐하는 것이 너희의 힘이니라"(느

8:10)고 했다. 이제 그 백성은 강했으며, 철저한 회개를 통해 자신들의 죄를 해결할 준비가 되어 있었다.
* 부흥은 유리처럼 깨어지기 쉬워서 한 세대에서 다음 세대로 옮겨질 수 없다. 다음 세대는 그들 스스로 개인적인 방법으로 하나님을 체험하도록 인도되어야 한다

기도 가운데 하나님 만나기

* 성경을 통해 하나님께서는 당신의 삶이나 가정이나 교회에서 참된 부흥을 체험하기 위한 구체적인 조건들을 제시하실 것이다. 당신은 하나님이 무엇을 요구하시든지 그 요구에 기꺼이 순종할 것인가? (매우 신중하게 생각해 보라) 기꺼이 순종할 것이라면, 하나님께 그렇게 말씀드려라. 그처럼 진지한 헌신을 기꺼이 할 마음이 생기지 않는다면, 하나님께 그런 마음을 달라고 기도해 볼 생각은 없는가?
* 당신의 교회를 위해 하나님께 기도하는 일을 시작하라. 하나님께서 요구하시는 부흥의 전제조건들을 교회가 모두 지켜 부흥을 체험할 수 있도록 기도하라. 특히 당신의 목회자가 하나님의 백성을 인도할 때 그를 위해 기도하라. 성경이 당신의 삶과 교회에서 하나님이 되도록 기도하라.
* 당신의 교회가 전적으로 하나님께 돌아가는 하나 되는 마음을 달라고 기도하라. 기도 가운데 하나님 앞에서 당신 자신을 낮추어라. 당신이 부흥을 위한 준비를 갖추기 위해 해

야 할 일이 무엇인지 하나님께 여쭤보라. "물로 씻어 말씀으로 깨끗하게 되라"(엡 5:26 참조).

다른 사람들과 함께 하나님 만나기

소그룹에서 기회가 있을 때, 이런 토론문제들을 생각해 보라.
1. 당신이 읽은 성경의 부흥의 이야기들 중 하나에서 가장 특별한 사실은 무엇인가?
2. 이러한 부흥들에서 영적 지도자의 역할은 무엇이었는가?
3. 당신이 이런 부흥들에서 보는 몇 가지 공통적인 요소들은 무엇인가?
4. 부흥에서 경배(예배)가 왜 중요한 요소인가?
5. 율법(성경) 낭독이 왜 그렇게 중요했는가?
6. 당신은 느헤미야가 이 '부흥회' 기간에 하나님의 강하신 역사들을 자세히 말하는 것이 왜 중요했다고 생각하는가? 당신의 교회가 과거에 하나님께서 당신의 교회에서 행하신 모든 일들을 기억하는 일은 얼마나 큰 의미를 갖겠는가?
7. 백성이 진정으로 회개했다는 몇 가지 증거는 무엇이었는가?

2부

부흥과 영적 각성을 위한 하나님의 패턴

7장
하나님의 패턴의 일곱 단계

영적 각성이 오순절에 일어났다. 하나님께서는 한 백성으로 하여금 그와 바른 관계를 갖게 하셨다. 그래서 하나님께서는 지켜 보는 세상에 그의 영광을 나타내실 수 있었다. 하나님께서는 그의 백성을 통해 그의 아들을 지극히 높이셨으며, 잃어버린 자들을 그리스도를 믿는 구원의 믿음으로 인도하셨다. 오순절의 초대교회는 하나님께서 의도하시는 교회의 모습이 무엇인가를 보여주는 예이다. 그러나 교회들이 언제나 하나님과 바른 관계를 유지하는 것은 아니다. 교회들은 하나님을 떠나는 경향이 있다. 하나님의 백성이 하나님과의 바른 관계에서 떠날 때, 그들에겐 부흥이 필요하다.

죄와 부흥의 한 사이클

한 교회가 하나님으로부터 떠났다가 마침내 부흥을 구하며 하나님께로 돌아온다. 하나님의 백성은 이런 사이클을 자주 되풀이해 왔다. 사사기는 떠남과 돌아옴의 이런 사이클을 순차적으로 잘 보여주고 있으며, 그 첫번째 사이클이 사사기 2장에 묘사되어 있다.

1. 백성이 여호와를 섬겼다. "백성이 여호수아의 사는 날 동안과 여호수아 뒤에 생존한 장로들 곧 여호와께서 이스라엘을 위하여 행하신 모든 큰일을 본 자의 사는 날 동안에 여호와를 섬겼더라"(삿 2:7).
2. 백성이 여호와를 버렸다. "이스라엘 자손이 여호와의 목전에 악을 행하여 바알들을 섬기며"(삿 2:11).
3. 하나님께서 원수들을 통해 그들을 패배시키셨다. "여호와께서 이스라엘에게 진노하사 노략하는 자의 손에 붙여 그들로 노략을 당케 하시며 또 사방 모든 대적의 손에 파시매 그들이 다시는 대적을 당치 못하였으며"(삿 2:14).
4. 백성이 울부짖으며 도움을 구했다. "그들의 괴로움이 심하였더라 … 그들이 대적에게 압박과 괴롭게 함을 받아 슬피 부르짖으므로"(삿 2:15, 18).
5. 하나님께서 불쌍히 여기셔서 구원하셨다. "여호와께서 사사를 세우사 노략하는 자의 손에서 그들을 건져내게 하셨으나 … 여호와께서 뜻을 돌이키셨음이어늘"(삿 2:16-18).

두번째 사이클은 사사기 3장에서 찾아볼 수 있다.

이스라엘 자손이 여호와 목전에 악을 행하여 자기들의 하나님 여호와를 잊어버리고 바알들과 아세라들을 섬긴지라 여호와께서 이스라엘에게 진노하사 그들을 메소보다미아 왕 구산 리사다임의 손에 파셨으므로 이스라엘 자손이 구산 리사다임을 팔 년을 섬겼더니 이스라엘 자손이 여호와께 부르짖으매 여호와께서 그들을 위하여 한 구원자를 세워 구원하게 하시니 그는 곧 갈렙의 아우 그나스의 아들 옷니엘이라 여호와의 신이 그에게 임하셨으므로 그가 이스라엘 사사가 되어 나가서 싸울 때에 여호와께서 메소보다미아 왕 구산 리사다임을 그 손에 붙이시매 옷니엘의 손이 구산 리사다임을 이기니라 그 땅이 태평한 지 사십 년에 그나스의 아들 옷니엘이 죽었더라(삿 3:7-11).

하나님과의 바른 관계에서 떠난 신약교회

그러나 이 문제는 구약 이스라엘의 문제만이 아니다. 신약교회들도 하나님과의 바른 관계에서 떠났다. 요한계시록 2-3장에서 부활하신 그리스도께서 여러 교회들을 따로 부르셔서 회개하며 하나님께로 돌아갈 것을 촉구하는 모습을 볼 수 있다.

* 에베소 교회에게 – "그러나 너를 책망할 것이 있나니 너의 처음 사랑을 버렸느니라 그러므로 어디서 떨어진 것을 생각하고 회개하여 처음 행위를 가지라 만일 그리하지 아니하고 회개치 아니하면 내가 네게 임하여 네 촛대를 그 자리에서 옮기리라"(계 2:4-5).
* 버가모 교회에게 – "그러나 네게 두어 가지 책망할 것이 있나니 거기 네게 발람의 교훈을 지키는 자들이 있도다 발람이 발

락을 가르쳐 이스라엘 앞에 올무를 놓아 우상의 제물을 먹게 하였고 또 행음하게 하였느니라 이와 같이 네게도 니골라당의 교훈을 지키는 자들이 있도다 그러므로 회개하라 그리하지 아니하면 내가 네게 속히 임하여 내 입의 검으로 그들과 싸우리라"(계 2:14-16).

* 사데 교회에게 - "내가 네 행위를 아노니 네가 살았다 하는 이름은 가졌으나 죽은 자로다 너는 일깨워 그 남은 바 죽게 된 것을 굳게 하라 내 하나님 앞에 네 행위의 온전한 것을 찾지 못하였노니 그러므로 네가 어떻게 받았으며 어떻게 들었는지 생각하고 지키어 회개하라 만일 일깨지 아니하면 내가 도적같이 이르리니 어느 시에 네게 임할는지 네가 알지 못하리라"(계 3:1-3).

* 라오디게아 교회에게 - "내가 네 행위를 아노니 네가 차지도 아니하고 더웁지도 아니하도다 네가 차든지 더웁든지 하기를 원하노라 네가 이같이 미지근하여 더웁지도 아니하고 차지도 아니하니 내 입에서 너를 토하여 내치리라 네가 말하기를 나는 부자라 부요하여 부족한 것이 없다 하나 네 곤고한 것과 가련한 것과 가난한 것과 눈먼 것과 벌거벗은 것을 알지 못하도다 내가 너를 권하노니 내게서 불로 연단한 금을 사서 부요하게 하고 흰옷을 사서 입어 벌거벗은 수치를 보이지 않게 하고 안약을 사서 눈에 발라 보게 하라 무릇 내가 사랑하는 자를 책망하여 징계하노니 그러므로 네가 열심을 내라 회개하라"(계 3:15-19).

하나님을 떠남과 하나님께 돌아옴의 사이클은 모든 시대를 통해 하나님의 백성이 지닌 슬픈 특징이었다. 이런 사이클에서 그의 백성을 다루시는 하나님의 방법은 하나의 패턴을 형성한다. 앞으로 몇 장에 걸쳐 성경에서 보는 것처럼 이런 패턴에서 나타나는 일곱 단계를 살펴볼 것이다. 이것은 그저 이스라엘 역사나 교회사에 대한 연구가 아니다. 이것은 하나님에 관한 그리고 하나님께서 세상을 그에게로 이끄시는 일을 성취하기 위해 그의 백성과 일하시는 방법에 관한 연구이다. 다음 그림은 우리가 성경에서 보는 패턴을 설명해 준다.

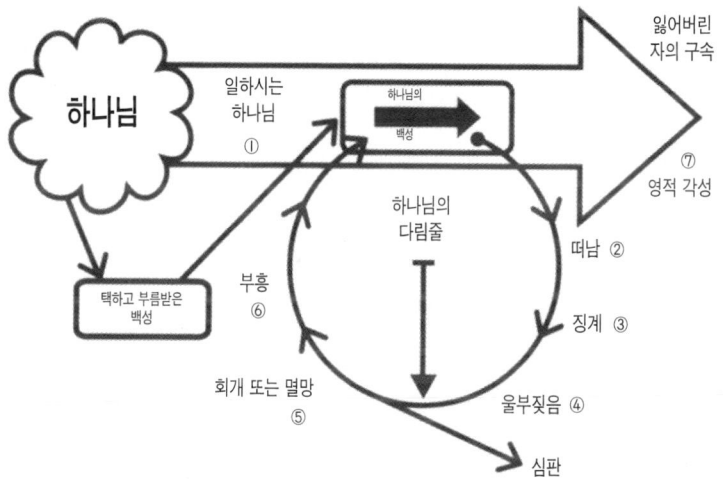

부흥과 영적 각성을 위한 하나님의 패턴의 일곱 단계를 간략하게 살펴보기로 하자. 그리고 나서 다음 몇 장에서 각 단계를 보다 자세히 살펴보기로 하겠다.

* 1단계: 하나님께서는 잃어버린 세상을 구속하시기 위해 일하고 계시다. 하나님께서는 한 백성을 불러 그와 언약관계

를 맺으시고, 그들을 통해 그의 일을 이루신다. 하나님께서는 교회들을 그의 백성으로 부르셨다. 하나님께서는 그들을 통해 그리스도를 선포하고 잃어버린 남자, 여자, 아이들을 그리스도를 믿는 믿음으로 인도하는 일을 하기 원하신다.

* 2단계: 하나님의 백성은 그의 임재, 그의 목적, 그의 길의 대체물들에 눈을 돌리면서 하나님에게서 떠나는 경향이 있다. 교회들은 하나님에게서 떠나고, 하나님과 그의 목적과 그의 길의 대체물들을 받아들이기 시작하는 경향이 있다. 예를 들면, 어떤 교회들은 하나님을 의지하는 데서 중요한 지도자나 '성공적인 교회성장'을 위한 프로그램을 의지하는 쪽으로 미묘한 이동을 했다.

* 3단계: 하나님께서는 그의 백성을 사랑하시기 때문에 징계하신다. 하나님께서는 교회들이 그와의 바른 관계 속에서만 풍성한 생명을 경험할 수 있다는 것을 알고 계신다. 하나님께서는 자기 백성을 사랑하시기 때문에 제 마음대로 고집하는 크리스천들과 교회들을 징계하여 다시 그에게 돌아오게 하신다. 하나님께서 징계하시는 것은, 그의 백성이 그와의 바른 관계에서 떠날 때 세상의 구속을 위한 그의 계획이 늦어지기 때문이기도 하다.

* 4단계: 하나님의 백성은 울부짖으며 그에게 도움을 구한다. 하나님의 징계는 그의 백성이 그에게 울부짖을 때까지 더욱더 강해진다. 하나님께서는 인내하시며 오래 참으신다. 탕자의 아버지처럼 하나님께서는 그의 자녀들이 다시 돌아

오기를 간절히 기다리신다.

* 5단계: 하나님께서는 그의 백성에게 회개하고 돌아오지 않으면 멸망할 것이라고 경고하신다. 하나님께서는 회개를 위한 필요조건들을 분명하게 규정하신다. 그는 몇 가지 선택권을 주시는 것이 아니다. 교회들은 그에게 돌아가거나 그들의 죄의 결과를 그대로 견디거나 둘 중 하나만 할 수 있다. 하나님께서는 그의 백성 앞에 삶과 죽음의 선택권을 놓아두신다. 교회가 계속해서 회개를 거부할 때, 그 교회는 하나님 나라에 더 이상 아무런 소용도 없다. 에베소 교회처럼 하나님께서는 그 교회를 더 이상 사용하지 않으시거나 심지어 없애버리실지도 모른다.

* 6단계: 하나님께서는 회개한 그의 백성을 자신과의 바른 관계로 회복시키심으로써 그들을 받아들이신다. 그의 백성이 돌아올 때, 하나님께서는 그들을 받아들일 준비를 하고 계신다. 하나님께서는 깨끗케 하시고 용서하신다. 또 하나님께서는 그들에게 그를 섬기는 새로운 마음과 그의 일을 위해 그들을 능력 있게 하는 성령의 충만함을 주신다. 하나님께서는 하나님의 가정 안에 있는 기쁨을 회복시켜 주신다.

* 7단계: 하나님께서는 그의 백성 가운데서 그의 아들을 크게 높이시며 잃어버린 자들을 그리스도를 믿는 믿음으로 회복시키신다. 한 백성으로 하여금 그와 바른 관계를 갖게 하실 때, 하나님께서는 지켜 보고 있는 세상에 그의 영광을 보여 주실 수 있다. 한 백성이 그들의 삶을 온전케 하시는 하나님

의 강하신 능력을 체험할 때, 다른 사람들이 보고 비슷한 삶의 체험을 하고 싶어할 것이다. 영적 각성은 부흥된(revived, 소생한) 사람들의 자연스런 부산물이다.

하나님의 은혜에 대한 증거: 1857-88년의 미국에서의 기도부흥

인간적인 계획이 거의 없이, 하나님의 백성 사이에서 전국적인 부흥이 1857년에 시작된 '연합기도회'에서 일어났다. 이어지는 영적 각성에서 한 해 동안 거의 100만 명의 사람들이 그리스도를 영접하고 교회에 출석했다. 어떤 사람은 이와 유사한 하나님의 역사가 오늘 우리 가운데 일어난다면 3,000만 명 가량이 그리스도께로 돌아올 것이라고 평가했다.

1857년으로 이어지는 몇 해 동안 미국은 엄청난 성장과 번영을 경험하고 있었다. 인구가 급속히 늘어나고 있었다. 사람들과 사업은 부유해지고 있었다. '세상의 일들'이 미국인들의 마음을 사로잡아 하나님과 그의 나라에 대한 그들의 관심을 빼앗아버렸다. 교회들은 수와 힘과 영향력에서 쇠퇴하고 있었다.

뉴욕 시가 성장하면서 부유한 시민들이 시내 중심가를 빠져나가기 시작했다. 그리고 교회에 출석하지 않는 다수의 일반 노동자 대중들이 그 자리를 대신했다. 많은 교회들이 '더 기름진' 지역으로의 이동을 결정했다. 쇠퇴의 상황에서 북네덜란드 교회(North Dutch Church)는 시내에 남아 주변의 잃어버린 대중들에게 다가가기로 결정했다. 북네덜란드 교회는 제레미아 랜피에르(Jeremiah Lanphier)라는 사업가를 평신도 선교사로 채용했다. 그는 가정을 방문하고, 성경과 소책자들을 나눠주며, 교회예배를 광고하기 시작했다. 실망스런 반응을 보면서도 그는 기도에서 위로를 찾았다.

어느 날 랜피에르는 "주님, 제게 무슨 일을 시키시겠습니까?"라고 기도했다. 그는 하나님의 인도하심을 느꼈다. 그것은 노동자들과 사업가들을 위해 점심시간에 매주 한 차례씩 하나님과의 교제를 위한 기도회를 시작하라는 것이었다. 그는 1857년 9월 23일 수요일에 여섯 명으로 첫기도회를 시작했다. 둘째 주에는 20명, 셋째 주에는 40명이 참석했다. 하나님께 대한 갈망과 갈증은 분명했다. 그래서 그들은 넷째 주부터는 매일 '연합기도회'를 시작했다. 사회 모든 계층의 사람들과 모든 교파 사람들이 참석했다.

기도모임이 시작된 지 불과 몇 주 후에 1857년 경제 위기가 닥쳤을 때, 하나님께는 제자리에서 기도하는 백성이 있었다. "전국에서 수천 명의 상인들이 파산했고, 은행들이 쓰러졌으며, 철도회사들이 무너졌다."[1] 뉴욕 시에서만 30,000명이 직장을 잃었다. 설상가상으로 경제위기에 덧붙여 나라는 노예제도 문제로 팽팽한 긴장감에 사로잡혔다. 나라의 미래는 정말 암담하기만 했다.

이러한 재난 가운데 사람들은 하나님께 대한 강한 갈망으로 수천 명씩 기도회에 모여들었다. 기도회는 뉴욕 시를 휩쓸더니 이내 전국으로 확산되었다. 피고용자들에게 기도의 시간을 주기 위해 사업체들이 잠시 문을 닫기까지 했다. 신문들은 1면에 '부흥 뉴스'를 실었으며, 부흥은 들불처럼 전국을 휩쓸었다. 종교는 어디서나 대화의 일반적인 주제가 되었다.

부흥과 각성이 절정에 달했을 때는 매주 50,000명의 사람들이 회심했다. 1년 사이에 100만 명 정도의 사람들이 회심했다. "맥킬배인 감독은 오하이오 주 감독회의에서 행한 연례 연설중에 이렇게 말했다. '저는 그것(부흥/각성)이 주님께서 하시는 일이라는 분명한 확신이 들어 기쁩니다. 이것은 어떤 자연적인 원인으로도 설명할 수 없으며, 어떤 인간적인 고안품이나 능력도 생산해 낼 수 없는 것입니다. 이것은 하나님의 성령이 하나님의 백성 위에 부어져 그들로 하여금 하나님을 섬기는 일에 더 큰 열심을 갖게 하신 것입니다. 그리고 회심하지 않은 사람들에게 부어져 그들로 하여금 그리스도 예수 안에서 새로운 피조물이 되게 하신 것입니다.'"[2]

요약

* 오순절의 초대교회는 하나님께서 의도하시는 교회의 모습이 무엇인가를 보여주는 예이다.
* 하나님의 백성이 하나님과의 바른 관계에서 떠날 때, 그들에겐 부흥이 필요하다.
* 하나님과의 바른 관계에서 떠나는 문제는 신약교회들의 문제이기도 했다.
* 하나님께서는 잃어버린 세상을 구속하시기 위해 일하고 계신다. 하나님께서는 한 백성을 불러 그와 언약관계를 맺으시고, 그들을 통해 그의 일을 이루신다.
* 하나님의 백성은 그의 임재, 그의 목적, 그의 길의 대체물들

에 눈을 돌리면서 하나님에게서 떠나는 경향이 있다.
* 하나님께서는 그의 백성을 사랑하시기 때문에 징계하신다.
* 하나님의 백성은 울부짖으며 그에게 도움을 구한다.
* 하나님께서는 그의 백성에게 회개하고 돌아오지 않으면 멸망할 것이라고 경고하신다.
* 하나님께서는 회개한 그의 백성을 자신과의 바른 관계로 회복시키심으로써 그들을 받아들이신다.
* 하나님께서는 그의 백성 가운데서 자신과의 아들을 크게 높이시며 잃어버린 자들을 그리스도를 믿는 믿음으로 회복시키신다.

기도 가운데 하나님 만나기

당신과 당신의 가족 그리고 당신의 교회가 앞에서 말한 사이클에서 어디에 있는지 알아보기 위해 하나님의 패턴에 나타나는 단계들에 대해 기도하는 시간을 가져보라.
* 하나님의 구속사역과 관련해서 당신의 개인적인 상태를 보여달라고 간구하라. 그런 다음 당신의 가족과 교회에 대해서도 간구하라. 당신이 어느 단계에 있는지 하나님께 여쭤보라.
* 가족이나 교회나 국가를 위해 울부짖을 수 있도록 당신의 마음을 준비시키는 일을 시작해 달라고 하나님께 간구하라.
* 당신은 제레미아 랜피에르처럼 기꺼이 "주님, 제게 무슨 일을 시키시겠습니까?"라고 기도하겠는가? 당신은 하나님께

서 우리 시대의 부흥을 위해 당신을 통해 하기 원하시는 일을 말씀해 주실 때까지 기꺼이 기다리겠는가? 그렇다면 지금 그렇게 기도하라.

다른 사람들과 함께 하나님 만나기

소그룹에서 기회가 있을 때, 이런 토론문제들을 생각해 보라.
1. 당신은 지금 우리 나라가 죄와 부흥의 사이클에서 어디에 있다고 느끼는가? 그 이유는 무엇인가?
2. 사사기 2:14은 이렇게 말한다. "여호와께서 이스라엘에게 진노하사 노략하는 자의 손에 붙여 그들로 노략을 당케 하시며 또 사방 모든 대적의 손에 파시매 그들이 다시는 대적을 당치 못하였으며." 우리 시대에 그의 백성을 징계하시기 위해 하나님께서 사용하실지 모르는 몇몇 노략자들이나 침입자들은 누구인가?
3. 부흥과 영적 각성을 위한 하나님의 패턴 일곱 단계 가운데 당신의 교회는 어느 단계에 있다고 생각하는가? 그 이유는 무엇인가?
4. 당신 교회에서 당신이 참여했던 회개의 시간은 언제였는가?
5. 1857년의 미국의 경제적 재난이 부흥의 시작에 어떤 영향을 끼쳤는가? 오늘날에도 비슷한 재난이 일어난다면 사람들은 어떤 반응을 보이겠는가?
6. 미국에서 1857년에 있었던 기도와 부흥의 시작은 어떤 관계가 있었는가?

8장
하나님께서는 잃어버린 세상을 구속하기 위해 일하고 계신다

이제 부흥과 영적 각성을 위한 하나님의 패턴의 일곱 단계를 하나씩 자세히 살펴보기로 하자. 1단계와 7단계는 잃어버린 세상을 구속하기 위한 하나님의 이상적인 계획을 묘사한다. 하나님과 바른 관계에 있는 백성이 하나님께 있을 때, 잃어버린 세상의 영적 각성은 자연스럽게 기대되는 반응이다. 이 장에서는 구속을 위한 하나님의 이상적인 계획에 초점을 맞출 것이다.

* 1단계: 하나님께서는 잃어버린 세상을 구속하시기 위해 일하고 계신다. 하나님께서는 한 백성을 불러 그와 언약관계를 맺으시고, 그들을 통해 그의 일을 이루신다.
* 7단계: 하나님께서는 그의 백성 가운데서 그의 아들을 크게

높이시며 잃어버린 자들을 그리스도를 믿는 믿음으로 회복시키신다.

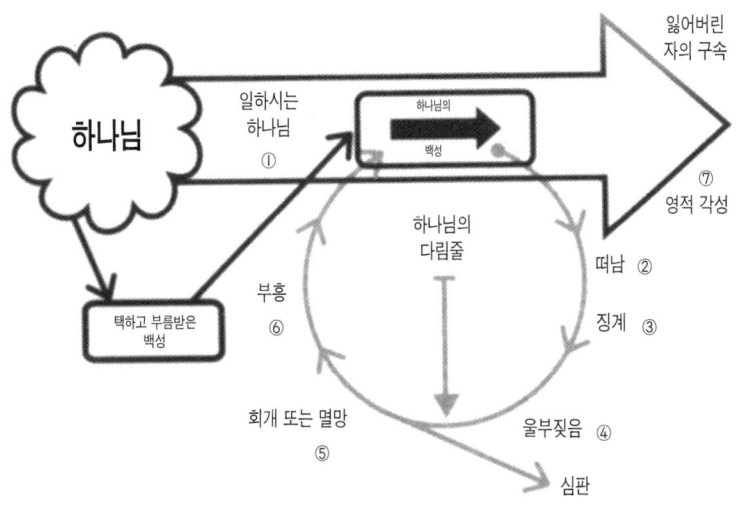

사랑의 관계를 위해 완벽하게 창조된 인간

하나님께서는 자신이 사귈 수 있는 백성을 원하셨다. 그래서 하나님께서는 자기 형상과 모양으로 아담을 창조하셨다. 그의 창조는 완벽했다(창 1:26-27, 31). 그런 다음 하나님께서는 아담의 갈비뼈 하나로 하와를 창조하셨다. 하나님께서는 그의 인간 창조물들을 사랑하셔서 그들이 필요한 모든 것을 에덴동산에서 공급해 주셨다. 죄가 세상에 들어오기 전에는 인간(남녀)과 하나님의 관계가 아름답고 순전했다. 하나님께서는 아담과 하와와 교제하시려고 선선한 저녁이나 이른 아침에 에덴동산을 찾아오곤 하셨다. 아무것도 그들을 떼어놓지 않았다. 어떤 부끄러움도, 어떤 죄의식도, 어떤 두려움도, 어떤 절망도 그들을 떼어놓지 않았다. 그들은 서로 순전한 교제와 사랑을 나누었다.

하나님의 바람은 인간들이 그와 동행하며 영원히 지속되는 사랑의 관계를 성장시키는 것이었다. 우리를 향한 하나님의 1차적인 명령은 우리의 전인격을 다해 그를 사랑하라는 것이다(막 12:29-30). 이러한 관계는 영원하다. 예수님의 말씀에 따르면, "영생은 곧 유일하신 참 하나님과 그의 보내신 자 예수 그리스도를 아는 것이니이다"(요 17:3)라고 하셨다. 우리의 인생목표는 하나님과 그의 아들 예수를 아는 것이다. 이 지식은 사랑의 관계 안에서 하나님을 체험하는 것으로부터 비롯된다. 인간을 위한 하나님의 우선적인 목적은, 인간이 개인적으로 하나님을 알게 되는 것이다. 이러한 순전하고 친밀한 사랑의 관계는 하나님 앞에서 지낼 영원에 대해 우리를 준비시켜 준다. 시간은 우리가 하나님을 알 수 있는 기회이다.

깨어진 관계

태초부터 하나님께서는 그의 피조물에게 생명과 죽음의 선택권을 주셨다. 죄와 불순종 그리고 하나님의 계명에 대한 거역이 엄한 형벌을 가져다 주었다. 아담과 하와는 사랑이 넘치는 창조주와의 완벽한 교제 속에서 생명 내지 불순종으로 인한 죽음, 이 둘 중 하나를 선택할 수 있었다. 불행하게도 그들은 하나님께 불순종하고 죄의 결과를 그대로 당하는 쪽을 선택했다(창 3장). 그들은 하나님과의 아름다운 관계를 깨뜨려버렸다.

아담과 하와는 하나님과 그의 계명에서 떠나 생활하는 쪽을 선택했다. 그들의 죄의 결과는 죽음이었다. 그때부터 인간은 죄를 범하는 쪽을 선택해 왔다. 우리 모두는 하나님의 법을 거역하는 쪽을 선택한 적이 있다. 성경에 따르면, 이 깨어진 관계는 우리가 "허물과 죄로 죽었던 … 그리스도 밖에 있었고 … 세상에서 소망이 없고 하나님도 없는 자라"(엡 2:1, 12)고 말한다. 죄 때문에 우리는 죽은 상태다. 우리는 하나님에게서 떠나 있으며 아무런 희망도 없다. 이것은 우리가 마땅히 당해야 하는 고통이다. 죄를 짓겠다는 우리의 선택이 우리를 죄의 노예로 만들어버린다.

하나님께서 구속하신다

성경은 우리가 이러한 영적 죽음에서 구속되거나 대속되어야 한다고 말한다. 죄의 삯을 위해서는 대가가 지불되어야 한다. "죄의 삯은 사망이요 하나님의 은사는 그리스도 예수 우리 주 안에 있는 영생이니라"(롬 6:23). 복음의 복된 소식은 하나님께서 생명의 길을 주셨다는 것이다. 하나님께서는 예수 그리스도를 통해 우리를 구속하셨다.

하나님께서는 그의 피조물들을 사랑하신다. 누구든 멸망하는 것은 하나님께서 바라시는 바가 아니다. 하나님께서는 모든 사람이 회개하길 원하신다(벧후 3:9 참조). 그래서 하나님께서는 우리 죄에 대한 죽음이라는 값을 지불하기 위해 그의 아들 예수를 보내셨다. 예수께서는 우리의 대속 또는 구속을 위한 대가를 지불하셨다. 하나님께서는 우리가 구원받고 생명을 얻게 하시기 위해 이렇게 하셨다(요 3:16 참조).

우리를 구원하실 때, 하나님께서는 우리를 완벽한 사랑의 관계로 회복시키신다. 아래의 표는 이런 과정을 보여준다. (1) 당신이 죄를 짓기로 선택한다. (2) 당신은 죄 가운데 죽는다. (3) 그리스도께서 십자가에서 죽으심으로 당신의 죄값을 지불하셨다. (4) 당신이 죄를 회개하고 그를 믿을 때, (5) 그는 당신을 용서하시고 하나님과의 올바른 사랑의 관계로 당신을 회복시키신다.

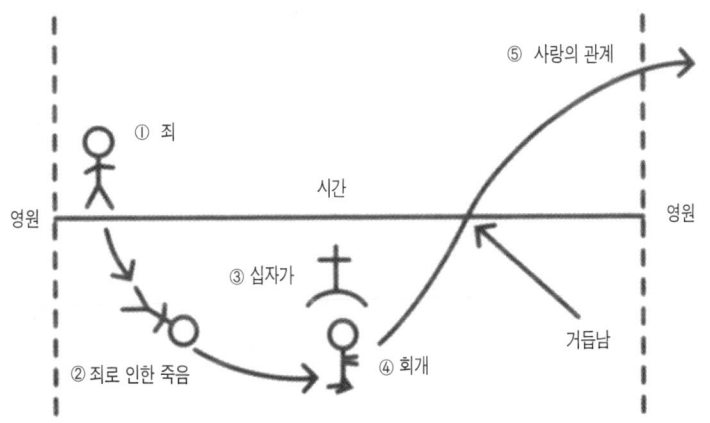

하나님께서 함께 일할 한 백성을 부르신다

구속을 위한 하나님의 계획은 예수께서 이 땅에 오신 것과 한께 시작된 것이 아니다. 많은 사람들은 창세기 3:15에서 예수께서 사단에게 승리하실 것에 대한 약속을 본다. 하나님께서는 뱀에게 "여자의 후손은 네 머리를 상하게 할(부숴버릴) 것이요"라고 말씀하셨다. 죄의 심각성도 분명해진다. 하나님께서는 뱀, 여자, 남자가 그들의 죄 때문에 겪게 될 끔찍한 결과들을 묘사하셨다(창 3:14-19 참조).

창세기 12장에서 하나님께서는 세상을 구속하시려는 그의 계획을 나타내기 시작하셨다. 하나님께서는 아브람(나중에 아브라함으로 바뀌었다)을 불러 그의 영원한 목적들에 참여하게 하셨다.

> 여호와께서 아브람에게 이르시되 너는 너의 본토 친척 아비 집을 떠나 내가 네게 지시할 땅으로 가라 내가 너로 큰 민족을 이루고 네게 복을 주어 네 이름을 창대케 하리니 너는 복의 근원이 될지라 너를 축복하는 자에게는 내가 복을 내리고 너를 저주하는 자에게는 내가 저주하리니 땅의 모든 족속이 너를 인하여 복을 얻을 것이니라 하신지라(창 12:1-3).

> 아브람의 구십구 세 때에 여호와께서 아브람에게 나타나서 그에게 이르시되 나는 전능한 하나님이라 너는 내 앞에서 행하여 완전하라 … 내가 내 언약을 나와 너와 네 대대 후손의 사이에 세워서 영원한 언약을 삼고 너와 네 후손의 하나님이 되리라(창 17:1, 7).

> 아브라함은 강대한 나라가 되고 천하 만민은 그를 인하여 복을 받게 될 것이 아니냐 내가 그로 그 자식과 권속에게 명하여 여호와의 도를 지켜 의와 공도를 행하게 하려고 그를 택하였나니 이는 나 여호와가 아브라함에게 대하여 말한 일을 이루려 함이니라(창 18:18-19).

이러한 성경구절들이 진짜 초점을 맞추고 있는 것은 아브라함이 아니라 하나님과 그의 활동이다. 하나님께서는 사람들을 통해 일하시는 쪽을 선택하신다. 그러나 초점은 언제나 하나님과 그가 하시는 일에 있다. 아브라함을 부르시는 사건에서 하나님께서는 온 세상(세상의 모든 나라와 민족들)을 구속하시려는 그의 계획을 실행에 옮기고 계셨다. 하나님께서 아브라함을 부르신 단 한 가지 이유는 그를 통해 그 일을 하기 원하셨기 때문이다. 하나님께서는 아브라함에게 하나님을 따르고, 하나님 앞에서 흠이 없으며, 또 그의 자녀들에게 하나님께 순종하며 옳고 바른 것을 행하도록 가르칠 것을 요구하셨다. 하나님께서는 아브라함에게 하신 약속들을 지키셔서 그의 후손으로 한 나라를 이루게 하셨다.

> 모세가 하나님 앞에 올라가니 여호와께서 산에서 그를 불러 가라사대 너는 이같이 야곱 족속에게 이르고 이스라엘 자손에게 고하라 나의 애굽 사람에게 어떻게 행하였음과 내가 어떻게 독수리 날개로 너희를 업어 내게로 인도하였음을 너희가 보았느니라 세계가 다 내게 속하였나니 너희가 내 말을 잘 듣고 내 언약을 지키면 너희는 열국 중에서 내 소유가 되겠고 너희가 내게 대하여 제사장 나라가 되며 거룩한 백성이 되리라 너는 이 말을 이스라엘 자손에게 고할지니라 (출 19:3-6).

우리는 대체로 하나님께서 이스라엘을 약속의 땅으로 인도하셨다고 생각한다. 하나님께서는 "내가 … 너희를 내게로 인도하였다"고 말씀하셨다. 이것이 이스라엘을 특별한 존재로 만든 것이다. 하나님께서는 이스라엘을 그의 특별한 보물, 제사장 나라, 거룩한 백성이 될 관계로 인도하셨다. 이스라엘은 하나의 목적을 위해 하나님께 선택되었다.

> 너는 여호와 네 하나님의 성민이라 네 하나님 여호와께서 지상 만민 중에서 너를 자기 기업의 백성으로 택하셨나니 여호와께서 너희를 기뻐하시고 너희를 택하심은 너희가 다른 민족보다 수효가 많은 연고가 아니라 너희는 모든 민족 중에 가장 적으니라 여호와께서 다만 너희를 사랑하심을 인하여, 또는 너희 열조에게 하신 맹세를 지키려 하심을 인하여 자기의 권능의 손으로 너희를 인도하여 내시되 너희를 그 종 되었던 집에서 애굽 왕 바로의 손에서 속량하셨나니 그런즉 너는 알라 오직 네 하나님 여호와는 하나님이시요 신실하신 하나님 이시라 그를 사랑하고 그 계명을 지키는 자에게는 천 대까지 그 언약을 이행하시며 인애를 베푸시되(신 7:6-9).

하나님께서 이스라엘을 특별한 백성으로 택하신 것은 그의 사랑 때문이며 또한 아브라함에게 하신 그의 약속을 지키기 위해서였다. 하나님께서는 그 백성에게 단지 율법과 계명만 순종하는 것이 아니라 그분께 순종할 것을 요구하셨다. 하나님께서는 그들에게 하나님과의 사랑의 언약관계를 지킬 것을 요구하셨다.

신약에서도 계속되는 부르심

하나님께서는 이스라엘을 왕 같은 제사장으로 부르셨다. 하나님께서는 그들을 통해 세상을 그에게로 인도하는 일을 하려 하셨다. 예수께서 우리에게 용서를 베풀려고 오실 무렵, 이스라엘은 이미 하나님에게서 떠나 있었다. 많은 사람들이 종교활동에 얽매어 있었지만 하나님과의 관계에서는 떠나 있었다. 종교 지도자들은 하나님을 너무나 멀리 떠나 있었다. 그래서 그들은 하나님께서 오셨을 때 그를 알아보지 못했다(눅 19:41-44 참조). 사실 그들은 그를 죽였다.

하나님께서는 그리스도 안에서 새이스라엘(교회)과 새언약을 세우셨다. 이 새로운 관계는 율법준수가 아니라 믿음에 기초한 것이었다. 하나님께서는 새로운 백성(유대인과 이방인)을 택하여 불러내셨으며, 이들은 그의 아들을 믿는 믿음을 통해 구원을 베푸시려는 하나님의 제안에 응답했다. 하나님께서는 베드로를 통해 이렇게 말씀하셨다. "오직 너희는 택하신 족속이요 왕 같은 제사장들이요 거룩한 나라요 그의 소유된 백성이니 이는 너희를 어두운 데서 불러내어 그의 기이한 빛에 들어가게 하신 자의 아름다운 덕을 선전하게 하려 하심이라"(벧전 2:9).

하나님께서는, 교회는 택하신 족속(세대)이요, 왕 같은 제사장이며, 거룩한 나라 그리고 하나님께 속한 특별한 백성이라고 말씀하셨다. 하나님께서는 자비와 사랑으로 그의 백성을 택하셨다. 이들을 향한 하나님의 목적은, 이들이 영적 어두움 가운데 사는 사람들에게 하나님의 찬양을 선포하는 것이었다. 교회를 향한 하나님의 목적은 그가 이스라엘에서 시작한 것을 계속하는 것이었다. 하나님께서는 잃어버린 세상을 구속하길 원하신다.

택하신 족속 - 우리는 하나님의 백성으로서 하나님의 특별한 보물로 선택받았다. 우리가 특별한 것은 하나님과 관계가 있기 때문이다. 우리는 그의 것이다. 우리는 우리의 것이 아니다. 우리는 서로의 것이다. 우리가 전능하신 하나님의 가족에 속한다는 것은 얼마나 멋진 특권인가! 우리는 하나님의 것이다. 그러므로 하나님께서는 우리 세대(족속)를 구속하시려는 그의 목적을 위해 우리의 순종을 당연히 받으실 만하다.

　　왕 같은 제사장 - 하나님께서는 그들이 한 사람의 제사장(하나님과 관계를 가질 수 있는 선택된 소수)을 가진 하나의 나라라고 말씀하지 않으셨다. 하나님께서는 "너희는 … 왕 같은 제사장들이요"라고 말씀하셨다. 모든 신자 한 사람 한 사람은 하나님께 대해 제사장이다. 왕(royal) 같은 이란 말은 각 사람이 왕의 왕에게 직접 나아가고, 입양된 왕가의 일원임을 뜻한다. 제사장의 역할은 1차적으로 하나님의 말씀을 백성에게 전하는 것이다. 또한 제사장은 하나님 앞에서 백성을 대표한다. 우리는 그러한 임무와 특권을 가지고 있다. 인간에게 하나님을 대신하며, 하나님께는 인간을 대신(대표)한다. 각 제사장은 교회 안에서 역할을 한다(만인 제사장).

　　거룩한 나라 - 우리는 제사장 나라일 뿐만 아니라 거룩한 나라이기도 하다. 거룩한(holy)이란 말은 '하나님의 전적인 쓰임을 위해 구별되었다'는 뜻이다. 우리는 속된 것으로부터 그리고 세상의 방법들로부터 구별되어야 한다. 우리는 세상과 달라야 한다. 우리는 하나님과 그의 성품과 방법들을 나타내어야 한다. 우리는 그가 거룩하듯이 거룩하며 " … 육체의 정욕을 제어하라 … 이방인 중에서 행실을 선하게 가져 너희를 악행한다고 비방하는 자들로 하여금 너희 선한 일을 보고 권고하시는 날에 하나님께 영광을 돌리게 하려 함이라"(벧전 2:11-12)는 명령을 받았다.

하나님과 함께 일하는 일꾼들

하나님께는 한 백성이 있다. 하나님께서는 그의 백성을 통해 그의 구속사역을 성취하는 일을 하고 계신다. 하나님의 목적은 예수를 크게 높이고 잃어버린 세상을 그리스도를 믿는 믿음으로 인도하는 것이다. 이것은 하나님의 패턴의 1단계와 7단계에 요약되어 있다. 고린도후서에서 바울은 이처럼 하나님과 함께 일하는 관계를 묘사하고 있다.

> 모든 것이 하나님께로 났나니 저가 그리스도로 말미암아 우리를 자기와 화목하게 하시고 또 우리에게 화목하게 하는 직책을 주셨으니 이는 하나님께서 그리스도 안에 계시사 세상을 자기와 화목하게 하시며 저희의 죄를 저희에게 돌리지 아니하시고 화목하게 하는 말씀을 우리에게 부탁하셨느니라 이러므로 우리가 그리스도를 대신하여 사신이 되어 하나님이 우리로 너희를 권면하시는 것같이 그리스도를 대신하여 간구하노니 너희는 하나님과 화목하라(고후 5:18-20).

화목된(reconciled)이란 말은 '바른 관계가 회복된'이란 뜻이다. 하나님은 그리스도를 통해 세상을 그와 화목시키는 분이시다. 그리고 하나님께서는 교회에게 화목의 사역과 메시지를 주셨다. 이 사역에서 우리는 그리스도의 대사들이자 하나님의 동료 일꾼들이다(고후 6:1). 우리가 이런 일을 하는 것은 그리스도의 사랑 때문이다.

그가 그리스도의 사랑으로 우리를 강권하신다.

하나님은 구속사역을 행하는 분이시다. 그 사역은 하나님의 것이다. 하나님께서는 그의 사랑 안에서 교회를 택하셔서 그와 함께 그의 사역을 감당하게 하셨다. 이 사역(사명)은 우리가 성취할 수 있는 것이 아니다. 우리는 하나님을 떠나서는 아무것도 할 수 없다(요 15:5 참조). 하나님께서는 우리를 통해 일하신다. 하나님께서 우리를 통해 일하실 때, 우리는 하나님 나라를 위한 열매를 더 많이 맺을 것이다(요 15:8, 16 참조). 또 교회를 통해 일하시는 하나님과 함께할 때, 교회는 예수께서 지상사역에서 하신 것보다 더 큰일들을 성취할 것이다. 예수께서는 이렇게 말씀하셨다. "내가 진실로 진실로 너희에게 이르노니 나를 믿는 자는 나의 하는 일을 저도 할 것이요 또한 이보다 큰 것도 하리니 이는 내가 아버지께로 감이니라"(요 14:12).

인간이 범죄하여 하나님과의 관계가 깨어졌을 때, 하나님께서는 잃어버린 세상을 구속하는 일을 함께할 한 백성을 준비시키셨다. 그리고 하나님께서는 그의 아들의 죽음을 통해 인간을 구속하셨다. 지금도 하나님께서는 하나님과 바른 관계를 갖는 백성을 통해 놀라운 방법으로 잃어버린 세상에 큰 영향을 끼치신다. 이런 일이 일어나면 영적 각성이 일어나는 것이다. 영적 각성은 하나님과 바른 관계에 있는 교회들의 자연스러운 부산물이다.

하나님의 은혜에 대한 증거: 미국 애스베리의 부흥

1970년 미국 전역의 대학 캠퍼스들이 투쟁과 데모에 휩싸였다. 그때, 켄터키 주 윌모어에 위치한 애스베리 대학(Asbury College)과 애스베리 신학교(Asbury Theological Seminary)는 하나님과의 신선한 만남을 체험했다. 2월 3일 화요일 대학의 정기채플 시간이었다. 하나님께서는 학생들에게 성령의 신선한 바람을 불어넣으셨다. 화요일 아침에 시작된 간증, 찬양, 죄 고백, 기도는 중단 없이 185시간 동안 계속되어 일 주일 후인 수요일 새벽 3시경에 끝이 났다.

1970년의 그날처럼 영적 갈망이 있고 하나님께서 보내신 부흥이 일어날 때는 그 누구도 이것을 막을 수 없다. 참석한 사람들의 증거는 회개와 부흥의 불길을 퍼뜨리기 시작했다. 처음에는 이웃 신학교에, 그 다음에는 미국 전역의 교회며 캠퍼스에 불길이 번졌다. 애스베리의 부흥은, 하나님께서 다른 신자들의 마음을 뒤흔들기 위해 하나님을 만난 한 사람의 증거를 어떻게 사용하시는가를 보여준다.

애스베리의 학장은 화요일 아침에 간증의 시간을 가져야겠다는 생각이 들었다. 그는 자신의 믿음에 대한 간증을 나눈 다음 다른 사람들의 간증을 나누게 했다.

한 4학년 학생이 다음과 같이 고백함으로써 청중들을 뒤흔들어 놓았다. "제가 여기 서 있는 것은 하나님께서 제게 하신 일을 여러분에게 말씀드리기 위해서가 아닙니다. 저는 지금까지 대학에서 시간만 낭비했습니다. 하지만 그리스도께서는 저를 만나주셨고 저는 변화되었습니다. 어젯밤 성령께서 제게 들어오셨고 제 삶을 가득 채우셨습니다. 이제 난생 처음으로 저는 크리스천이라는 사실에 가슴이 뜁니다! 그 무엇을 준다 해도 어제의 공허한 상태로 돌아가고 싶지 않습니다!"

간증은 하나님의 역사에 대한 실제적이고 뜨거운 최근의 보고서가 되었다. 채플이 끝날 쯤에, 기도와 그리스도께 대한 새로운 헌신을 원하는 학생들은 강단으로 나오라는 초대가 있었다. 많은 학생들이 앞으로 나갔다. 그런 다음 도적질, 속임수, 분냄, 질투, 정욕, 세상적인 태도, 편견, 교만, 증오, 그외 여러 죄에 대한 고백이 있었다. 학생들은 용서를 구했다. 깨어진 관계들이 회복되었다. 어떤 사람들은 자신이 범한 죄에 대한 배상을 했다. 채플실에 모인 많은 사람들이 하나님의 임재를 느꼈다.

부흥에 관한 소문은 전화로, 신문으로, 입에서 입으로 전해졌다. 얼마 지나지 않아 사람들이 부흥을 직접 경험하기 위해 몰려들기 시작했다. 그들은 하나님의 역사하심에 대한 증거를 가지고 그들의 교회와 캠퍼스로 돌아갔으며, 그곳에서도 부흥이 자주 뒤따랐다. 학생들로 구성된 증거팀들이 미국 전역의 교회, 130개 대학, 신학교, 성경 학교에 하나님의 역사하심을 증거했다.

성령께서 교회와 교단과 인종의 벽을 허무셨다. 어떤 경우에는 전 도시가 부흥의 물결에 휩싸였다. 테네시 주 사우스 피츠버그에 있는 한 고등학교에서는 700명의 학생 중 500명이 예수 그리스도께 헌신했다. 사람들은 선교나 교회 관련 직업에 대한 하나님의 부르심에 응답했다. 1970년 끝 무렵까지, 하나님의 놀라운 역사에 대한 증거가 북미와 다른 네 대륙들에 퍼져 나갔다.

애스베리 부흥 이후, 많은 사람들이 하나님께서 또 다른 큰 영적 각성을 일으킬 준비를 하고 계시는 것으로 기대했다. 부흥은 널리 퍼져 나갔지만 그 생명력은 짧았다. 이처럼 생명력이 짧았던 한 가지 이유는, 이 부흥이 1차적으로 말씀 중심이라기보다는 체험 중심이었기 때문이다. 체험과 하나님께 대한 감정적 응답은 당신을 그 정도까지만 데려다 줄 수 있을 뿐이다. 역사에서 깊고 오래도록 지속된 부흥들은 말씀 중심의 부흥들이었다. 사람들이 하나님과 그의 다림줄(말씀)로 돌아갈 때, 개인과 교회와 사회와 온 나라가 깊고 지속적인 변화를 체험했다.[1]

요약

- 하나님의 바람은 인간들이 그와 동행하며 영원히 지속되는 사랑의 관계를 성장시키는 것이다.
- 시간은 우리가 하나님을 알 수 있는 기회이다.
- 복음의 복된 소식은 하나님께서 생명의 길을 주셨다는 것이다. 하나님께서는 예수 그리스도를 통해 우리를 구속하셨다.
- 하나님께서는 사람들을 통해 일하시는 쪽을 선택하신다. 그러나 초점은 언제나 하나님과 그가 하시는 일에 있다.
- 하나님께서는 새로운 백성(유대인과 이방인)을 택하여 불러내셨으며, 이들은 그의 아들을 믿는 믿음을 통해 구원을 베푸시려는 하나님의 제안에 응답했다.
- 이들을 향한 하나님의 목적은, 이들이 영적 어두움 가운데 사는 사람들에게 하나님의 찬양을 선포하는 것이었다.

* 하나님의 목적은 예수를 크게 높이고 잃어버린 세상을 그리스도를 믿는 믿음으로 인도하는 것이다.
* 하나님은 그리스도를 통해 세상을 그와 화목시키는 분이시다. 그리고 하나님께서는 교회에게 화목의 사역과 메시지를 주셨다.
* 하나님께서 우리를 통해 일하실 때, 우리는 하나님 나라를 위한 열매를 더 많이 맺을 것이다(요 15:8, 16 참조).
* 영적 각성은 하나님과 바른 관계에 있는 교회들의 자연스러운 부산물이다.

기도 가운데 하나님 만나기

* 오늘 당신과 하나님의 관계를 점검해 보는 시간을 가져라. 아담과 하와는 하루 중 선선한 때에 동산에서 하나님과 함께 걸었다. 하나님과 함께 걸으며 이야기할 계획을 세우고 그런 시간을 가져보라. 그저 그와의 교제를 즐기는 계획만 세우라. 하나님께서는 당신과의 교제를 기뻐하신다.
* 당신의 삶과 교회의 '열매'를 평가할 수 있게 해 달라고 기도하라. 그 열매는 하늘에 계신 당신의 아버지께 영광이 되는가? 다른 사람들이 당신이 맺은 열매로 당신이 그리스도의 제자인 것을 알고 있는가? 당신은 하나님 나라를 위해 얼마나 많은 열매를 맺고 있는가? 이것은 당신이 하나님 안에 얼마나 잘 거하고 있는가에 대해 무엇을 말해 주는가? 당신

의 사랑의 관계에 대해 그리고 그가 당신에게 어떤 개선을 원하는지에 대해 하나님께 이야기해 보라.

다른 사람들과 함께 하나님 만나기

소그룹에서 기회가 있을 때, 이런 토론문제들을 생각해 보라.
1. '구속'이란 무엇을 뜻하는가?
2. '화목'이란 무엇을 뜻하는가?
3. '죄로 죽은'이란 무엇을 뜻하는가?
4. '하나님과 함께 일하는 일꾼들'이란 무엇을 뜻하는가?
5. 하나님의 백성을 특별하게 하는 것은 무엇인가? 우리 교회 교인들은 하나님께 택함받은 그의 귀중한 소유라는 기쁨과 경이와 경외감 속에서 살고 있는가? 어떻게 그렇게 살고 있는가?
6. 교회는 왕 같은 제사장의 역할을 하기 위해 무엇을 하고 있는가? 우리 교회에서 우리의 제사장직은 하나님 앞에서 얼마나 충성스럽게 수행되고 있는가?
7. 우리는 어둠 속의 세상에게 하나님의 찬양을 얼마나 충성스럽게 선포하고 있는가? 우리는 '세상의 빛'으로 빛나고 있는가?
8. 한 몸인 교회의 지체로서 우리는 서로의 영적 필요를 하나님께 나타내기 위해 무엇을 하고 있는가?
9. 우리는 세상과 세상의 방법들로부터 얼마나 떨어져 있는

가? 우리가 하나님을 섬기기 위해 구별되어 있다는 것을 보여주기 위해 제시할 수 있는 증거는 어떤 것이 있는가?
10. 우리는 하나의 교회로서 하나님을 떠나서는 아무것도 할 수 없는 것처럼 행동하고 있는가? 할 수 있다고 또는 할 수 없다고 생각한다면 그 이유는 무엇인가?
11. 잃어버린 세상의 반응이 어떻게 우리 교회와 하나님과의 관계에 대한 지표가 될 수 있는가?

9장
하나님의 백성은 그에게서 떠나는 경향이 있다

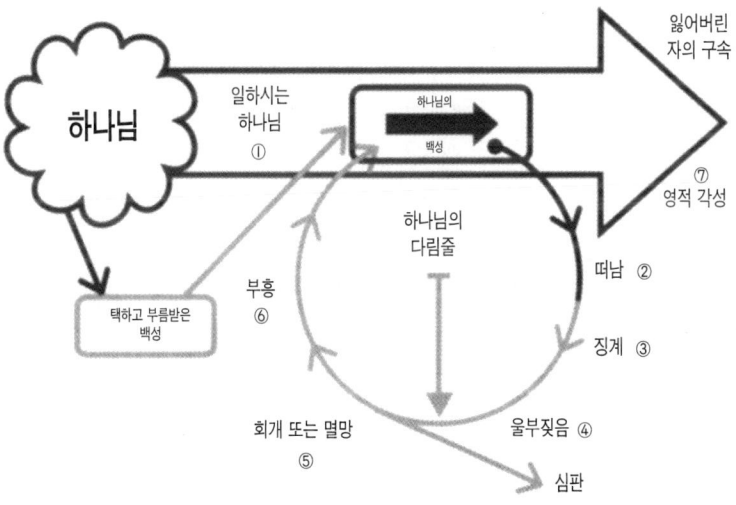

* 2단계: 하나님의 백성은 그의 임재, 그의 목적, 그의 길의 대체물들에 눈을 돌리면서 하나님에게서 떠나는 경향이 있다.

하나님께서는 우리를 창조하시고 그와의 사랑의 관계로 우리를 부르셨다. 하나님께서는 우리를 부르셔서 그와 함께 잃어버린 세상을 구속하는 사명을 감당하게 하셨다. 하나님과 함께할 때는 모든 것이 가능하다. 하나님께서는 그의 백성에 대한 그의 요구들이 그렇게 어렵지 않음을 신명기에서 설명하셨다.

> 내가 오늘날 네게 명한 이 명령은 네게 어려운 것도 아니요 먼 것도 아니라 하늘에 있는 것이 아니니 네가 이르기를 누가 우리를 위하여 하늘에 올라가서 그 명령을 우리에게로 가지고 와서 우리에게 들려 행하게 할꼬 할 것이 아니요 이것이 바다 밖에 있는 것이 아니니 네가 이르기를 누가 우리를 위하여 바다를 건너가서 그 명령을 우리에게로 가지고 와서 우리에게 들려 행하게 할꼬 할 것도 아니라 오직 그 말씀이 네게 심히 가까와서 네 입에 있으며 네 마음에 있은즉 네가 이를 행할 수 있느니라 보라 내가 오늘날 생명과 복과 사망과 화를 네 앞에 두었나니 곧 내가 오늘날 너를 명하여 네 하나님 여호와를 사랑하고 그 모든 길로 행하며 그 명령과 규례와 법도를 지키라 하는 것이라 그리하면 네가 생존하며 번성할 것이요 또 네 하나님 여호와께서 네가 가서 얻을 땅에서 네게 복을 주실 것임이니라(신 30:11-16).

이 단락에서 하나님께서는 당신에게 세 가지를 하라고 요구하신다. 그를 사랑하라, 그의 모든 길로 행하라, 그의 명령(계명)과 규례와 법도를 지키라. 다른 그 무엇보다도 하나님께서는 당신이 그를 사랑하길 원하신다. 하나님께서는 당신이 당신의 방법이나 세상의 방법이 아니라 하나님의 방법으로 일하길 원하신다. 하나님께서는 당신이 그에게 순종하길 원하신다. 그러나 그의 명령(계명)은 그렇게 어려운 것이 아니다. 그의 뜻은 숨겨져 있지 않다. 그러므로 당신을 향한 하나님의 뜻을 찾아 설명하기 위해서 종교 전문가가 될 필요는 없다. 성령께서 당신 안에 계셔 당신을 인도하시고 모든 순종의 행동에서 당신에게 힘을 주신다. 당신은 그리스도를 당신의 머리로 모신 그리스도의 몸이다. 하나님께서는 당신이 그를 순종하고 따르며 그의 구속사역에 참여하는 것을 보시기 위해 가능한 모든 일을 행하셨다.

변심

하나님께서는 모든 신령한 복으로 우리에게 복을 주셨다(엡 1:3 참조). "그의 신기한 능력으로 생명과 경건에 속한 모든 것을 우리에게 주셨으니"(벧후 1:3). 하나님께서는 우리를 위해 큰일들을 행하셨다. 그러나 우리는 여전히 그에게서 떠나는 경향이 있다. 당신은 하나님에게서 어떻게 떠나는가? 교회는 하나님에게서 어떻게 떠나는가? 하나님께서는 이렇게 설명하신다. "네가 만일 마음을 돌이켜 듣지 아니하고 유혹을 받아서 다른 신들에게 절하고 그를 섬기면"(신 30:17).

하나님에게서 멀어지는 일은 나쁜 행동에서 시작되는 것이 아니다. 이것은 급진적인 변심에서 시작된다. 하나님을 떠나면 내리막길이 뒤따른다. 이것은 당신의 마음이 하나님에게서 떠나는 데서 시작된다. 당신은 하나님을 이전처럼 사랑하지 않는다. 이것은 아주 천천히 이루어지는 변심이기 때문에, 당신은 이를 깨닫기도 전에 이미 하나님에게서 멀어져 있다. 일단 마음이 떠나면, 하나님께 순종하지 않는다. 당신은 "이건 그렇게 나쁘지 않아" 또는 "하나님께서는 내가 이것을 하지 않는다 해도 신경쓰지 않으실 거야"라고 생각하면서 하나님의 계명을 지키지 않는 쪽을 선택한다. 그 다음, 당신은 하나님의 대체물들로 눈을 돌리고 '다른 신들에게 절하고 그들을 섬긴다.' 다음은 한 인간이, 가족이, 교회가, 교단이 또는 심지어 한 국가가 하나님을 어떻게 떠날 수 있는가에 대한 요약이다.

하나님을 떠남

1. 마음이 하나님을 온전히 사랑하는 데서 멀어진다.
2. 의지가 하나님을 순종하는 쪽을 더 이상 선택하지 않는다.
3. 삶은 하나님의 임재, 목적, 길의 대체물들을 따르는 쪽으로 향한다.

하나님께서는 그의 백성이 그를 떠나리라는 것을 알고 계셨다. 그래서 하나님께서는 그들에게 엄중한 경고를 주셨다.

그러나 네가 만일 마음을 돌이켜 듣지 아니하고 유혹을 받아서 다른 신들에게 절하고 그를 섬기면 내가 오늘날 너희에게 선언하노니 너희가 반드시 망할 것이라 너희가 요단을 건너가서 얻을 땅에서 너희의 날이 장구치 못할 것이니라 내가 오늘날 천지를 불러서 너희에게 증거를 삼노라 내가 생명과 사망과 복과 저주를 네 앞에 두었은즉 너와 네 자손이 살기 위하여 생명을 택하고 네 하나님 여호와를 사랑하고 그 말씀을 순종하며 또 그에게 부종하라 그는 네 생명이시요 네 장수시니 여호와께서 네 열조 아브라함과 이삭과 야곱에게 주리라고 맹세하신 땅에 네가 거하리라(신 30:17-20).

이 말씀은 하나님의 백성에게 주는 경고였다. 하나님께서는 사랑하는 마음에서 그들이 죽음과 멸망이 아니라 생명과 번영을 택하길 원하셨다. 하나님께서는 두 가지 선택만 주셨다. 타협은 없다. 하나님께서는 당신과 그리고 그의 백성과 사랑의 관계를 원하신다. 당신은 전심으로 그를 사랑해야 한다. 당신의 의지로 그에게 온전히 순종하는 쪽을 택하라. 당신의 삶으로 그에게 매달려라. 이 성경말씀은 하나님께서 당신에게 생명을 주실 것이라고 약속하지 않는다. 하나님께서는 당신의 생명이시다! 그는 당신 속에 거처를 정하시고 당신을 통해 살길 원하신다.

어떤 사람들은 "하지만 이건 구약성경이잖아요!"라고 반문할 것이다. 이들은 신약성경에서는 하나님께서 변하셔서 그의 백성에게 그들의 죄의 결과를 더 이상 안기지 않으신다고 생각하는 경향이 있다. 그러나 예수께서 에베소 교회에 하신 말씀을 보라. "그러나 너를 책망할 것이 있나니 너의 처음 사랑을 버렸느니라 그리므로 어디서 떨어진 것을 생각하고 회개하여 처음 행위를 가지라 만일 그리하지 아니하고 회개치 아니하면 내가 네게 임하여 네 촛대(교회, 계 1:20)를 그 자리에서 옮기리라"(계 2:4-5).

우리 마음이 그리스도를 향한 첫사랑에서 멀어지는 것은 심각한 일이다. 사실 이것은 교회에 치명적이다. 매주 교회들은 죽어가고 해체되고 있다. 그 한 가지 이유는, 교회들이 회개하고 그리스도를 향한 그들의 첫사랑으로 돌아가기를 거절하기 때문이다. 그러면 그들은 하나님께 아무런 소용도 없다. 하나님께서는 그들이 남아서 그의 이름을 더럽히도록 내버려두지 않으실 것이다. 우리는 변심을 바로 규명할 수 있어야 한다. 그래야 그것을 생명을 죽이는 치명적인 암처럼 다룰 수 있기 때문이다. 교회가 이탈했을 경우, 목자가 다른 교회로 떠남으로써 양떼를 포기해서는 안된다. 목자는 하나님께서 그를 그 교회에 두신 이유가 바로 이것, 즉 그들을 인도하여 전심으로 하나님께 돌아오도록 돕기 위함이라는 것을 깨달아야 한다. 여기에는 시간과 고통스러운 과정이 필요할 수도 있다. 그러나 그들의 생명이 위기에 처해 있다.

변심의 두 표징

1. 순종의 결핍(불순종)
2. 하나님의 대체물들

순종의 결핍(불순종)

하나님을 떠나는 과정에서 우리는 처음에는 변심을 하고, 그 다음에는 순종을 하지 않고, 마지막에는 하나님의 대체물들로 눈을 돌린다. 대체로 하나님께서 우리의 주목을 끄실 때쯤이면, 우리는 이미 오랫동안 뒷걸음질치고 있을 것이다. 이혼이라는 것이 두 사람이 소원해질 때 시작되는 것처럼 우리도 단숨에 하나님으로부터 멀어지는 것이 아니다. 우리는 하나님과 조금씩 소원해진다. 여기에는 대체로 시간 - 일정기간의 무관심, 부주의 또는 거역 - 이 걸린다. 그 징후들은 오랫동안 우리 생활이나 교회에 나타났을 것이다. 그런데도 우리는 하나님에게서 멀어질 때까지 거기에 주의를 기울이지 못한다. 우리는 그저 조금씩 하나님에게서 멀어질 뿐이다. 그런 다음 우리는 하나님에게서 멀리 떠났다는 것을 어느 순간 갑자기 깨닫게 된다.

개인으로 또는 하나의 교회로서 당신이 변심했다면, 당신은 그것을 어떻게 아는가? 두 가지 표징이 분명한 척도이다. 순종의 결핍(불순종)과 하나님의 대체물로 눈을 돌리는 것이 그것이다. 이것은 당신이 변심했음을 보여주는 분명한 징후이다. 의사가 병의 징후를 찾듯이, 당신도 하나님께 대한 사랑에 문제가 생겼음을 보여주는 징후로 순종의 결핍과 하나님의 대체물들을 찾을 수 있다. 당신의 마음이 하나님에게서 떠났음을 보여주는 몇몇 표시들을 살펴보기로 하자. 첫째, 예수께서 다음 구절들에서 순종과 사랑을 긴밀하게 연결시키신 것에 주목하라.

* "너희가 나를 사랑하면 나의 계명을 지키리라"(요 14:15).

* "나의 계명을 가지고 지키는 자라야 나를 사랑하는 자니"(요 14:21).
* "사람이 나를 사랑하면 내 말을 지키리니 … 나를 사랑하지 아니하는 자는 내 말을 지키지 아니하나니"(요 14:23-24).

마음과 순종이 연결되고 있음을 보는가? 예수께서는 하나님을 사랑하면서 하나님께 순종하지 않는 것은 영적으로 불가능하다고 말씀하신다. 문제는 순종이 아니다. 문제는 사랑이다. 당신이 순종하지 않는다면, 그것은 당신의 마음이 변했기 때문이다. 사랑은 언제나 순종한다. 그러나 우리는 강하게 항거하며 이렇게 말한다. "주님, 내가 당신을 사랑하지 않는 것이 아니라 당신께 순종하는 데 어려움을 겪고 있습니다."

그러면 하나님께서는 이렇게 말씀하실 것이다. "네가 내게 순종하는 데 어려움을 겪고 있다면, 그것은 네가 나를 사랑하지 않기 때문이다." 이 말이 이해가 되지 않는다면, 당신은 항상 하나님과 바른 관계를 가지려고 애쓰다가 말 것이다. 당신의 행동을 고치려고 애쓰겠지만 실패하고 말 것이다. 피사의 사탑과 같을 것이다. 당신은 기울어진 벽들을 바로 세우려 애쓸 수는 있다. 그러나 잘못된 기초를 바로잡지 않는다면 이러한 수리는 오래가지 못할 것이다. 우리는 원인보다는 징후(증세)를 다루는 경향이 있다. 불순종의 문제를 어떻게 해결하는지 알고 있는가? 먼저 하나님께 대한 당신의 첫사랑으로 돌아가라. 당신의 불순종을 바로잡고 싶다면, 당신의 마음에서 시작하라. 첫사랑, 하나님과의 사랑의 관계로 되돌아간다면, 당신은 불순종의 문제들을 해결하게 될 것이다. "너희는 성령을 좇아 행하라 그리하면 육체의 욕심을 이루지 아니하리라"(갈 5:16).

하나님께서 요구하셔서 얼마 전까지는 아무런 의문 없이 행했지만 이제 의문이 생긴 일들이 있는가? 그리스도께서 그의 말씀 가운데 당신에게 어떤 명령을 주시지만 당신이 그와 다투기 시작한다면, 이것은 당신의 마음이 변했음을 보여주는 증거이다. 그리스도께서 당신이나 당신 교회 사람들에게 주신 명령 가운데 순종하지 않는 명령이 있는가? 이러한 몇몇 부분들에서 당신의 교회가 얼마나 잘 순종하고 있는가를 보기 위해 다음의 짧은 항목들을 살펴보기 바란다.

* 그리스도께서 여러분을 사랑하시듯이 여러분은 서로 사랑하는가? "새 계명을 너희에게 주노니 서로 사랑하라 내가 너희를 사랑한 것같이 너희도 서로 사랑하라"(요 13:34).
* 여러분이 용서받을 수 있도록 다른 사람들을 용서하는가? "서서 기도할 때에 아무에게나 혐의가 있거든 용서하라 그리하여야 하늘에 계신 너희 아버지도 너희 허물을 사하여 주시리라"(막 11:25).
* 여러분은 기도하는 사람으로 알려져 있는가? "기록된 바 내 집은 기도하는 집이 되리라"(눅 19:46).
* 여러분은 십일조를 드리며 의와 자비와 믿음을 실천하는가? "화 있을진저 외식하는 서기관들과 바리새인들이여 너희가 박하와 회향과 근채의 십일조를 드리되 율법의 더 중한 바 의와 인과 신은 버렸도다 그러나 이것도 행하고 저것도 버리지 말아야 할지니라"(마 23:23).
* 여러분은 열방들, 주변 사람들까지 열심히 제자삼고 있는

가? 여러분은 그들에게 그리스도께서 명하신 모든 것을 행하라고 가르치고 있는가? "그러므로 너희는 가서 모든 족속으로 제자를 삼아 아버지와 아들과 성령의 이름으로 침례(세례)를 주고 내가 너희에게 분부한 모든 것을 가르쳐 지키게 하라 … "(마 28:19-20).

* 여러분은 성령의 능력으로 세상에 그리스도를 증거하고 있는가? "오직 성령이 너희에게 임하시면 너희가 권능을 받고 예루살렘과 온 유대와 사마리아와 땅 끝까지 이르러 내 증인이 되리라"(행 1:8).

* 여러분은 교회의 다른 신자들과 다른 교회들 그리고 다른 교파의 크리스천들과 하나 됨을 보여주고 있는가? "곧 내가 저희 안에 아버지께서 내 안에 계셔 저희로 온전함을 이루어 하나가 되게 하려 함은 아버지께서 나를 보내신 것과 또 나를 사랑하심같이 저희도 사랑하신 것을 세상으로 알게 하려 함이로소이다"(요 17:23).

이러한 주님의 몇 가지 계명에 비춰볼 때, 당신의 교회는 예수께서 명하시는 모든 것에 순종하고 있다고 말할 수 있는가? 당신이 보기에, 당신의 교회가 더 이상 하나님의 명령을 순종하고 있지 않다면, 이것은 당신이 하나님을 떠나 있음을 보여주는 분명한 증거이다. 교회는 하나님의 뜻을 진심으로 찾고 있을지도 모른다. 많은 교인들이 하나님의 인도하심을 분명히 느낀다. 그러나 몇몇 교인들이 강한 반발을 일으켜 하나님의 인도하심대로 행하지 않기로 결정한다. 이것은 교회의 마음이 변하고 있음을 보여주는 것이다. 다음 번에 하나님의 인도하심을 느낄 때, 그 교회는 다시 순종하지 않는 쪽을 선택할 것이다. 교회의 마음은 강퍅해지기 시작한다. "형제들아 너희가 삼가 혹 너희 중에 누가 믿지 아니하는 악심을 품고 살아 계신 하나님에게서 떨어질까 염려할 것이요 오직 오늘이라 일컫는 동안에 매일 피차 권면하여 너희 중에 누구든지 죄의 유혹으로 강퍅케 됨을 면하라"(히 3:12-13).

우리는 영적 의사로서 한 사람이나 한 교회가 더 이상 순종하지 않을 때 그들의 마음이 하나님에게서 떠났다고 진단할 수 있다. 떠난 마음의 또 다른 표징은 하나님의 대체물로 눈을 돌리는 것이다. 하나님께서 우리를 위해 행하신 그 모든 일에도 불구하고 우리가 하나님을 떠날 가능성은 얼마든지 있다. 이스라엘이 그랬다.

생수가 아니라 터진 웅덩이

예레미야 2:2-13에 기록된 이스라엘이 하나님을 떠난 모습을 보라. 그리고 하나님께서 그의 백성이 어떻게 그를 떠났는가를 말씀하실 때 얼마나 마음이 아프셨을까 생각해 보라.

> 나 여호와가 이같이 말하노라 너희 열조가 내게서 무슨 불의함을 보았관대 나를 멀리하고 허탄한 것을 따라 헛되이 행하였느냐 그들이 우리를 애굽 땅에서 인도하여 내시고 광야 곧 사막과 구덩이 땅, 간조하고 사망의 음침한 땅, 사람이 다니지 아니하고 거주하지 아니하는 땅을 통과케 하시던 여호와께서 어디 계시냐 말하지 아니하였도다 내가 너희를 인도하여 기름진 땅에 들여 그 과실과 그 아름다운

것을 먹게 하였거늘 너희가 이리로 들어와서는 내 땅을 더럽히고 내 기업을 가증히 만들었으며 제사장들은 여호와께서 어디 계시냐 하지 아니하며 법 잡은 자들은 나를 알지 못하며 관리들도 나를 항거하며 선지자들은 바알의 이름으로 예언하고 무익한 것을 좇았느니라 그러므로 내가 여전히 너희와 다투고 너희 후손과도 다투리라 여호와의 말이니라 너희는 깃딤 섬들에 건너가 보며 게달에도 사람을 보내어 이 같은 일의 유무를 자세히 살펴보라 어느 나라가 그 신을 신 아닌 것과 바꾼 일이 있느냐 그러나 나의 백성은 그 영광을 무익한 것과 바꾸었도다 너 하늘아 이 일을 인하여 놀랄지어다 심히 떨지어다 두려워할지어다 여호와의 말이니라 내 백성이 두 가지 악을 행하였나니 곧 생수의 근원 되는 나를 버린 것과 스스로 웅덩이를 판 것인데 그것은 물을 저축지 못할 터진 웅덩이니라(렘 2:5-13).

하나님께서는 그만이 채울 수 있는 큰 빈 공간이 있도록 우리를 창조하셨다. 그는 생수이시다. 그는 바닥에서 생명을 주는 신선한 물이 솟아 넘치는 샘과 같다. 하나님만이 우리를 완전히 채우실 수 있다. 생명은 사람(Person)이다. "그(하나님)는 네 생명이시요"(신 30:20). 예수께서는 "내가 … 생명이니"(요 14:6)라고 말씀하셨다. 오늘날에도 우리는 두 가지 죄를 범한다. 우리는 그 - 생수 - 를 버리고 그의 대체물들(터진 웅덩이들)로 보충하려 한다. 비극은 우리의 대체물들이 터졌다(깨졌다)는 것이다. 이것들은 생명을 줄 수 없으며, 다른 근원들로부터 생명이 주어지더라도 그것을 보존할 수 없다는 것이다.

우물가의 여인

예수께서는 사마리아를 지나시다가 잠시 쉬기 위해 수가 성 근처에 있는 야곱의 우물에서 발걸음을 멈추셨다. 한 여인이 물을 길으러 왔다. 예수께서 그 여인에게 물을 좀 달라고 하셨다. 예수께서는 그 여인이 하나님의 대체물들에서 인생의 충족함을 찾아왔었다는 것을 알고 계셨다. 예수께서는 그녀를 생수에 대한 대화로 이끄셨다. 다음 단락에서 그 여인이 하나님의 대체물들에 눈을 돌리는 두 가지 방법을 보라.

> 예수께서 대답하여 가라사대 네가 만일 하나님의 선물과 또 네게 물 좀 달라 하는 이가 누구인 줄 알았더면 네가 그에게 구하였을 것이요 그가 생수를 네게 주었으리라 여자가 가로되 주여 물 길을 그릇도 없고 이 우물은 깊은데 어디서 이 생수를 얻겠삽나이까 우리 조상 야곱이 이 우물을 우리에게 주었고 또 여기서 자기와 자기 아들들과 짐승이 다 먹었으니 당신이 야곱보다 더 크니이까 예수께서 대답하여 가라사대 이 물을 먹는 자마다 다시 목마르려니와 내가 주는 물을 먹는 자는 영원히 목마르지 아니하리니 나의 주는 물은 그 속에서 영생하도록 솟아나는 샘물이 되리라 여자가 가로되 주여 이런 물을 내게 주사 목마르지도 않고 또 여기 물 길러 오지도 않게 하옵소서 가라사대 가서 네 남편을 불러오라 여자가 대답하여 가로되 나는 남편이 없나이다 예수께서 가라사대 네가 남편이 없다 하는 말이 옳도다 네가 남편 다섯이 있었으나 지금 있는 자는 네 남편이 아니니 네 말이 참되도다 여자가 가로되 주여 내가 보니 선지자로소이다 우리 조상들은 이 산에서 예배하였는데 당신들의 말은 예배할 곳이 예루살렘에 있다 하더이다 예수께서 가라사대 여자여 내 말을 믿으라 이 산에서도 말고 예루살렘에서도 말고 너희가 아버지께 예배할 때가 이르리라

너희는 알지 못하는 것을 예배하고 우리는 아는 것을 예배하노니 이는 구원이 유대인에게서 남이니라 아버지께 참으로 예배하는 자들은 신령과 진정으로 예배할 때가 오나니 곧 이 때라 아버지께서는 이렇게 자기에게 예배하는 자들을 찾으시느니라(요 4:10-23).

사마리아 여인은 인생의 공허를 채워줄 수 있는 남편을 찾으려고 애썼다. 이것은 인간에게 너무나 큰일이다. 한 남편이 그녀의 깊은 필요들을 채워줄 수 없자 그녀는 또 다른 남편을 찾았다. 예수를 만나기까지 그녀는 여섯번째 남자와 혼외 성관계를 갖고 있었다. 그녀는 잘못된 곳에서 사랑을 찾고 있었다.

사람이 하나님의 대체물이 될 수 있다. 성관계가 하나님과의 사랑의 관계의 대체물이 될 수 있다. 그러나 어느 것도 생수에 대한 영적 갈증을 만족시키지 못한다. 이것은 예수만이 만족시키실 수 있는 갈증이다.

사마리아 여인은 또한 예수님과 예배에 대해 이야기했다. 그녀의 질문의 초점이 하나님이 아니었다는 것을 눈치챘는가? 그녀는 예배의 장소에 관심이 있었다. 그녀는 외적인 것들에 관심이 있었다. 그녀에게 있어 예배는 그저 전통적인 종교활동 중 하나였을 뿐이었다. 예배는 하나님과의 생명력 있는 관계가 아니었다.

종교활동과 전통은 하나님과의 관계의 대체물이 될 수 있다. 우리는 살아 계신 하나님과의 생명력 있는 관계를 일련의 종교활동과 바꿀 수 있다. 우리가 종교활동은 하면서도 너무 바빠 하나님 안에서 생명은 결코 체험하지 못할 수도 있다.

마음의 우상들

성경은 하나님의 대체물들을 선택한 사람들의 예로 가득 차 있다. 역사 전체를 통해 하나님의 백성은 하나님과의 관계에 있어서 대체물들에 눈을 돌리는 경향을 보여 왔다. 당신은 예외가 될 수 있다고 생각하지 말라. 언제라도 우리가 하나님께로 향해야 할 때 다른 어떤 사람이나 사물에 눈을 돌린다면, 우리는 그 사람이나 사물로 우상을 삼고 있는 것이다. 우상은 무엇이든 간에 우리가 하나님을 대신하게 하는 것이다. 우상은 당신이 집에 모셔두고 섬기는 어떤 대상만이 아니다. 성경은 마음의 우상들에 대해서도 말한다.

> 인자야 이 사람들이 자기 우상을 마음에 들이며 죄악의 거치는 것을 자기 앞에 두었으니 그들이 내게 묻기를 내가 조금인들 용납하랴 … 그런즉 너는 이스라엘 족속에게 이르기를 주 여호와의 말씀에 너희는 마음을 돌이켜 우상을 떠나고 얼굴을 돌이켜 모든 가증한 것을 떠나라(겔 14:3, 6).

사람들은 그들 마음에 그리고 그들 앞에 우상을 세웠다. 우상을 세움으로써 그들은 하나님을 버렸다. 그들의 마음은 변했다. 그래서 하나님께서는 그의 백성의 마음을 다시 사로잡기로 계획하셨다(겔 14:5 참조). 하나님께서 이스라엘에게 하신 모든 일을 고려할 때, 그가 그들의 사랑을 다시 얻기 위해 하셔야 하는 일을 생각하면 슬프지 않은가? 우리가 어떻게 그럴 수 있단 말인가? 하나님께서 그리스도 안에서 우리에게 하신 일을 생각한다면, 우리가 어떻게 우리 마음에 우상들을 세울 수 있단 말인가?

일반적인 우상들

우물가의 여인 이야기에서 우리는 몇 가지 일반적인 우상들을 보았다. 사람, 성관계 심지어 종교활동까지도 우상일 수 있다. 몇 가지 더 일반적인 '우상들' 또는 하나님의 대체물들을 살펴보기로 하자. "너희도 이것을 정녕히 알거니와 음행하는 자나 더러운 자나 탐하는 자 곧 우상숭배자는 다 그리스도와 하나님 나라에서 기업을 얻지 못하리니"(엡 5:5).

하나님의 말씀에 따르면, 성적 부도덕(음행), 더러움, 탐심은 마음의 우상들이다. 이들 각각은 단 한 번의 행동일 수도 있고 반복되는 행위나 삶의 태도일 수도 있다. 반복되는 행위나 태도는 우상숭배에 해당하는 죄이다. 이들 각각의 죄에서 인간은 자신의 마음을 하나님이 아닌 다른 어떤 것에 쏟는다. 이러한 죄를 행하는 사람은 하나님에게서 떠난 사람이다. 그외 성경이 말하는 몇몇 우상들을 보자.

> 나 여호와가 이같이 말하노라 무릇 사람을 믿으며 혈육으로 그 권력을 삼고 마음이 여호와에게서 떠난 그 사람은 저주를 받을 것이라(렘 17:5).

> 이 백성이 입술로는 나를 존경하되 마음은 내게서 멀도다 사람의 계명으로 교훈을 삼아 가르치니 나를 헛되이 경배하는도다(마 15:8-9).

한 사람이 두 주인을 섬기지 못할 것이니 혹 이를 미워하며 저를 사랑하거나 혹 이를 중히 여기며 저를 경히 여김이라 너희가 하나님과 재물을 겸하여 섬기지 못하느니라(마 6:24).

아비나 어미를 나보다 더 사랑하는 자는 내게 합당치 아니하고 아들이나 딸을 나보다 더 사랑하는 자도 내게 합당치 아니하고(마 10:37).

아무든지 나를 따라오려거든 자기를 부인하고 날마다 제 십자가를 지고 나를 좇을 것이니라 누구든지 제 목숨을 구원코자 하면 잃을 것이요 누구든지 나를 위하여 제 목숨을 잃으면 구원하리라(눅 9:23-24).

너희가 성경에서 영생을 얻는 줄 생각하고 성경을 상고하거니와 이 성경이 곧 내게 대하여 증거하는 것이로다 그러나 너희가 영생을 얻기 위하여 내게 오기를 원하지 아니하는도다(요 5:39-40).

이 세상이나 세상에 있는 것들을 사랑치 말라 누구든지 세상을 사랑하면 아버지의 사랑이 그 속에 있지 아니하니 이는 세상에 있는 모든 것이 육신의 정욕과 안목의 정욕과 이생의 자랑이니 다 아버지께로 좇아온 것이 아니요 세상으로 좇아온 것이라(요일 2:15-16).

우리가 눈을 돌릴 수 있는 우상들은 어떤 것이 있는지 살펴보자.
* 음행(엡 5:5)
* 더러움(엡 5:5)
* 탐심(엡 5:5)
* 사람/혈육 또는 다른 사람들의 도움을 믿는 것(렘 17:5)
* 의식적인 예배와 사람의 가르침을 따르는 것(마 15:8-9)
* 맘몬이나 돈에 대한 사랑과 헌신(마 6:24)

* 다른 사람들과의 관계(마 10:37)
* 자기 자신(눅 9:23-24)
* 머리의 지식에만 그칠 뿐 그리스도 자신에게로 이어지지 못하는 성경공부(요 5:39-40)
* 물질주의, 세상의 것들(요일 2:15)
* 경력, 직장 또는 일('그가 하는 것' - 한글개역에는 '이생', 요일 2:16)

이 중 몇몇(성경공부처럼)은 당신을 놀라게 하지 않는가? 사람, 사물 또는 활동은 매우 좋을 수 있다. 그러나 어떤 것이든 간에 그것이 하나님이나 하나님께 대한 우리 사랑의 자리를 대신하도록 허락한다면, 우리 마음이 변한 것이다. 하나님과의 사랑의 관계를 대체할 수 있는 것이 이것들뿐인 것은 아니다. 취미, 텔레비전, 사회봉사 심지어 교회 일에 대한 헌신까지도 하나님과의 사랑의 관계에 대한 대체물이 될 수 있는가? 그렇다. 당신의 마음(당신의 사랑)을 사로잡는 것이면 무엇이든 하나님의 대체물이 될 수 있다.

하나님의 대체물들

신자가 하나님을 떠날 때 그는 하나님의 자리에 대체물을 둔다. 더 이상 하나님을 향하지 않을 때, 우리는 하나님과 하나님의 목적 그리고 그의 길을 세상의 어떤 것으로 대신한다. 기독교 사회의 한 가지 큰 비극은 개인과 교회 모두 하나님의 대체물들로 가득 차 있다는 것이다. 우리는 일, 의식적 또는 전통적 종교활동, 광고, 건물, 프로그램, 다른 사람과의 관계 또는 세상의 것에 대한 사랑으로 하나님과의 사랑의 관계를 대신한다. 하나님을 향하던 것에서 이제 우리는 다른 사람 또는 다른 것에 눈을 돌린다.

중국에서 한 미국인 목사가 중국 기독교 지도자들과 대화를 나누고 있었다. 어떤 중국 사람이 이렇게 말했다. "중국의 크리스천들은 미국의 크리스천 형제 자매들을 위해 기도하고 있습니다. 우리는 당신들이 당신들의 번영을 다루는 것보다 우리의 박해문제를 더 잘 다루고 있다고 믿습니다." 우리는 번영과 물질주의가 하나님의 대체물이 되도록 방치하지 않았는가? 하나님께서 경고하시는 위험에 주목하라.

> 내가 오늘날 네게 명하는 여호와의 명령과 법도와 규례를 지키지 아니하고 네 하나님 여호와를 잊어버리게 되지 않도록 삼갈지어다 네가 먹어서 배불리고 아름다운 집을 짓고 거하게 되며 또 네 우양이 번성하며 네 은금이 증식되며 네 소유가 다 풍부하게 될 때에 두렵건대 네 마음이 교만하여 네 하나님 여호와를 잊어버릴까 하노라 여호와는 너를 애굽 땅 종 되었던 집에서 이끌어 내시고 너를 인도하여 그 광대하고 위험한 광야 곧 불뱀과 전갈이 있고 물이 없는 건조한 땅을 지나게 하셨으며 또 너를 위하여 물을 굳은 반석에서 내셨으며 네 열조도 알지 못하던 만나를 광야에서 네게 먹이셨나니 이는 다 너를 낮추시며 너를 시험하사 마침내 네게 복을 주려 하심이었느니라 또 두렵건대 네가 마음에 이르기를 내 능과 내 손의 힘으로 내가 이 재물을 얻었다 할까 하노라(신 8:11-17).

스스로에게 이렇게 물어보라. "내가 하나님을 잊도록 하는 것이 있는가?" 이것은 하나님의 대체물이 된 것들을 찾아내는 좋은 방법이다. 번영과 성공에 대해 생각해 보라. 마음의 교만은 자신을 높이며 부를 높게 평가한다. 그러나 예수께서는 이렇게 말씀하셨다. "삼가 모든 탐심을 물리치라 사람의 생명이 그 소유의 넉넉한 데 있지 아니하니라"(눅 12:15). 물질적인 것들만이 우리가 하나님 대신에 눈을 돌리는 유일한 대체물은 아니다. 다른 가능한 대체물들에 대한 다음 세 목록들을 보라.

하나님의 임재에 대한 대체물들

* 우리는 영적 성장과 교회성장을 성취하기 위해 하나님을 의뢰하는 대신 방법이나 프로그램이나 사람들을 의지할 수도 있다.
* 우리는 예배에서 하나님의 친밀한 임재의 실재를 감정적 위선, 허식, 오락, 의식 등으로 대체할 수도 있다.
* 우리는 하나님의 말씀묵상과 기도에서 그와 함께하는 조용한(경건의) 시간을 더 이상 갖지 않는다.

하나님의 목적에 대한 대체물들

* 주님께서는 침례(세례)와 성찬을 공적인 증거와 그에 대한 기념과 개인적인 점검 그리고 그와의 교제갱신의 시간으로 의

도하셨는데, 우리는 이를 전통이나 의식으로 지킬 수도 있다.
* 우리는 우리 시간과 자원의 많은 부분을 이기적인 쾌락에 사용하고 압제당하는 자를 위한 정의나 가난한 자의 필요를 충족시켜 주는 일을 무시할 수도 있다.
* 하나님께서는 사람들이 구속을 위해 그에게 오기를 원하시는데, 우리는 출석목표를 위해 사람들에게 교회에 나오라고 하기 위해 '전도' 심방을 할 수도 있다.

하나님의 길에 대한 대체물들

* 하나님께서는 우리에게 믿음으로 걸으라고 말씀하시는데 우리는 시각으로 걷는다.
* 하나님께서는 자기를 부인하라고 말씀하시는데 우리는 자기를 주장하고 먼저 자기를 생각한다.
* 하나님께서는 자신을 낮추라고 말씀하시는데 우리는 자기를 높인다.
* 하나님께서는 자신의 생명을 버리라("하나님의 나라를 위해 네가 가진 것을 버리라")고 말씀하시는데 우리는 우리 생명을 구하려고(우리가 가진 것을 붙잡으려고) 애쓴다.
* 하나님께서는 그를 위해 일꾼들을 보내 달라고 기도하라고 말씀하시는데 우리는 사람들을 조종하여 섬기게 하려고 애쓴다.

하나님께서는 그를 잊은 것에 대해 경고하신다. "네가 만일 네 하나님 여호와를 잊어버리고 다른 신들을 좇아 그들을 섬기며 그들에게 절하면 내가 너희에게 증거하노니 너희가 정녕히 멸망할 것이라"(신 8:19). 당신은 다른 신들을 좇으면 멸망할 것이라는 하나님의 약속이 너무 심하다고 생각할지도 모른다. 성경은 하나님께서 우리의 사랑을 질투하신다고 가르친다. 하나님께서는 우리를 창조하셨으며, 우리의 사랑과 생명을 받으실 만한 자격이 있으시다. 다음 장에서 우리는, 하나님께서 그의 백성을 사랑하시기 때문에 징계하시는 것을 살펴볼 것이다.

요약

* 하나님께서는 당신이 순종하길 원하신다. 그러나 그의 명령(계명)은 그렇게 어려운 것이 아니다.
* 하나님께서 우리를 위해 행하신 모든 일에도 불구하고 하나님의 백성은 여전히 하나님을 떠나는 경향이 있다.
* 하나님에게서 멀어지는 일은 나쁜 행동에서 시작되는 것이 아니다. 이것은 급진적인 변심에서 시작된다.
* 하나님께서는 당신의 생명이시다! 그는 당신 속에 거처를 정하시고 당신을 통해 살길 원하신다.
* 영적 지도자들은 의사와 같아야 한다. 우리는 변심을 바로 규명할 수 있어야 한다. 그래야 그것을, 생명을 죽일 수 있는 치명적인 암처럼 다룰 수 있기 때문이다.
* 하나님을 떠나는 과정에서 우리는 처음에는 변심을 하고,

그 다음에는 순종을 하지 않고, 마지막에는 하나님의 대체
물들로 눈을 돌린다.
* 순종의 결핍(불순종)과 하나님의 대체물로 눈을 돌리는 것
  은 당신이 변심했음을 보여주는 분명한 징후들이다.
* 예수께서는 하나님을 사랑하면서 하나님께 순종하지 않는
  것은 영적으로 불가능하다고 말씀하신다.
* 스스로에게 이렇게 물어보라. "내가 하나님을 잊도록 하는
  것이 있는가?" 이것은 하나님의 대체물이 된 것들을 찾아내
  는 좋은 방법이다.

기도 가운데 하나님 만나기

* 하나님께서 지금 당장 당신의 순종기록표를 평가하신다면,
  하나님에 대한 당신의 사랑에 대해 어떤 결론을 내리시겠
  는가? 당신이 하나님께 불순종하고 있는 것들은 어떤 것인
  지 보여 달라고 성령께 간구하라. 무엇이든 성령께서 생각
  나게 하시는 것들을 목록으로 작성하는 일을 시작하라. 당
  신과 하나님의 사랑의 관계의 질이 어떤지 가르쳐 달라고
  하나님께 간구하라.
* 하나님께서 당신의 삶에서 마음의 우상이나 대체물이 되어
  버린 것들을 보여주셨는가? 거기에는 당신이 하나님을 떠
  나 다른 사람 또는 다른 것으로 어떻게 향했는지 나타나 있
  는가? 당신은 하나님 대신에 어떤 활동들에 당신의 열정이

나 우선순위를 부여한 일이 있는가? 당신이 하나님께 돌아가는 길을 인도해 달라고 기도하라. 회개하고 하나님께서 싫어하시는 모든 우상이나 행동을 버려라. 하나님께서 당신의 마음을 다시 사로잡으시게 하라.

다른 사람들과 함께 하나님 만나기

소그룹에서 기회가 있을 때, 이런 토론문제들을 생각해 보라.
1. 우리는 왜 자주 변심하는가?
2. 우리가 죄와 회개의 사이클에서 벗어날 수 있다고 생각하는가? 각각의 대답에 대한 이유는 무엇인가?
3. 성령의 임재가 신자의 순종과 관련하여 그의 삶에 어떤 변화를 낳아야 하는가?
4. 우리가 하나님의 징계나 심판을 기다리는 대신 사이클에서 변심을 일찍 파악하는 법을 어떻게 배울 수 있는가? 몇몇 징후들은 어떤 것이 있는가?
5. 예레미야 2:2-13을 읽어보라. 하나님의 백성이 그를 버릴 때 하나님은 어떤 느낌을 받으신다고 생각하는가?
6. 많은 사람들이 어떤 면에서 우물가의 여인처럼 생활하고 있는가?
7. 마음의 우상들은 우리와 하나님의 사랑의 관계에 어떤 영향을 끼치는가? 하나님께서는 우리가 마음의 우상들을 어떻게 하길 원하시며 그 이유는 무엇인가?

8. 우리 교회는 어떤 방법으로 하나님이나 그의 임재, 목적, 길(방법)의 대체물들로 눈을 돌리는가? 우리의 길(방법)을 바꾸기 위해 우리는 어떻게 해야 한다고 생각하는가?

당신은 우리가 신명기를 자주 인용하는 것을 눈치챘을 것이다. 신명기가 '구약'이므로 크리스천들에게 더 이상 타당하지 않다는 식으로 평가절하하지 말라. 당신에게 상기시키고 싶은 사실은, 예수께서 첫 제자들을 가르치실 때 신명기를 광범위하게 인용하셨다는 것이다. 이것은 예수께서 최초의 교회가 그의 구속계획에서 자기 역할을 수행하도록 준비시킬 때, 제자들의 마음을 열어 깨닫게 하신 성경이다(눅 24:45 참조). 신명기는 하나님에 대해 그리고 하나님께서 그의 백성과 어떻게 관계를 가지시는가에 대해 많은 것을 말해 준다. 예수께서는 신명기를 연구하고 암기하는 것이 큰 가치가 있다고 보셨다. 우리는 신명기에서 하나님을 만남으로써 큰 유익을 얻을 수 있다.

10장
하나님께서는 그의 백성을 사랑하시기 때문에 징계하신다

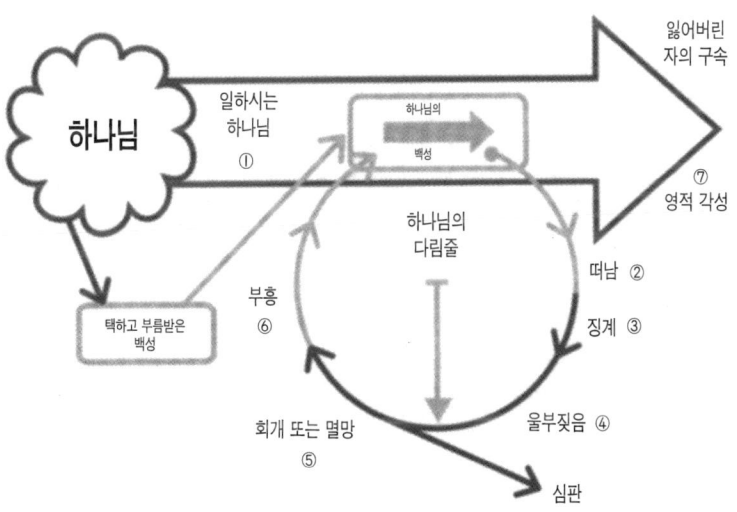

* 3단계: 하나님께서는 그의 백성을 사랑하시기 때문에 징계하신다.
* 4단계: 하나님의 백성은 울부짖으며 그에게 도움을 구한다.

하나님의 성품

하나님의 백성 가운데 많은 사람들이 하나님께 대한 경외심을 잃어버렸다. 우리는 하나님께서 그의 백성을 징계하시고 심판하신다는 것을 더 이상 믿지 않는다. 많은 사람들이 심판과 진노의 하나님은 구약의 하나님이었다고 생각한다. 그들은 신약에 계시된 하나님은 사랑의 하나님이라고 생각한다. 그러나 이런 생각을 가진 사람은 성경이나 성경에 계시된 하나님을 모르는 사람이다.

하나님께서는 "나 여호와는 변역지 아니하나니"(말 3:6)라고 말씀하셨다. "예수 그리스도는 어제나 오늘이나 영원토록 동일하시니라"(히 13:8). 우리는 두 하나님 - 구약의 하나님과 신약의 하나님 - 을 섬기지 않는다. 하나님은 한 분이시다. 그는 변하지 않으신다. 우리 하나님의 성품을 살펴보기로 하자. 다음 성경구절들을 읽으면서 하나님의 성품을 보여주는 단어나 구절에 주목하기 바란다.

> 주께서는 은혜로우시며 자비로우시며 노하기를 더디 하시며 인애가 크시사 뜻을 돌이켜 재앙을 내리지 아니하시는 하나님이신 줄을 알았음이니이다(욘 4:2).

> 사랑하는 자들아 우리가 서로 사랑하자 사랑은 하나님께 속한 것이

니 사랑하는 자마다 하나님께로 나서 하나님을 알고 사랑하지 아니하는 자는 하나님을 알지 못하나니 이는 하나님은 사랑이심이라(요일 4:7-8).

주의 긍휼이 크시므로 저희를 아주 멸하지 아니하시며 버리지도 아니하셨사오니 주는 은혜로우시고 긍휼히 여기시는 하나님이심이니이다(느 9:31).

자랑하는 자는 이것으로 자랑할지니 곧 명철하여 나를 아는 것과 나 여호와는 인애와 공평과 정직을 땅에 행하는 자인 줄 깨닫는 것이라 나는 이 일을 기뻐하노라 여호와의 말이니라(렘 9:24).

내가 주께만 범죄하여 주의 목전에 악을 행하였사오니 주께서 말씀하실 때에 의로우시다 하고 판단하실 때에 순전하시다 하리이다(시 51:4).

다만 네 고집과 회개치 아니한 마음을 따라 진노의 날 곧 하나님의 의로우신 판단이 나타나는 그 날에 임할 진노를 네게 쌓는도다(롬 2:5).

오직 하나님은 자비하심으로 죄악을 사하사 멸하지 아니하시고 그 진노를 여러 번 돌이키시며 그분을 다 발하지 아니하셨으니(시 78:38).

주 우리 하나님께는 긍휼과 사유하심이 있사오니 이는 우리가 주께 패역하였음이오며(단 9:9).

여호와의 말씀은 정직하며 그 행사는 다 진실하시도다 저는 정의와 공의를 사랑하심이여 세상에 여호와의 인자하심이 충만하도다(시

33:4-5).

> 여호와께서 영영히 앉으심이여 심판을 위하여 보좌를 예비하셨도다 공의로 세계를 심판하심이여 정직으로 만민에게 판단을 행하시리로다(시 9:7-8).

> 오직 만군의 여호와는 공평하므로 높임을 받으시며 거룩하신 하나님은 의로우시므로 거룩하다 함을 받으시리니(사 5:16).

> 그러나 여호와께서 기다리시나니 이는 너희에게 은혜를 베풀려 하심이요 일어나시리니 이는 너희를 긍휼히 여기려 하심이라 대저 여호와는 공의의 하나님이심이라 무릇 그를 기다리는 자는 복이 있도다 (사 30:18).

하나님께서는 우리의 이해를 넘어선 분이시다. 하나님께서는 성경을 통해 자신을 계시해 주셨다. 그는 완전한 사랑이시다. 그는 예수 그리스도의 십자가의 죽음을 통해 그의 사랑을 우리에게 영원히 확인시켜 주셨다. 그는 온유하시며, 긍휼이 많으시며, 참으시고, 노하기를 더디 하신다. 하나님은 또한 공의로우시다. 그는 무죄한 자를 결코 벌하지 않으신다. 그의 심판은 언제나 옳으며 공정하다. 그는 또한 자비로우시다. 그는 우리가 마땅히 받아야 할 벌을 우리에게 주시는 경우가 거의 없다. 우리가 회개하고 그에게로 돌아갈 때, 그는 우리를 용서하신다.

또한 하나님께서는 거룩하며 순전하시다. 그는 우리 죄를 그저 참을 수만은 없으시다. 하나님께서는 거룩하시고, 공의로우시기 때문에 우리 죄를 다루셔야만 한다. 그는 때때로 거역하는 백성에게 몹시 화를 내시며, 진노를 표출하신다. 우리는 거룩한 하나님께 대한 건강한 두려움을 가질 필요가 있다. 하나님 앞에 설 때, 당신은 하나님의 거룩함을 느낄 것이다. 또한 당신의 죄를 분명하게 보게 될 것이다. 하나님 앞에서 참된 예배를 경험할 때, 교회는 용서받아야 하는 모든 죄를 깨닫게 될 것이다.

다음 성경구절을 읽고 하나님께서 무엇을 기뻐하시는지 보라.

> 나 주 여호와가 말하노라 내가 어찌 악인의 죽는 것을 조금인들 기뻐하랴 그가 돌이켜 그 길에서 떠나서 사는 것을 어찌 기뻐하지 아니하겠느냐 …… 나 주 여호와가 말하노라 죽는 자의 죽는 것은 내가 기뻐하지 아니하노니 너희는 스스로 돌이키고 살지니라(겔 18:23, 32).

> 주의 약속은 어떤 이의 더디다고 생각하는 것같이 더딘 것이 아니라 오직 너희를 대하여 오래 참으사 아무도 멸망치 않고 다 회개하기에 이르기를 원하시느니라(벧후 3:9).

우리는 하나님께서 악한 자들의 죽음을 기뻐하실 것이라고 생각하는 경향이 있지 않은가? 하나님께서는 회개할 필요가 있는 그 누구의 죽음도 기뻐하지 않으신다. 그는 모든 사람이 회개하고 그에게 돌아오기를 원하신다.

하나님께서 징계하시는 목적

하나님께서는 자신과의 사랑의 관계를 위해 자기 백성을 지으시고 불러내셨다. 하나님의 백성이 이 사랑의 관계에서 떠날 때, 하나님께서는 슬퍼하신다. 하나님은 깨어진 사랑의 관계에 마음아파하신다. 그는 그의 백성을 징계하시며, 그에게 돌아오라고 그들을 초대하신다. 부흥을 위한 하나님의 계획 제3단계는 그가 그의 백성을 사랑하기 때문에 징계하시는 것이다. 히브리서 기자가 하나님의 징계에 대해 뭐라고 말하는지 주목해 보라.

> 내 아들아 주의 징계하심을 경히 여기지 말며 그에게 꾸지람을 받을 때에 낙심하지 말라 주께서 그 사랑하시는 자를 징계하시고 그의 받으시는 아들마다 채찍질하심이니라 하였으니 너희가 참음은 징계를 받기 위함이라 하나님이 아들과 같이 너희를 대우하시나니 어찌 아비가 징계하지 않는 아들이 있으리요 징계는 다 받는 것이거늘 너희에게 없으면 사생자요 참 아들이 아니니라 또 우리 육체의 아버지가 우리를 징계하여도 공경하였거늘 하물며 모든 영의 아버지께 더욱 복종하여 살려 하지 않겠느냐 저희는 잠시 자기의 뜻대로 우리를 징계하였거니와 오직 하나님은 우리의 유익을 위하여 그의 거룩하심에 참예케 하시느니라 무릇 징계가 당시에는 즐거워 보이지 않고 슬퍼 보이나 후에 그로 말미암아 연달한 자에게는 의의 평강한 열매를 맺나니(히 12:5-11).

하나님께서는 사랑의 관계를 위해 그의 백성을 지으셨다. 그는 이 관계에서만 풍성한 생명을 얻을 수 있다는 것을 알고 계신다. 그러므로 우리가 이 사랑의 관계에서 벗어날 때, 하나님께서는 그가 우리를 창조하신 목적인 그 생명을 우리가 잃고 있다는 것을 알고 계신다. 하나님께서는 그의 백성을 사랑하시기 때문에 그들이 하나님을 떠나 죄를 지을 때, 그들을 징계하신다. 우리는 사랑의 관계를 잃어버린 데 대한 아픔을 느껴야 한다. 그래야만 우리가 하나님께로 돌아갈 것이기 때문이다.

부모는 자녀들이 잘못할 때 그들을 징계한다. 당신은 "이건 다 널 위한 거다" 또는 "네 마음보다 내 마음이 더 아프다"고 말해 본 적이 있는가? 부모는 자녀를 사랑하기 때문에 자녀에게 바르게 살라고 가르친다.

하나님께서는 우리를 너무나 사랑하신다. 그래서 그는 우리를 대신하여 십자가에 죽으시도록 그의 아들 예수를 보내셨다. 우리 죄는 하늘에 계신 우리 아버지께 큰 고통을 가져다 주었다. 그는 우리를 끔찍이 사랑하신다. 그가 우리를 꾸짖고, 징계하고, 벌주시는 것도 바로 이 때문이다. 우리는 하나님의 가족의 일원으로 징계(훈련)를 받는다. 하나님께서 징계하시지 않는 자는 그의 가족이 아니다. 하나님께서는 그의 자녀들의 유익을 위해 그들을 바로잡으신다. 하나님께서는 우리가 그의 거룩함을 공유하길 원하신다. 하나님께서는 우리가 의와 평강의 열매를 거두길 원하신다. 그의 징계가 고통스러울지라도 우리는 우리를 고치시는 그의 징계에 복종하고 살아야 한다! 히브리서 12:5-11 말씀은 당신을 '독려하기' 위한 것이다. 하나님께 징계를 받을 때, 용기를 얻어라. 이것은 하나님께서 당신을 사랑하시며 당신을 포기하지 않으셨다는 좋은 신호이다.

하나님께서 우리를 징계하시는 또 다른 이유가 있다. 그는 잃어버린 세상을 사랑하시며 잃어버린 사람들이 회개하는 것을 보고 싶어하신다. 하나님의 백성이 그를 떠날 때, 그의 구속사역은 지체된다. 하나님께서는 그의 사역에서 교회가 제 역할을 못할 경우를 대비한 계획 B를 마련해 두지 않으셨다. 그러므로 하나님께서 우리를 징계하시는 이유는, 우리를 통해 잃어버린 세상을 구속하는 일을 능력 있게 행하시기 위해 우리를 그에게로 돌이키시기 위함이다.

하나님의 징계와 심판

언젠가 곧 예수께서 돌아오셔서 그의 백성을 모으시고 그들을 영원한 하늘나라로 인도하실 것이다. 역사가 끝날 때, 하나님께서는 모든 사람을 심판하실 것이다. "네가 어찌하여 네 형제를 판단하느뇨 어찌하여 네 형제를 업신여기느뇨 우리가 다 하나님의 심판대 앞에 서리라 … 이러므로 우리 각인이 자기 일을 하나님께 직고하리라"(롬 14:10, 12). 마지막 때의 심판은 영원할 것이다. 천국이냐 지옥이냐라는 우리의 운명은 하나님께서 '염소'(그에게 속하지 않은 자들)에게서 '양'(그의 백성)을 가려내실 때 결정될 것이다(마 25:31-46 참조). 이 장에서 우리는 영원한 심판을 다루고 있지는 않다. 하지만 오늘 우리가 하나님께 어떤 응답을 하느냐는 이 심판의 결과에 영향을 미칠 것이다.

이 장에서 우리의 초점은 하나님의 일시적 심판이다. 이것은 우리가 이 땅에서 살 동안 일어나는 심판이다. 이러한 징계와 심판은 우리를 바로잡거나 벌하려는 의도를 가진다. 하나님은 사랑이 많으시고 오래 참으신다. 따라서 우리를 고치시려는 하나님의 노력이 언제나 먼저 온다. 이런 노력에도 불구하고 우리가 마음을 바꾸지 않을 때에만, 하나님의 혹독한 형벌과 진노가 임한다. 그러나 하나님은 주권적이시다. 그는 자신이 기뻐하는 일을 하실 수 있다. 하지만 그의 심판은 언제나 공의롭고, 공정하며, 옳다. 그는 우리가 당연히 받을 것보다 더 큰 벌을 결코 내리지 않으실 것이다.

* 영원한 심판은, 하나님의 백성은 천국으로, 다른 모든 자들은 지옥으로 영원히 구별하는 판결이다.
* 일시적 심판은 이 세상을 살 동안 일어나는 교정과 징벌이다.

이 세상에서의 일시적인 징벌과 심판은 두 가지 유형을 가진다. 치료적 심판과 최종심판이 그것이다. 치료적 심판(또는 징계)은 하나님께서 우리를 고치기 위해 행하시는 것이다. 치료적 심판은 하나님과의 바른 관계로 되돌아가도록 우리를 인도하기 위한 것이다. 최종심판은 하나님께서 그의 진노를 나타내실 때 내려진다. 하나님께서는 징벌하시는 가운데 때때로 생명을 멸하시거나 제하신다. 최종심판이 오면, 회개의 기회가 전혀 남아 있지 않다. 회개의 시간은 벌써 지나가버렸다. 최종심판은 대체로 상당기간 회개 없이 죄가 계속된 후에 온다. 그러나 하나님께서는 죄를 아주 싫어하시기 때문에 최종심판을 내리시는 경우도 있다. 또 어떤 때는 죄를 심하게 다루지 않을 경우, 그 죄가 다른 사람들에게 큰 영향을 끼칠 수 있기 때문에 최종심판을 사용하신다.

* 치료적 심판은 하나님께서 우리를 고쳐 하나님과 바른 관계를 갖게 하기 위한 징계나 심판이다.

* 최종심판은 계속적인 거역이나 심각한 죄 때문에 그 사람의 생명을 취하거나 그를 더 이상 쓸모없게 만들어버리는 심판이나 징벌이다.

아나니아와 삽비라에게 내린 최종심판

아나니아라 하는 사람이 그 아내 삽비라로 더불어 소유를 팔아 그 값에서 얼마를 감추매 그 아내도 알더라 얼마를 가져다가 사도들의 발 앞에 두니 베드로가 가로되 아나니아야 어찌하여 사단이 네 마음에 가득하여 네가 성령을 속이고 땅값 얼마를 감추었느냐 땅이 그대로 있을 때에는 네 땅이 아니며 판 후에도 네 임의로 할 수가 없더냐 어찌하여 이 일을 네 마음에 두었느냐 사람에게 거짓말한 것이 아니요 하나님께로다 아나니아가 이 말을 듣고 엎드러져 혼이 떠나니 이 일을 듣는 사람이 다 크게 두려워하더라 젊은 사람들이 일어나 시신을 싸서 메고 나가 장사하니라 세 시간쯤 지나 그 아내가 그 생긴 일을 알지 못하고 들어오니 베드로가 가로되 그 땅 판 값이 이것뿐이냐 내게 말하라 하니 가로되 예 이뿐이로라 베드로가 가로되 너희가 어찌 함께 꾀하여 주의 영을 시험하려 하느냐 보라 네 남편을 장사하고 오는 사람들의 발이 문 앞에 이르렀으니 또 너를 메어 내가리라 한대 곧 베드로의 발 앞에 엎드러져 혼이 떠나는지라 젊은 사람들이 들어와 죽은 것을 보고 메어다가 그 남편 곁에 장사하니 온 교회와 이 일을 듣는 사람들이 다 크게 두려워하니라(행 5:1-11).

교회는 아직 어린 상태였다. 하나님께서는 사취의 악한 영향이 그가 교회에 의도하고 계시는 전체 구속사역을 오염시킬 수 있음을 알고 계셨다. 그들의 죄가 너무나 넓고 지속적인 영향을 미칠 수 있었기 때문에, 하나님께서는 그들에게 의로운 최종심판을 내리셨다. 하나님은 주권적이시며 그가 선택하시는 일을 하실 수 있다. 왜냐하면 우리는 모두 죄 때문에 죽어 마땅하기 때문이다. 그러나 하나님께서는 그의 백성을 돌이키시려고 치료적 심판을 더 빈번하게 사용하신다.

고린도의 부도덕한 사람에게 내린 치료적 심판

너희 중에 심지어 음행이 있다 함을 들으니 이런 음행은 이방인 중에라도 없는 것이라 누가 그 아비의 아내를 취하였다 하는도다 그리하고도 너희가 오히려 교만하여져서 어찌하여 통한히 여기지 아니하고 그 일 행한 자를 너희 중에서 물리치지 아니하였느냐 … 주 예수의 이름으로 너희가 내 영과 함께 모여서 우리 주 예수의 능력으로 이런 자를 사단에게 내어주었으니 이는 육신은 멸하고 영은 주 예수의 날에 구원 얻게 하려 함이라 너희의 자랑하는 것이 옳지 아니하도다 적은 누룩이 온 덩어리에 퍼지는 것을 알지 못하느냐 너희는 누룩 없는 자인데 새덩어리가 되기 위하여 묵은 누룩을 내어버리라 … 외인들은 하나님이 판단하시려니와 이 악한 사람은 너희 중에서 내어쫓으라" (고전 5:1-13).

고린도의 부도덕한 사람은 교회를 통해 하나님의 바로잡는 징계를 경험했다. 고린도후서 2:5-11에서 바울은 그 교정(바로잡음)이 효과가 있었다고 설명한다. 바울은 교회에게 그 사람을 용서하고,

위로하며, 그를 위해 그들의 사랑을 재확인시켜 줄 것을 요구했다. 바울이 교회를 바로잡으려 했던 일도 성공적이었다(고후 7:8-13 참조).

부흥에 대한 연구에서 우리의 초점은 하나님의 치료적 징계나 심판이다. 하나님의 바람은 우리를 고쳐 하나님께로 돌아오도록 만드는 것이다. 이 장 처음에 실린 그림을 보라. 맨 밑에 있는 심판이란 단어는 이 세상에서의 최종심판이다. 그의 백성을 향한 하나님의 바람은 우리가 결코 여기에 도달하지 않는 것이다. 다음 장에서는 회개를 향한 하나님의 부르심을 살펴볼 것이다.

하나님의 심판에 대한 진리

하나님의 징계와 심판의 방법들을 살펴보면서 성경의 몇 가지 진리를 기억하는 것이 중요하다.

- 심판은 하나님의 백성에게서 시작될 것이다. "하나님 집에서 심판을 시작할 때가 되었나니 만일 우리에게 먼저 하면 하나님의 복음을 순종치 아니하는 자들의 그 마지막이 어떠하며"(벧전 4:17).
- 숨겨진 것들을 포함해서 모든 행위가 심판받을 것이다. "하나님은 모든 행위와 모든 은밀한 일을 선악간에 심판하시리라"(전 12:14).
- 예수께서는 심판하러 오셨다. "예수께서 가라사대 내가 심판하러 이 세상에 왔으니 보지 못하는 자들은 보게 하고 보

는 자들은 소경 되게 하려 함이라"(요 9:39).
* 하나님의 심판은 언제나 옳고, 참되며, 공정하다. "그러하다 주 하나님 곧 전능하신 이시여 심판하시는 것이 참되시고 의로우시도다"(계 16:7).

하나님의 징계는 점진적이다. 이것은 우리가 응답하지 않을 때마다 증가한다.

> 그러나 너희가 내게 청종치 아니하여 이 모든 명령을 준행치 아니하며 … 나의 언약을 배반할진대 내가 이같이 너희에게 행하리니 … 너희가 그렇게 되어도 내게 청종치 아니하면 너희 죄를 인하여 내가 너희를 칠 배나 더 징치할지라 내가 너희의 세력을 인한 교만을 꺾고 … 너희가 나를 거스려 내게 청종치 않을진대 내가 너희 죄대로 너희에게 칠 배나 더 재앙을 내릴 것이라 … 이런 일을 당하여도 너희가 내게로 돌아오지 아니하고 나를 대항할진대 나 곧 나도 너희에게 대항하여 너희 죄를 인하여 너희를 칠 배나 더 칠지라 … 너희가 이같이 될지라도 내게 청종치 아니하고 내게 대항할진대 내가 진노로 너희에게 대항하되 너희 죄를 인하여 칠 배나 더 징책하리니 … 내가 너희의 산당을 헐며 … 내가 너희 성읍으로 황폐케 하고 … 그 땅을 황무케 하리니 … 내가 너희를 열방 중에 흩을 것이요(레 26:14-33).

하나님께서는 우리를 대하실 때 오래 참으시며 자비를 베푸신다. 그러나 우리가 회개를 거부하면, 하나님께서는 그의 백성을 처리하실 것이다. 하나님께서 우리를 징계하시고 심판하실 때, 모든 것이 옳고 공의로우시다.

하나님의 징계와 심판의 예

성경은 하나님의 징계와 심판의 예로 가득 차 있다. 어떤 것들은 다른 것들보다 훨씬 더 심각하다. 방금 읽었듯이 하나님의 심판은 대체로 점진적이다. 우리가 더 오래 응답을 거부할수록 심판의 강도는 더 커진다. 성경에 나타난 징계와 심판의 몇몇 예로는 다음과 같은 것들이 있다.

* 자연재해: 지진, 화산, 허리케인, 토네이도, 홍수, 화재, 가뭄, 해일, 기근, 곤충피해, 야생동물의 습격
* 질병: 전염병, 소모성 질병, 열병, 문둥병
* 인간의 갈등과 염려: 전쟁, 적군의 공격과 패배, 포로나 인질로 잡힘, 증오하는 사람에 의한 통치, 범죄의 희생자, 부도덕의 희생자, 피흘림, 악의 증가, 깨어진 인간관계, 경제 파탄

이러한 것들이 일어날 때마다 하나님께서는 한 백성을 징계하거나 심판하기 위해 이것들을 사용하실 수도 있다. 때때로 하나님께서 나라들처럼 집단적으로 심판하실 때에는 무죄해 보이는 사람들도 상처를 입는다. 그러나 사실 우리 중 무죄한 사람은 아무도 없다. 우리는 모두 죄를 범했다. 한 나라를 심판하실 때, 하나님의 심판이 언제나 악인들에게만 제한되는 것은 아니다. 에스겔 시대에 유다를 심판하실 때, 하나님께서는 이렇게 말씀하셨다.

내가 의인과 악인을 네게서 끊을 터이므로 내 칼을 집에서 빼어 무릇

혈기 있는 자를 남에서 북까지 치리니 무릇 혈기 있는 자는 나 여호와가 내 칼을 집에서 빼어 낸 줄을 알지라 칼이 다시 꽂혀지지 아니하리라 하셨다 하라 인자야 너는 탄식하되 허리가 끊어지는 듯이 그들의 목전에서 슬피 탄식하라(겔 21:4-6).

유다의 죄 때문에 임한 하나님의 심판

이스라엘은 수없이 많이 하나님을 떠났다. 솔로몬이 통치 말기에 행한 우상숭배 때문에 하나님께서는 나라를 둘로 나누시고 10지파를 솔로몬의 아들에게서 빼앗으셨다. 주전 721년 북쪽 이스라엘 왕국이 앗수르에게 망했다. 주전 586년에는 하나님께서 바벨론을 사용하셔서 예루살렘을 멸망시키시고 남쪽 유다 왕국의 백성이 포로로 끌려가게 하셨다(바벨론 유수). 하나님께서는 예레미야에게 그가 하신 일을 설명하셨다.

> 내가 너희 열조를 애굽 땅에서 인도하여 낸 날부터 오늘까지 간절히 경계하며 부지런히 경계하기를 너희는 내 목소리를 청종하라 하였으나 그들이 청종치 아니하며 귀를 기울이지도 아니하고 각각 그 악한 마음의 강퍅한 대로 행하였으므로 내가 그들에게 행하라 명하였어도 그들이 행치 아니한 이 언약의 모든 말로 그들에게 응하게 하였느니라(렘 11:7-8).

하나님께서는 이스라엘에게서 순종을 원하셨다. 그의 첫째이자 가장 우선되는 계명은 그들이 하나님을 사랑하는 것이었다(신

6:4-5 참조). 그러나 그들은 그 사랑의 관계를 떠났으며 하나님께 순종하지도 언약관계를 지키지도 않았다. 그들은 자신들의 악한 길을 따랐다. 그래서 하나님께서는 심판 가운데 '저주'를 내리시겠다는 그의 맹세를 지키셨다(신 28:15 참조). 하나님께서 급하게 이렇게 하신 것이 아니라는 사실에 주목하라. 하나님께서는 그들의 순종을 이끌어내기 위해 수백 년의 시간을 보내셨다. 이것은 하나님의 최종심판이었다.

하나님의 징계방법

하나님께서는 이런 심판을 내리시는 것을 몹시 마음아파하신다. 그러나 때때로 이렇게 하지 않으실 수 없다. 자연재해, 질병, 인간적 갈등이나 염려처럼 위에서 열거된 '나쁜' 것들이 반드시 하나님의 심판을 암시하는 것은 아니다. 그러나 영적 지도자들은 언제든지 이런 일이 일어나면 백성이 하나님을 찾도록 그들을 잘 인도하는 것이 마땅하다. 하나님께서 징계를 내리고 계신다면, 그것을 더 빨리 깨달을수록 우리는 하나님께 더 빨리 응답하고 그에게 돌아갈 수 있다.

역사를 통해 이런 '나쁜' 환경들은 기도하도록 하나님의 백성을 소집해야 할 이유로 여겨졌다. 마을에 살인자나 행음자가 생길 경우, 하나님의 백성은 자신들이 사회에서 빛과 소금이 되지 못한 것을 슬퍼했다. 기근, 온역, 자연재해가 일어나면 하나님의 백성은 즉시 하나님 앞에 서서 자신들의 죄가 그 원인이 아닌지 점검했다. 전쟁 또한 하나님의 심판으로 여겨질 수 있었다(p. 390-393의 선포를 그 예로 보라).

하나님께서는 그의 백성이 범죄할 때 다양한 방법으로 징계하신다. 하나님께서는 그들의 죄를 확인시키는 일로 시작하신다. 백성이 준비된 마음으로 회개하면, 하나님께서는 그들을 징계하실 필요가 없다. 그러나 하나님께서 그의 백성을 징계하지 않을 수 없을 때에는 다음 중 하나 또는 그 이상의 일이 발생할 수 있다.

1. 하나님께서 그들의 기도를 듣지 않으실 것이다. "오직 너희 죄악이 너희와 너희 하나님 사이를 내었고 너희 죄가 그 얼굴을 가리워서 너희를 듣지 않으시게 함이니"(사 59:2).

2. 하나님께서는 그의 임재를 느끼지 못하게 하실 것이다. "여호와여 어느 때까지니이까 나를 영영히 잊으시나이까 주의 얼굴을 나에게서 언제까지 숨기시겠나이까"(시 13:1).

3. 하나님께서는 그의 말씀을 듣지 못하는 기근을 보내실 것이다. "주 여호와께서 가라사대 보라 날이 이를지라 내가 기근을 땅에 보내리니 양식이 없어 주림이 아니며 물이 없어 갈함이 아니요 여호와의 말씀을 듣지 못한 기갈이라 사람이 이 바다에서 저 바다까지 북에서 동까지 비틀거리며 여호와의 말씀을 구하려고 달려 왕래하되 얻지 못하리니"(암 8:11-12).

4. 하나님께서는 우리와 우리가 사랑하는 사람들로부터 보호

의 울타리를 거둬버리실 것이다. "이제 내가 내 포도원에 어떻게 행할 것을 너희에게 이르리라 내가 그 울타리를 걷어 먹힘을 당케 하며 그 담을 헐어 짓밟히게 할 것이요 내가 그것으로 황무케 하리니 다시는 가지를 자름이나 북을 돋우지 못하여 질려와 형극이 날 것이며 내가 또 구름을 명하여 그 위에 비를 내리지 말라 하리라"(사 5:5-6).

5. 하나님께서는 우리의 죄악된 행동의 결과들을 우리가 고스란히 거두게 하실 것이다. 하나님께서는 죄악된 백성에 대한 이런 심판의 나중 단계를 이렇게 묘사하신다. "그러므로 하나님께서 저희를 마음의 정욕대로 더러움에 내어 버려 두사 저희 몸을 서로 욕되게 하셨으니 … 하나님께서 저희를 부끄러운 욕심에 내어버려 두셨으니 … 하나님께서 저희를 그 상실한 마음대로 내어버려 두사 합당치 못한 일을 하게 하셨으니 곧 모든 불의, 추악, 탐욕, 악의가 가득한 자요 시기, 살인, 분쟁, 사기, 악독이 가득한 자요 수군수군하는 자요 비방하는 자요 하나님의 미워하시는 자요 능욕하는 자요 교만한 자요 자랑하는 자요 악을 도모하는 자요 부모를 거역하는 자요 우매한 자요 배약하는 자요 무정한 자요 무자비한 자라"(롬 1:24-31).

6. 마지막으로 하나님께서는 멸하시거나 제하여 버리실 것이다. "날이 이를지라 네 원수들이 토성을 쌓고 너를 둘러 사면으로 가두고 또 너와 및 그 가운데 있는 네 자식들을 땅에 메어치며 돌 하나도 돌 위에 남기지 아니하리니 이는

권고받는 날을 네가 알지 못함을 인함이니라"(눅 19:43-44).

하나님의 바람은 죄를 깨닫게 하시는 성령의 가르침에 우리가 응답하는 것이다. 우리가 우리 자신을 판단하지 않고 회개하지 않을 때, 하나님께서 우리를 판단(심판)하신다. 우리가 그에게 돌아갈 때까지 그의 징계는 커져만 간다.

부흥을 위한 하나님의 패턴 4단계는, 하나님의 백성이 그에게 울부짖으며 도움을 구하는 것이다. 이것이 하나님께서 징계하시는 목적이다. 하나님께서는 우리가 울부짖으며 그에게 도움을 구할 때까지 징계의 강도를 계속해서 높이신다. 그런 다음 하나님께서는 우리에게 죄악된 길에서 회개하고 돌이키라고 말씀하신다.

하나님의 인내가 끝났을 때

우리가 회개하거나 하나님께 응답하지 않으면, 하나님께서는 더 엄한 벌로 우리의 완악함을 벌하실 것이다. 하나님의 인내에도 한계가 있다. 우리가 계속해서 응답하길 거부한다면, 하나님께서는 최종심판을 내리실 것이다. 여러 최종심판들이 신약에 묘사되어 있다.

예루살렘의 멸망 - 예수께서는 예루살렘의 멸망을 예언하셨으며, 이 일은 주후 70년에 일어났다. 이것은 하나님을 거역한 유대인들에게 내린 심판이었다(눅 19:41-44 참조).

아나니아와 삽비라 - 아나니아와 삽비라는 탐심 때문에 헌금에 대해 하나님께 거짓말을 했다. 이 계획된 거짓말은 처리되지 않고 방치될 경우 초대교회에 영향을 끼칠 수 있었다. 하나님께서는 신속한 최종심판으로 그들의 생명을 취하셨으며, 이것은 세상의 구속이 위기에 처했기 때문이었다(행 5:1-11).

고린도 교회의 크리스천들 - 바울은 주의 만찬(성만찬)에 진정으로 임하지 않는다고 고린도 교회를 꾸짖었다. 사람들은 무가치한 태도로 참여하고 있었다. 그들은 예수의 몸과 피를 거스르는 죄를 짓고 있었다. 바울은 이렇게 말했다.

> 주의 몸을 분변치 못하고 먹고 마시는 자는 자기의 죄를 먹고 마시는 것이니라 이러므로 너희 중에 약한 자와 병든 자가 많고 잠자는 자도 적지 아니하니 우리가 우리를 살폈으면 판단을 받지 아니하려니와 우리가 판단을 받는 것은 주께 징계를 받는 것이니 이는 우리로 세상과 함께 죄 정함을 받지 않게 하려 하심이라(고전 11:29-32).

에베소 교회 - 어떤 사람들은 스스로를 정확하게 판단하길 거부했기 때문에 실제로 죽었다(잠들었다). 최종심판에 대한 경고가 부활하신 그리스도에 의해 에베소 교회에 다음과 같이 주어졌다. "그러므로 어디서 떨어진 것을 생각하고 회개하여 처음 행위를 가지라 만일 그리하지 아니하고 회개치 아니하면 내가 네게 임하여 네 촛대(교회)를 그 자리에서 옮기리라"(계 2:5).

어떤 사람들은 이런 신학을 발전시켜 왔다. 즉 일단 구원받았기 때문에 어떤 죄에 대해서도 개인적인 책임이 없다는 것이다. 이들은 하나님께서 예수의 피로 구속받고 용서받은 자들을 벌하지 않으신다고 주장한다. 앞에서 살펴본 예들은 예루살렘의 멸망을 제외하고 모두 크리스천들과 교회들을 포함하는 것이었다. 예수께서는 참으로 모든 죄(과거, 현재, 미래의 죄)의 값을 지불하셨다. 우리의 영원한 운명은 우리가 그의 피로 거듭날 때 결정된다. 그러나 우리와 하나님의 관계 그리고 세상을 구속하려는 하나님 나라의 목적에 우리가 얼마나 쓸모 있느냐 하는 것은 우리 죄에 의해 크게 영향을 받는다. 하나님께서는 죄를 범하는 신자들을 징계하시며, 그 중 몇몇은 그 결과가 혹독할 수 있다.

하나님은 자비로우시며 인내하신다. 그는 순리적으로 우리에게 경고와 회개의 시간을 주신다. 당신에게 무엇인가 '나쁜' 일이 일어나면, 그것이 하나님의 징계인지 아닌지 어떻게 알 수 있는가? 하나님께 물어봄으로써 알 수 있다. 하나님께서는 당신을 고치기 위해 당신을 징계하신다. 하나님께서 당신을 징계하고 계시다면, 당신이 알게 해 주실 것이다 - 당신이 해답을 찾고 있다면 말이다. 당신 교회의 하나님의 사람들에게 조언을 구해 보라. 하나님의 말씀을 상고하고 기도하는 시간을 가져보라. 당신이 '나쁜' 환경에 관한 단어를 진지하게 찾지만 하나님으로부터 아무것도 듣지 못한다면, 당신은 그것이 하나님의 징계가 아니라고 생각해도 좋을 것이다.

요약

* 우리는 두 하나님 - 구약의 하나님과 신약의 하나님 - 을 섬기지 않는다. 주는 한 분이시다. 그는 변하지 않으신다.
* 그는 완전한 사랑이시다. 그는 예수 그리스도의 십자가의

죽음을 통해 그의 사랑을 우리에게 영원히 확인시켜 주셨다. 그는 온유하시며, 긍휼이 많으시며, 참으시고, 노하기를 더디 하신다.

* 하나님은 또한 공의로우시다. 그는 무죄한 자를 결코 벌하지 않으신다. 그의 심판은 언제나 옳으며 공정하다.
* 하나님 앞에서 참된 예배를 경험할 때, 교회는 용서받아야 하는 모든 죄를 깨닫게 될 것이다.
* 우리가 이 사랑의 관계에서 벗어날 때, 하나님께서는 그가 우리를 창조하신 목적인 그 생명을 우리가 잃고 있다는 것을 알고 계신다. 하나님께서는 그의 사랑 때문에, 그의 백성이 그를 떠날 때 징계하신다.
* 하나님의 백성이 그를 떠날 때, 그의 구속사역은 지체된다 … 그러므로 하나님께서 우리를 징계하시는 이유는 우리를 통해 잃어버린 세상을 구속하는 일을 능력 있게 행하시기 위해 우리를 그에게로 돌이키시기 위함이다.
* 일시적 심판은 이 세상을 살 동안 일어나는 교정과 징벌이다.
* 치료적 심판은 하나님께서 우리를 고쳐 하나님과 바른 관계를 갖게 하기 위한 징계나 심판이다.
* 최종심판은 계속적인 거역이나 심각한 죄 때문에 그 사람의 생명을 취하거나 그를 더 이상 쓸모없게 만들어버리는 심판이나 징벌이다.
* 하나님의 바람은 우리를 고쳐 하나님께로 돌아오도록 만드

는 것이다.
* 심판은 하나님의 백성에게서 시작될 것이다.
* 숨겨진 것들을 포함해서 모든 행위가 심판받을 것이다.
* 예수께서는 심판하러 오셨다.
* 하나님의 심판은 언제나 옳고, 참되며, 공정하다.
* 하나님의 징계는 점진적이다. 이것은 우리가 응답하지 않을 때마다 증가한다.
* 하나님께서 징계를 내리고 계신다면, 그것을 빨리 깨달을수록 우리는 하나님께 더 빨리 응답하고 그에게 돌아갈 수 있다.

기도 가운데 하나님 만나기

하나님께서 한 사람, 한 가족 또는 한 교회를 징계하거나 심판하기 위해 취하신 행동목록을 다시 한 번 읽어보라. 이 중에서 당신이 직접 경험하고 있는 것이 있는가? 가족으로서 경험하고 있는 것이 있는가? 교회로서 경험하고 있는 것이 있는가? 마을이나 시로서 경험하고 있는 것이 있는가? 한 나라로서 경험하고 있는 것이 있는가? 있다면, 이것이 하나님의 징계인지 하나님께 물어보라. 이것이 하나님의 징계라면, 하나님께서 당신에게 지적해 주시는 죄를 회개하라. 그에게로 돌아가라. 당신의 교회, 시 또는 나라가 징계에 포함되어 있다면, 당신의 지도자들이 그 죄를 규명하고 사람들에게 하나님께 돌아가라고 말할 수 있도록 기도하라.

다른 사람들과 함께 하나님 만나기

소그룹에서 기회가 있을 때, 이런 토론문제들을 생각해 보라.
1. 하나님께서는 왜 악인의 죽음을 기뻐하지 않으시는가?
2. 징계가 어떻게 하나님의 사랑의 표현인가?
3. 당신은 하나님께서 왜 아나니아와 삽비라에게 최종심판을 내리셨다고 생각하는가?
4. 하나님의 징계는 왜 점진적인가 - 왜 강도가 커지는가?
5. 어떤 나쁜 일이 하나님의 징계인지 아닌지 어떻게 알 수 있는가?
6. 욥의 이야기는 나쁜 일들이 항상 심판이나 징계인 것만은 아니라는 사실을 어떻게 설명해 주는가? (욥기 1-2장 참조)
7. 크리스천은 하나님의 징계와 영적 전쟁을 어떻게 구별할 수 있는가? 그 차이를 아는 것이 얼마나 중요한가?
8. 교회가 하나님의 징계를 받고 있다면(또는 받았다면), 당신은 어떤 면에서 받고 있다고(받았다고) 생각하는가?

II 장
하나님께서는 그의 백성에게 회개를 촉구하신다

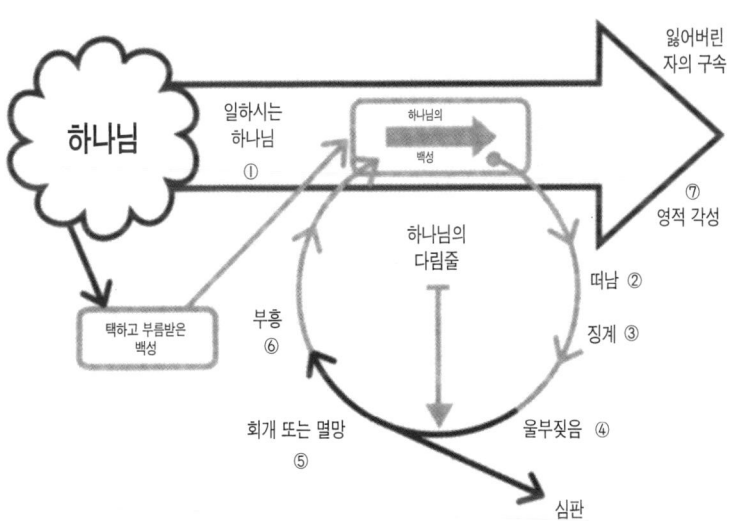

* 5단계: 하나님께서는 그의 백성에게 회개하고 돌아오지 않으면 멸망할 것이라고 경고하신다.

우리가 하나님을 떠날 때, 하나님께서는 사랑으로 우리를 징계하신다. 우리는 우리 죄와 지금 우리에게 일어나고 있는 일을 연관시킬 필요가 있다. 우리가 하나님의 징계를 당하고 있다면, 더 빨리 응답할수록 좋다. 우리가 오래 지체할수록 하나님의 징계는 더 강해진다. 하나님께서는 마침내 우리의 주목을 받으실 때까지(우리가 그에게로 돌이킬 때까지) 우리를 더욱 엄하게 다루신다. 그런 다음에야 우리는 하나님께 울부짖으며 도움을 구한다. 우리가 하나님께 울부짖을 때, 하나님께서는 우리에게 회개하고 하나님께로 돌아올 것을 명하신다. "만군의 여호와가 이르노라 … 그런즉 내게로 돌아오라 그리하면 나도 너희에게로 돌아가리라"(말 3:7).

솔로몬 왕은 역사상 가장 지혜로운 사람이었다. 그는 하나님의 백성이 범죄하고 하나님을 떠나리라는 것을 알고 있었다. 솔로몬은 성전을 봉헌하면서 하나님께 백성이 부르짖으면 그들을 용서해 주시겠느냐고 물었다. 솔로몬의 기도를 들어보자.

> 만일 주의 백성 이스라엘이 주께 범죄하여 적국 앞에 패하게 되므로 … 만일 저희가 주께 범죄함을 인하여 하늘이 닫히고 비가 없어서 … 만일 이 땅에 기근이나 온역이 있거나 곡식이 시들거나 깜부기가 나거나 메뚜기나 황충이 나거나 적국이 와서 성읍을 에워싸거나 무슨 재앙이나 무슨 질병이 있든지 무론하고 … 범죄치 아니하는 사람이 없사오니 저희가 주께 범죄하므로 주께서 저희에게 진노하사 저희를

적국에게 붙이시매 적국이 저희를 사로잡아 … 저희가 사로잡혀 간 땅에서 스스로 깨닫고 그 사로잡은 자의 땅에서 돌이켜 주께 간구하기를 우리가 범죄하여 패역을 행하며 악을 지었나이다 하며 자기를 사로잡아 간 적국의 땅에서 온 마음과 온 뜻으로 주께 돌아와서 … 기도하거든 주는 계신 곳 하늘에서 저희의 기도와 간구를 들으시고 저희의 일을 돌아 보옵시며 주께 득죄한 주의 백성을 용서하옵소서 (대하 6:24, 26, 28, 36-39).

하나님께서는 그의 백성이 죄를 지을 때 징계하신다. 죄가 하나님께 대한 것이라는 데 주목하라. 솔로몬은 하나님께서 그의 백성을 벌하고 고치기 위해 재난을 사용하신다는 것을 알고 있었다. 하나님께서는 그의 백성을 징계하기 위해 가뭄, 기근, 온역, 충해, 곰팡이, 곤충피해, 군사적 패배, 포로 됨 등을 사용하신다. 솔로몬이 하나님께 한 질문은 이것이었다. 여호와여, 백성들의 죄 때문에 그들을 벌하실 때 그들이 당신께로 마음을 돌이킨다면 용서해 주시겠습니까?

부흥에 대한 하나님의 약속

하나님께서는 솔로몬의 기도에 이렇게 대답하셨다. "혹 내가 하늘을 닫고 비를 내리지 아니하거나 혹 메뚜기로 토산을 먹게 하거나 혹 염병으로 내 백성 가운데 유행하게 할 때에 내 이름으로 일컫는 내 백성이 그 악한 길에서 떠나 스스로 겸비하고 기도하여 내 얼굴을 구하면 내가 하늘에서 듣고 그 죄를 사하고 그 땅을 고칠지라" (대하 7:13-14).

하나님께서는 이렇게 대답하셨다. "그래! 내 백성을 벌할 때 그들이 내게 돌아오면, 그들을 용서하고 그들의 땅을 고치겠다." 이 단락에서 하나님께서는 부흥의 네 가지 전제조건을 말씀하셨다. 스스로 겸비하라, 기도하라, 하나님의 얼굴을 구하라 그리고 너의 악한 길에서 떠나라.

부흥의 네 가지 전제조건

1. 스스로 겸비하라.
2. 기도하라.
3. 하나님의 얼굴을 구하라.
4. 너의 악한 길에서 떠나라.

하나님께서는 그의 백성이 자신과의 사랑의 관계로 돌아오길 원하신다. 하나님께서는 그의 백성이 기도 가운데서 그와 함께 시간을 보내길 원하신다. 하나님께서는 그의 백성이 그의 임재(그의 얼굴)를 구하길 원하신다. 하나님께서는 그의 백성이 악한 길에서 돌이켜 회개하길 원하신다. 그러면 하나님께서는 용서하고 고치실 것이다!

영적 질병의 징후 찾기

병이 있어 병원에 가면 의사는 당신을 진찰하면서 병의 징후들을 찾는다. 의사가 일단 그 병이 당신에게 어떤 영향을 끼치고 있는가를 보면, 대개 그 원인을 찾아낼 수 있다. 그리고 의사는 그 병을 어떻게 치료할 것인가도 알게 된다.

　　예를 들면, 당신의 아들이 열이 나면서 이통(耳痛)을 호소한다고 해 보자. 당신은 그를 데리고 병원에 간다. 체온을 재어보니 40도나 된다. 그의 맥박 수가 빠르다. 그의 오른쪽 귀는 빨갛게 상기되어 있다. 다른 모든 것은 정상으로 보인다. 이런 징후(증세)들이 1차적인 문제는 아니다. 일종의 귀감염이 문제이다. 의사는 열과 이통에 대해 아스피린 처방을 내려줄 수도 있다. 그러나 아스피린이 문제를 해결하지는 못할 것이다. 당신의 아들에게 필요한 것은 감염체를 죽이는 항생제이다. 이와 비슷하게 우리는 영적 질병의 징후(증세)들을 볼 수 있다. 그러나 이 징후들이 1차적인 문제는 아니다. 우리는 이미 세 가지 징후를 영적 질병이라고 규정해 놓았다.

　　1. 하나님의 징계는 죄 문제를 나타낸다.
　　2. 하나님, 그의 임재, 그의 목적 또는 그의 길의 대체물들에 눈을 돌리거나 그것들을 받아들이는 것은 영적 문제를 나타낸다.
　　3. 하나님의 말씀에 나타난 그의 뜻에 대한 순종의 결핍이나 불순종은 문제를 나타낸다.

　　이 셋은 모두 우리 마음이 변했으며, 하나님과의 사랑의 관계가 바르지 않음을 나타낸다. 일단 당신의 생활이나 가정이나 교회나 사회나 나라에서 이런 징후들을 발견하면, 하나님께 울부짖으며 도움을 구해야 한다. 당신 혼자서 이 문제를 해결할 수 없다. 좋은 소식은, 하나님께는 당신이 필요로 하는 도움이 있다는 것이다. 사실 당신이 하나님의 부르심에 응답할 때쯤에는, 하나님께서 이미 부흥을 위해 모든 것을 계획해서 제자리에 두셨을 것이다. 이스라엘이 죄 때문에 포로가 되었을 때, 하나님께서는 예레미야를 통해 메시지를 주셨다. 하나님께서는 먼저 그의 백성에게 돌아오라고 말씀하신다.

> 만군의 여호와 이스라엘의 하나님 내가 예루살렘에서 바벨론으로 사로잡혀 가게 한 모든 포로에게 이같이 이르노라 … 나 여호와가 말하노라 너희를 향한 나의 생각은 내가 아나니 재앙이 아니라 곧 평안이요 너희 장래에 소망을 주려 하는 생각이라 너희는 내게 부르짖으며 와서 내게 기도하면 내가 너희를 들을 것이요 너희가 전심으로 나를 찾고 찾으면 나를 만나리라 나 여호와가 말하노라 내가 너희에게 만나지겠고 너희를 포로된 중에서 다시 돌아오게 하되 내가 쫓아 보내었던 열방과 모든 곳에서 모아 사로잡혀 떠나게 하던 본 곳으로 돌아오게 하리라 여호와의 말이니라 하셨느니라(렘 29:4, 11-14).

하나님께서는 그의 백성에게 큰 재앙을 내리실 때에도 그들을 돌이킬 모든 계획을 마련해 두셨다. 하나님께서는 그들을 번성케 하고 그들에게 소망을 주실 준비를 해 두셨다. 또 하나님께서는 그들의 부름에 대답할 준비를 갖추고 계셨다. 그들이 하나님을 찾기 시작했다면 하나님께서는 그들의 간구에 응답하셨을 것이다.

회개에 대한 하나님의 조건들

하나님께서는 그의 백성에게 회개하지 않으면 멸망할 것이라고 경고하신다(계 2:5 참조). 죄는 매우 심각하다. 그러므로 우리는 심한 부상을 당한 것처럼 죄를 다루어야만 한다. 예레미야 6장에서 하나님께서는 그 나라(유다)의 상황을 묘사하신다. 백성은 죄에 깊이 빠져 있고 지도자들은 전혀 심각하지 않은 것처럼 죄를 다루었다.

> 이는 그들이 가장 작은 자로부터 큰 자까지 다 탐람하며 선지자로부터 제사장까지 다 거짓을 행함이라 그들이 내 백성의 상처를 심상히 고쳐 주며 말하기를 평강하다 평강하다 하나 평강이 없도다 그들이 가증한 일을 행할 때에 부끄러워하였느냐 아니라 조금도 부끄러워 아니할 뿐 아니라 얼굴도 붉어지지 않았느니라 그러므로 그들이 엎드러지는 자와 함께 엎드러질 것이라 내가 그들을 벌하리니 그때에 그들이 거꾸러지리라 여호와의 말이니라 여호와께서 이같이 말씀하시되 너희는 길에 서서 보며 옛적 길 곧 선한 길이 어디인지 알아보고 그리로 행하라 너희 심령이 평강을 얻으리라 하나 그들의 대답이 우리는 그리로 행치 않겠노라 하였으며(렘 6:13-16).

하나님께서는 우리가 회개의 조건들을 정하도록 허락하지 않으신다. 회개는 당신이 사로잡힌 것에 대해 유감스러워하는 것이 아니다. 회개는 그저 당신의 죄에 대해 근심하는 것이 아니다. 회개는 그저 하나님의 진노를 피하기 위해 어떤 행동을 취하는 것이 아니다. 회개(repent, 회개하다)라는 단어는 우리 죄에서 돌이켜 전심으로 하나님과의 사랑의 관계로 돌아가는 것을 뜻한다. 근심으로는 충분치 못하다. 잠시 동안 우리 행동을 개선하는 것으로도 충분치 못하다.

어떤 종교적 활동으로 돌아가는 것으로도 충분치 못하다. 회개는 당신이 사로잡힌 것에 대해 유감스러워하는 것이 아니다. 회개는 그저 당신의 죄에 대해 근심하는 것이 아니다. 회개는 그저 하나님의 진노를 피하기 위해 어떤 행동을 취하는 것이 아니다. 하나님께서는 우리가 전심으로 그를 사랑하길 원하신다. 우리가 하나님과의 사랑의 관계로 돌아갈 때, 우리 삶에 그 변화가 배어 나온다. 성경에 따르면, 용서에 앞서 반드시 회개가 있어야 한다.

> 요한이 요단강 부근 각처에 와서 죄 사함을 얻게 하는 회개의 침례(세례)를 전파하니 … 요한이 침례(세례)받으러 나오는 무리에게 이르되 독사의 자식들아 누가 너희를 가르쳐 장차 올 진노를 피하라 하더냐 그러므로 회개에 합당한 열매를 맺고 속으로 아브라함이 우리 조상이라 말하지 말라 내가 너희에게 이르노니 하나님이 능히 이 돌들로도 아브라함의 자손이 되게 하시리라(눅 3:3, 7-8).

회개의 열매는 변화된 생활이다. 죄 고백만으로는 충분치 못하다. 고백은 단지 우리 죄에 대해 하나님과 의견을 같이 하는 것일 뿐이다. 이것은 첫번째 단계지만 회개는 아니다. 죄에 대한 근심만으로도 충분치 못하다. "하나님의 뜻대로 하는 근심은 후회할 것이 없는 구원에 이르게 하는 회개를 이루는 것이요 세상 근심은 사망을 이루는 것이니라"(고후 7:10). 우리 죄에 대한 상한 심령(찢긴 마음)은 우리를 회개로 인도한다.

우리 마음과 생활은 우리가 회개했음을 보여주는 쪽으로 바뀔 것이다. 바울은 그리스도 안에서의 새생명이 회개를 어떻게 반영

하는가를 설명해 주었다. "내가 그리스도와 함께 십자가에 못박혔나니 그런즉 이제는 내가 산 것이 아니요 오직 내 안에 그리스도께서 사신 것이라 이제 내가 육체 가운데 사는 것은 나를 사랑하사 나를 위하여 자기 몸을 버리신 하나님의 아들을 믿는 믿음 안에서 사는 것이라"(갈 2:20).

일단 우리가 자신에 대해 죽으면, 그리스도께서 우리 삶 가운데 자리를 차지하신다. 그리고 우리의 생명이 되시며, 우리를 통해 사신다. 바로 이렇게 우리는 참된 회개를 보여주는 것이다. 우리는 그리스도께서 우리를 통해 살도록 허락한다. 하나님의 백성(개인과 교회)에게 있어 회개에는 세 가지 변화의 과정이 포함된다.

1. 우리가 회개할 때, 우리 마음(mind)이 변한다. 요구되는 첫 번째 변화는 마음의 변화이다. 우리는 진리에 대해 하나님께 동의해야 한다. 이것이 고백이다. 우리는 우리가 행한 일이 잘못된 것이라는 데 동의해야 한다. 우리가 행한 일이 나쁜 일인지 아닌지 하나님과 논쟁하려 한다면, 우리는 아직 회개하지 않은 것이다. 우리 자신을 정당화하기 위해 하나님께 변명을 늘어놓으려 한다면, 우리는 아직 회개하지 않은 것이다. 우리는 다윗이 다음과 같이 말했을 때와 같은 자세를 가져야 한다. "대저 나는 내 죄과를 아오니 내 죄가 항상 내 앞에 있나이다 내가 주께만 범죄하여 주의 목전에 악을 행하였사오니"(시 51:3-4).

2. 우리가 회개할 때, 우리의 심령(heart)이 변한다. 우리는 우리 죄 때문에 하늘에 계신 우리 아버지의 마음이 얼마나 찢겨졌는가를 보아야 한다. 당신은 예수께서 당신의 죄를 용서하기 위해 십자가

에서 죽으셔야 했다는 사실을 깨닫는가? 우리는 우리의 죄악된 길을 즐기는 대신 우리 죄를 가슴아파해야 한다. 다윗은 이렇게 말했다. "하나님의 구하시는 제사는 상한 심령이라 하나님이여 상하고 통회하는 마음을 주께서 멸시치 아니하시리이다"(시 51:17). 우리 마음이 변할 때, 다시 말해 우리의 첫사랑을 버릴 때, 우리는 하나님에게서 멀어지기 시작한다. 회개는 우리가 하나님과의 첫사랑으로 돌아갈 것을 요구한다. 우리에겐 심령의 변화가 있어야 한다. 일단 사랑의 하나님께 돌아가면, 우리는 그에게 순종할 준비도 갖추게 될 것이다. 그러나 심령의 변화는 지속적인 순종으로 이어질 것이다.

3. 우리가 회개할 때, 우리의 뜻과 행동이 변한다. 회개는 죄로부터 돌아서서 떠날 것을 요구한다. 회개는 삶의 변화를 요구한다. 우리는 죄를 범하지 않고 가능하면 가깝게 세상과 나란히 걸으려고 애쓸 때가 너무나 많다. 우리는 유혹으로부터 도망쳐야 할 때도 그 유혹과 시시덕거린다. 회개는 죄를 철저히 버릴 것(철저한 수술)을 요구한다. 당신은 마음의 어떤 우상도 버려야 하며, 어떤 요새도 무너뜨려야 하고, 유혹이 있는 상황에는 발을 들여놓지 말아야 한다. 이를 위해서는 당신의 뜻(의지)이 바뀌어야 한다. 당신의 뜻을 바꾸는 것이 당신의 바람이라면, 하나님께서는 당신이 그렇게 할 수 있게 해주실 것이다. "너희 안에서 행하시는 이는 하나님이시니 자기의 기쁘신 뜻을 위하여 너희로 소원을 두고 행하게 하시나니"(빌 2:13). 일단 하나님께서 당신의 뜻을 바꾸도록 허락했다면, 당신은 계속해서 그가 당신의 행동도 바꾸도록 허락해야 한다. 하나님께서 의도하시는 대로 살기 시작할 때, 당신은 회개한 것이다.

집단적 회개

사람들이 하나님을 떠나 죄를 지을 때마다 회개가 요구된다. 여기에는 개인뿐만 아니라 다음과 같은 것들도 포함된다.
* 죄를 범하는 가정들
* 죄를 범하는 위원회들
* 죄를 범하는 도시들
* 죄를 범하는 교회들
* 죄를 범하는 사업체들
* 죄를 범하는 나라들
* 죄를 범하는 교단들
* 죄를 범하는 기독교 단체들

모든 죄는 심각하다. 죄는 가볍게 취급될 수 없다. 하나님께서는 유다의 영적 지도자들을 꾸짖으셨다. 왜냐하면 이들은 하나님의 백성의 상처(죄와 거역)를 싸매되 전혀 심각하지 않은 것처럼 싸맸기 때문이다(렘 6:14 참조). 우리는 죄를 그저 잊거나 숨길 수 없다. 집단적인 죄에 대해서는 집단적(전체적) 회개가 요구된다. 회개가 없이는 하나님과의 바른 관계와 교제가 회복되지 않을 것이다. 요한계시록 2-3장에서 부활하신 그리스도께서 다섯 교회들에게 남기신 메시지를 읽어보고, 그가 요구하시는 공통된 반응이 무엇인지 찾아보라.

> 에베소 교회의 사자에게 편지하기를 … 그러나 너를 책망할 것이 있나니 너의 처음 사랑을 버렸느니라 그러므로 어디서 떨어진 것을 생

각하고 회개하여 처음 행위를 가지라 만일 그리하지 아니하고 회개치 아니하면 내가 네게 임하여 네 촛대를 그 자리에서 옮기리라(계 2:1, 4-5).

버가모 교회의 사자에게 편지하기를 … 그러나 네게 두어 가지 책망할 것이 있나니 거기 네게 발람의 교훈을 지키는 자들이 있도다 발람이 발락을 가르쳐 이스라엘 앞에 올무를 놓아 우상의 제물을 먹게 하였고 또 행음하게 하였느니라 이와 같이 네게도 니골라당의 교훈을 지키는 자들이 있도다 그러므로 회개하라 그리하지 아니하면 내가 네게 속히 임하여 내 입의 검으로 그들과 싸우리라(계 2:12, 14-16).

두아디라 교회의 사자에게 편지하기를 … 그러나 네게 책망할 일이 있노라 자칭 선지자라 하는 여자 이세벨을 네가 용납함이니 그가 내 종들을 가르쳐 꾀어 행음하게 하고 우상의 제물을 먹게 하는도다 또 내가 그에게 회개할 기회를 주었으되 그 음행을 회개하고자 아니하는도다 볼지어다 내가 그를 침상에 던질 터이요 또 그로 더불어 간음하는 자들도 만일 그의 행위를 회개치 아니하면 큰 환난 가운데 던지고 또 내가 사망으로 그의 자녀를 죽이리니 모든 교회가 나는 사람의 뜻과 마음을 살피는 자인 줄 알지라 내가 너희 각 사람의 행위대로 갚아 주리라(계 2:18, 20-23).

사데 교회의 사자에게 편지하기를 … 가라사대 내가 네 행위를 아노니 네가 살았다 하는 이름은 가졌으나 죽은 자로다 너는 일깨워 그 남은 바 죽게 된 것을 굳게 하라 내 하나님 앞에 네 행위의 온전한 것을 찾지 못하였노니 그러므로 네가 어떻게 받았으며 어떻게 들었는지 생각하고 지키어 회개하라 만일 일깨지 아니하면 내가 도적같이 이르리니 어느 시에 네게 임할는지 네가 알지 못하리라(계 3:1-3).

라오디게아 교회의 사자에게 편지하기를 … 내가 네 행위를 아노니 네가 차지도 아니하고 덥지도 아니하도다 네가 찬든지 더웁든지 하기를 원하노라 네가 이같이 미지근하여 더웁지도 아니하고 차지도 아니하니 내 입에서 너를 토하여 내치리라 네가 말하기를 나는 부자라 부요하여 부족한 것이 없다 하나 네 곤고한 것과 가련한 것과 가난한 것과 눈먼 것과 벌거벗은 것을 알지 못하도다 내가 너를 권하노니 내게서 불로 연단한 금을 사서 부요하게 하고 흰 옷을 사서 입어 벌거벗은 수치를 보이지 않게 하고 안약을 사서 눈에 발라 보게 하라 무릇 내가 사랑하는 자를 책망하여 징계하노니 그러므로 네가 열심을 내라 회개하라 볼지어다 내가 문 밖에 서서 두드리노니 누구든지 내 음성을 듣고 문을 열면 내가 그에게로 들어가 그로 더불어 먹고 그는 나로 더불어 먹으리라 (계 3:14-20).

사자(angel, 천사)는 메신저(messenger, 소식을 전하는 사람)이다. 어떤 사람들은 요한계시록 2-3장의 '사자'들이 교회의 목회자들(하나님의 백성에게 파송된 하나님의 사자들)이라고 생각해 왔다. 이들이 목회자든 아니든 간에 사자들은 교회를 위해 파송되었다.

이 다섯 개의 메시지 모두가 회개에 대한 촉구를 포함하고 있다. 교회들은 죄를 범할 수 있으며, 하나님께서는 교회들에게 회개를 촉구하신다. 당신은 무엇인가를 회개하는 교회에 있어 본 적이 있는가? 많은 교회들이 회개하지 않는다. 회개를 거부하는 것은 개인뿐만 아니라 교회들에게도 치명적이다. 교회나 다른 종교단체는 어떻게 회개하는가?

역대하 7:14은 하나님께서 그의 백성에게 하신 말씀이다. 이것은 집단적 회개에 대한 약속이다. 부흥이 일어나고 그 땅이 고쳐지기 위해서는 먼저 하나님의 백성이 스스로를 겸비해야(낮추어야) 한다. 교만은 부흥의 가장 큰 장애물이다. 교만 때문에, 교회들은 잘못을 인정하고 싶어하지 않는다. 교회들은 공개적으로 잘못을 인정하고 싶어하지 않는다. 하나님의 백성이 죄를 은폐하려 한다면, 하나님께서는 어떤 반응을 보이시리라고 생각하는가? 그는 우리에게 이렇게 말씀하신다. "자기의 죄를 숨기는 자는 형통치 못하나 죄를 자복하고 버리는 자는 불쌍히 여김을 받으리라"(잠 28:13). 이것은 교회들과 기독교 단체들에도 적용된다. 우리는 먼저 교만에서 돌이켜 하나님 앞에서 스스로를 낮추어야 한다.

겸비(겸손, 자신을 낮춤) 뒤에 기도와 하나님의 얼굴을 구하는 일 - 하나님과 대화하고 그의 임재를 구하는 일 - 이 뒤따른다. 하나님으로부터 숨는 것은 아무런 소용도 없다. 그에게서 달아나거나 그를 피하려는 노력도 아무런 도움이 되지 못한다. 우리는 하나님을 구하고, 그에게 돌아가며, 그에게 가까이 나아가고, 그와 이야기를 나누어야 한다. 하나님께서는 유다에게 이렇게 말씀하셨다. "오라 우리가 서로 변론하자 너희 죄가 주홍 같을지라도 눈과 같이 희어질 것이요 진홍같이 붉을지라도 양털같이 되리라"(사 1:18).

먼저 우리는 스스로를 겸비하고(겸손히 낮추고), 기도하며, 하나님의 얼굴을 구해야 한다. 그런 다음 악한 길에서 돌이켜야 한다. 이미 살펴보았듯이, 회개는 마음과 심령과 뜻과 행동의 변화를 요구한다. 회개는 변화된 삶을 낳을 것이다. 교회는 자신의 죄의 본성에 대해 하나님께 동의해야 한다. 우리는 하나님께 돌아가려는 마음의 소원을 가지고 뉘우치는 마음을 보여주어야 한다. 개인과 마찬가지로 회개하는 교회도 죄에서 돌이켜야 한다. 이것은 몇몇 '우상들'을 파하거나, 우리의 일처리 방식을 바꾸거나, 전통을 버리거나, 재산이나 물질을 팔거나, 잘못들에 대해 배상하는 일 등을 요구할지도 모른다. "다음 번에는 더 잘 하도록 노력하겠습니다"라는 말로는 충분치 못하다. 회개는 미래의 약속이 아니라 현재의 행동을 요구한다.

하나님의 은혜에 대한 증거: 기도하지 않은 것을 회개한 교회

1994년 4월, 미국 테네시 주에 있는 한 조그마한 시골교회가 기도를 특별히 강조했다. 2시간의 성경공부 후에, 교인들은 하나님께서 그들에게 말씀하신 것을 나누는 시간을 가졌다. 두 개의 직업을 가진 목사가 일어서서 고백했다. "저는 지금까지 기도의 사람이 아니었습니다. 그리고 저는 여러분이 기도의 사람이 되도록 여러분을 인도하지도 못했습니다. 여러분, 저를 용서해 주십시오."

집회 인도자는 처음에 목사로 하여금 하나님께 죄를 자백하고 용서를 구하면서 공개적으로 기도를 드리게 했다. 교인들은 목사를 용서했다. 인도자는 교인들에게 이렇게 물었다. "여러분 가운데 지금까지 기도의 사람이 아니었거나 이곳이 기도의 집이 아니었다는 성령의 깨닫게 하심을 느낀 분이 얼마나 됩니까?" 모든 사람이 손을 들었다. 그러자 인도자는 "기도하지 않는 것이 죄입니까?"라고 물었다. 교인들은 그렇다고 동의했다. 그것은 집단적인 죄 고백이었다.

그러자 인도자는 교회가 기도하지 않은 것에 대해 회개하고 하나님의 용서를 체험하길 원하느냐고 물었다. 교인들은 모두 하나님과 바른 관계를 가질 준비가 되어 있었다. 성령께서 그들의 죄를 보여주시고, 기도하지 않음에 대한 그들의 인식을 바꿔주시고, 하나님께 범죄한 데 대한 깊은 슬픔을 그들에게 안겨주심으로써 그들을 이미 준비시키셨다. 그들은 전심으로 회개할 준비가 되어 있었다. 그들은 하나님 앞에 서서 죄를 인정하였으며, 그들의 목사는 집단적인 죄 고백의 기도를 인도했다. 그는 하나님의 용서를 위해 기도했다. 그리고 그는 그들을 기도의 사람으로 만들어 달라고 간구했다.

회개의 과정이 여기까지 이르자, 집회 인도자가 그들에게 합심기도 시간을 줌으로써 회개의 열매를 맺을 것을 요구했다. 작은 그룹들이 교회 안 이곳 저곳에 생겨났으며, 하나님께서 멈추게 하실 때까지 그들의 기도는 한없이 계속되었다.

이 책을 쓰고 있을 무렵, 하나님께서는 테네시 주 월터 힐에 있는 이 교회에 특별한 은혜의 역사를 내리고 계셨다. 1994년 집단적 회개가 있은 후에, 교인들은 기도를 진지하게 취급하기 시작했다. 그들은 개인 기도생활을 발전시켜 나갔다. 그들은 모임에서나 예배 때 기도시간을 마련했다. 그들은 때때로 특별기도모임을 가졌다. 이 기간에 그들의 목회자가 사임했다. 그들은 새로운 목회자를 구하면서 기도를 중요한 요소로 삼았다.

1995년 봄에 그들은 대릴 휄리(Darryl Whaley)를 새로운 목회자로 청빙했다. 하나님께서는 이미 대릴에게 기도의 짐과 한 교회를 기도의 집으로 이끌라는 짐을 주셨다. 하나님께서 목회자와 교인들이 하나 되게 하시자 그의 임재와 능력이 나타나기 시작했다. 관망하던 교인들이 돌아오기 시작했다. 교인들은 죄를 냉혹하게 다루기 시작했다. 지역 내의 새로운 사람들이 반응을 보이기 시작했다. 한 주 사이에, 여섯 명의 사람들이 그리스도께 대한 믿음을 공적으로 고백했다. 사람들의 삶이 급속히 바뀌기 시작했기 때문에 근처에 있는 감리교 목사는 이것을 가리켜 '월터 힐 부흥'이라고 부르면서 이 물결이 그 지역사회에 번져가길 위해 기도했다.

집단적 회개는 복잡하거나 길거나 장황한 과정일 필요가 없다. 이것은 부정적인 문제일 필요도 없다. 사실 회개는 교회가 할 수 있는 가장 긍정적인 체험 중 하나이다. 예수께서는 "회개하라 천국이 가까왔느니라"(마 4:17)고 외치셨다. 교회가 회개할 때, 하나님의 모든 능력과 임재와 자원은 교인들 곁에 서서 회개하는 사람들에게 부흥을 부어줄 준비를 하고 있다.

요약

* 우리가 하나님께 울부짖을 때, 하나님께서는 우리에게 회개하고 하나님께로 돌아올 것을 명하신다. "만군의 여호와가 이르노라 … 그런즉 내게로 돌아오라 그리하면 나도 너희에게로 돌아가리라"(말 3:7).
* 일단 당신의 생활이나 가정이나 교회나 사회나 나라에서 죄의 징후들을 발견하면, 하나님께 울부짖으며 도움을 구해야 한다. 당신 혼자서 이 문제를 해결할 수 없다.
* 죄는 매우 심각하다. 그러므로 우리는 심한 부상을 당한 것

처럼 죄를 다루어야만 한다.
* 회개는 당신이 사로잡힌 것에 대해 유감스러워하는 것이 아니다. 회개는 그저 당신의 죄에 대해 근심하는 것이 아니다. 회개는 그저 하나님의 진노를 피하기 위해 어떤 행동을 취하는 것이 아니다.
* 바로 이렇게 우리는 참된 회개를 보여주는 것이다. 우리는 그리스도께서 우리를 통해 살도록 허락한다.
* 고백하는 가운데 우리는 우리가 행한 일이 잘못된 것이라는 데 동의해야 한다.
* 우리는 우리 죄에 대해 가슴아파해야 한다.
* 일단 사랑의 하나님께 돌아가면, 그에게 순종할 준비도 갖추게 될 것이다.
* 당신의 뜻을 바꾸는 것이 당신의 바람이라면, 하나님께서는 당신이 그렇게 할 수 있게 해 주실 것이다. "너희 안에서 행하시는 이는 하나님이시니 자기의 기쁘신 뜻을 위하여 너희로 소원을 두고 행하게 하시나니"(빌 2:13).
* 집단적인 죄에 대해서는 집단적(전체적) 회개가 요구된다.
* 회개를 거부하는 것은 개인뿐만 아니라 교회들에게도 치명적이다.
* "자기의 죄를 숨기는 자는 형통치 못하나 죄를 자복하고 버리는 자는 불쌍히 여김을 받으리라"(잠 28:13).
* 회개의 열매는 변화된 삶으로 나타난다.

기도 가운데 하나님 만나기

* 하나님께서 당신을 징계하고 계시는가? 당신의 가정을 징계하고 계시는가? 당신의 마을이나 시를 징계하고 계시는가? 당신의 나라를 징계하고 계시는가? 그의 음성을 들어라. 문을 열고 그를 초대하여 교제를 나누라(계 3:20 참조).
* 제거되어야 할 마음의 우상들이 있는지 하나님께 물어보라.
* 하나님께서 당신의 죄를 깨닫게 하신다고 느꼈다면, 마음과 심령과 행동의 변화를 통해 당신을 인도해 달라고 기도하라. 시편 51편의 다윗이 드린 회개의 기도를 드려라. 회개하고 하나님과의 사랑의 관계로 돌아가라. 하나님께서 당신에게 요구하시는 회개의 열매는 무엇인가?
* 당신은 부흥의 필요성을 느끼는가? 당신의 생활, 가정, 교회, 시(사회) 또는 국가에서 영적 문제의 징후들을 보았는가? 하나님께서는 부흥을 일으키실 만반의 준비를 갖추고 계신다. 하나님께서는 그의 백성의 응답을 기다리고 계신다. 바로 지금 그에게 응답하는 시간을 갖도록 하라.

다른 사람들과 함께 하나님 만나기

소그룹에서 기회가 있을 때, 이러한 토론문제들을 생각해 보라. 당신이 기도하면서 다음 문제들을 생각할 때 당신의 생각을 인도해 달라고 하나님께 기도하라.

1. 당신의 교회가 하나님께서 원하시는 것에 불순종한 때가 언제인지 규명할 수 있는가?
2. 당신의 교회가 하나님을 떠나 그의 대체물들로 눈을 돌린 방법들을 지적해 낼 수 있는가?
3. 당신의 교회는 교회에서 알려진 죄를 하나님께서 명하신 방법대로 다루었는가?
4. 당신의 교회는 배상이 필요한 죄를 지었는가? 전임 목회자나 직원에게 또는 이전 어떤 업무에서 그런 적이 없는가?
5. 당신의 교회는 교회분열을 겪지 않았는가? 당신의 형제 자매들과 그리스도 안에서 화해했는가 그렇지 않으면 그들과의 사이에 쓰라림과 서먹한 감정들이 아직도 있는가?

12 장
하나님은 회개하는 그의 백성을 부흥시키신다

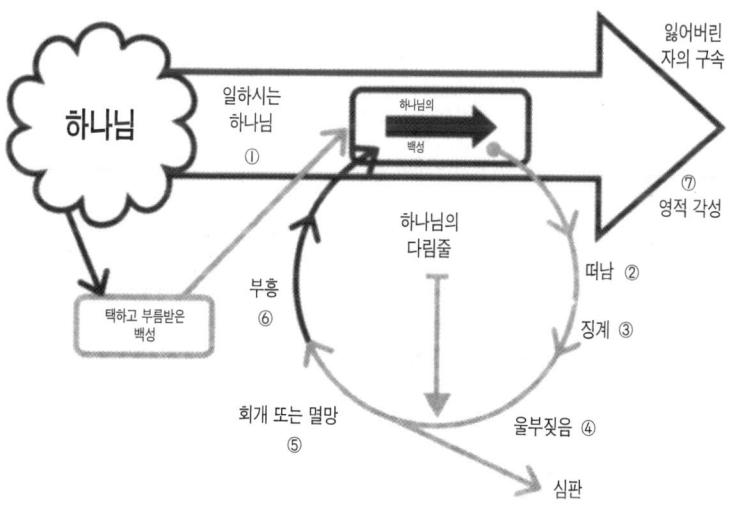

* 6단계: 하나님께서는 회개한 그의 백성을 자신과의 바른 관계로 회복시키심으로써 그들을 받아들이신다.
* 7단계: 하나님께서는 그의 백성 가운데서 그의 아들을 크게 높이시며 잃어버린 자들을 그리스도를 믿는 믿음으로 회복시키신다.

연단자의 불

하나님께서는 부흥 가운데 오실 때, 연단자의 불로 오신다.

만군의 여호와가 이르노라 보라 내가 내 사자를 보내리니 그가 내 앞에서 길을 예비할 것이요 또 너희의 구하는 바 주가 홀연히 그 전에 임하리니 곧 너희의 사모하는 바 언약의 사자가 임할 것이라 그의 임하는 날을 누가 능히 당하며 그의 나타나는 때에 누가 능히 서리요 그는 금을 연단하는 자의 불과 표백하는 자의 잿물과 같을 것이라 … 내가 심판하러 너희에게 임할 것이라 술수하는 자에게와 간음하는 자에게 거짓 맹세하는 자에게와 품꾼의 삯에 대하여 억울케 하며 과부와 고아를 압제하며 나그네를 억울케 하며 나를 경외치 아니하는 자들에게 속히 증거하리라 만군의 여호와가 말하였느니라(말 3:1-2, 5).

연단하는 자(용광로)의 불은 순수 금속을 생산해 내기 위해 모든 불순물들을 태워 없애버린다. 하나님께서도 오셔서 모든 불순물들(부정한 것들)을 태워 없애버리신다. 하나님의 임재에 대한 응답은 교회와 신자들의 삶을 거룩하게 한다.

국가의 죄를 위한 교회의 기도

1994년 봄 남부의 한 교회가 2주간의 부흥집회를 시작했다. 처음에 교인들은 자신들이 알고 있는 국가의 죄를 목록으로 만들었다. 그 목록에는 41가지 특별한 죄가 열거되었다. 그런 다음 그들은 국가를 위해 기도했다.

하나님께서 그 교회에서 죄를 다루기 시작하실 때, 교인들은 죄를 고백하고 용서와 깨끗케 됨을 구하기 시작했다. 죄의 고백 중 상당부분은 기도실에서 상담자와 함께하는 가운데 일어나기 시작했다. 집단적인 고백이 필요하거나 한 사람이 하나님께서 어떻게 죄에 대해 승리하게 하셨는가를 간증할 수 있을 때는 전체가 함께 고백하고 승리의 기쁨을 나누었다. 하나님의 연단이 깊어가기 시작했고, 집회는 5주 동안 계속되었다.

집회 끝 무렵에 목회자는 41가지 죄가 기록된 목록을 꺼냈다. 그는 거기에 열거된 모든 죄가 교인들에 의해 고백되었다는 사실에 놀랐다. 몇 달 후에 그 교회는 부흥의 기쁨과 열매를 맛보기 시작했다. 그러나 목회자는 그 다섯 주가 그의 인생과 목회에서 가장 고통스러운 체험을 한 주간이었다고 고백했다.

부흥은 심판의 날과 같다

하나님께서 연단하는 자의 불로 그의 백성에게 임하실 때, 부흥의 과정은 개인과 교회에게 매우 고통스러울 것이다. 대체로 부흥을 위해 기도할 때, 우리가 진정으로 원하는 것은 부흥의 열매, 즉 기쁨, 하나님과 가까워짐, 죄인들의 회심 등이다. 그러나 부흥의 열매를 맛보기 전에 우리는 '불로 침례(세례)를 받아야' 한다.

예수께서 오셔서 회개를 전파하실 때, 요한은 그가 성령과 불로 침례(세례)를 주실 것이라고 했다(눅 3:16-17 참조). 사람들은 예수께 나오거나 예수와 맞서 싸웠다. 하나님께서 부흥 가운데 오실 때는 사람의 마음의 태도를 드러내신다. 당신은 중립적일 수 없다. 일단 하나님께서 당신에게 원하시는 것이 무엇인지 듣는다면, 당신은 그 일을 해야만 한다. 당신은 그에게 순종하든지 그렇지 않으면 거역의 결과를 고스란히 당해야 한다. 하나님께서 부흥으로 그리고 그 땅의 영적 각성의 한 부분이 되도록 개인과 교회를 부르실 때, 그들은 여느 때처럼 살 수 없다. 하나님께서 그의 백성에게 오실 때, 상황은 좋지 않으며 그 백성은 그에게 응답하길 거부한다. 예레미야 시대에 무슨 일이 있었는지 주목하라.

> 이 예루살렘 백성이 항상 나를 떠나 물러감은 어찜이뇨 그들이 거짓을 고집하고 돌아오기를 거절하도다 내가 귀를 기울여 들은즉 그들이 정직을 말하지 아니하며 그 악을 뉘우쳐서 나의 행한 것이 무엇인고 말하는 자가 없고 전장을 향하여 달리는 말같이 각각 그 길로 행하도다 공중의 학은 그 정한 시기를 알고 반구와 제비와 두루미는 그 올 때를 지키거늘 내 백성은 여호와의 규례를 알지 못하도다(렘 8:5-7).

하나님께서는 그의 백성에게(세상의 이교도 국가들에게가 아니라) 오셨고, 다음은 그가 그들에게서 발견하신 것이다.

* 그들은 이미 그에게서 등을 돌린 상태였다.
* 누구도 죄악을 회개하지 않는다.
* 그들은 거짓을 고집하고 있다.
* 모두가 자기 좋은 대로 행한다.
* 그들은 회개하길 거부한다.
* 그들은 하나님의 심판(요구들)을 알지 못한다.
* 그들은 옳은 것을 말하지 않는다.

이런 행동 가운데 당신에게 친숙하게 들리는 것이 있는가? 하나님의 백성 가운데서도 친숙하게 들리는가? 그 이유는 말라기 3:18에 기록되어 있다. 여기서 하나님께서는 "그때에 너희가 돌아와서 의인과 악인이며 하나님을 섬기는 자와 섬기지 아니하는 자를 분별하리라"(말 3:18)고 말씀하신다. 하나님께서 오실 때, 그는 그를 따를 자들과 그렇지 않을 자들을 나누실 것이다. 당신 교회 교인들이 부흥을 위한 노력을 반대한다고 해서 놀라지 말라. 성경은 이렇게 말한다. "그 정죄는 이것이니 곧 빛이 세상에 왔으되 사람들이 자기 행위가 악하므로 빛보다 어두움을 더 사랑한 것이니라 악을 행하는 자마다 빛을 미워하여 빛으로 오지 아니하나니 이는 그 행위가 드러날까 함이요 진리를 좇는 자는 빛으로 오나니 이는 그 행위가 하나님 안에서 행한 것임을 나타내려 함이라 하시니라"(요 3:19-21).

많은 사람들이 자신의 악한 행위가 드러날까봐 빛을 좋아하지 않는다. 그러나 어떤 사람들은 빛으로 나와 자신의 죄를 해결하고 깨끗케 됨과 용서를 구할 준비가 되어 있다. 몇몇 사람들이 빛으로 나아오길 거부할 것이라는 사실에도 불구하고 교회는 부흥이 필요하며, 부흥은 회개에서 시작된다.

부흥에 대한 있을 법한 반대들

모든 사람이 회개를 촉구하는 메시지에 긍정적인 반응을 보이지는 않을 것이다. 성경은 사람들의 죄와 거역을 보여준다. 다음은 회개하라는 말씀이 주어졌을 때, 사람들이 보일 수 있는 몇 가지 반응들이다.

1. 어떤 사람들은 "하나님은 더 이상 그런 분이 아니시다"라고 말하면서 구약의 진리를 평가절하한다. 그러나 하나님은 변치 않으신다. 구약의 하나님과 신약의 하나님은 같은 분이시다. 창세기에서 요한계시록까지 모든 성경은 하나님을 그리고 그가 그의 백성과 관계하시는 방법들을 보여준다. 하나님께서는 "나 여호와는 변역지 아니하나니"(말 3:6)라고 말씀하신다. 야고보서 1:17은 "그는 변함도 없으시고 회전하는 그림자도 없으시니라"고 말한다. 예수와 신약의 저자들은 그 가르침을 구약성경에 크게 의지했다. 신약교회는 그 대부분의 역사에서 구약성경 외에 다른 어떤 성경도 갖지 않았다. 기억하라. "모든 성경은 하나님의 감동으로 된 것으로 교훈과 책망과 바르게 함과 의로 교육하기에 유익하니 이는 하나님의 사람으로 온전케 하며 모든 선한 일을 행하기에 온전케 하려 함이니라"(딤후 3:16-17).

2. 어떤 사람들은 하나님을 징계와 심판의 하나님으로 생각하는 데 대해 못마땅해 한다. 이들은 단지 하나님의 사랑과 자비에만 초점을 맞춘다. 이들은 긍정적인 결과가 나올 것을 바라면서 '긍정

적인 생각'을 하려 한다. 이들은 과거는 잊고 기억하지 말아야 한다고 주장할 것이다. 죄는 '카페트 밑에 쓸어넣어졌다.' 성경에서 하나님께서는 평안이 없는 때에 '평안하다, 평안하다'고 말하며 다니는 자들을 정죄하셨다. 교회가 죄의 길을 가고 있는데도 어떤 사람은 이렇게 말할 것이다. "저희 교회는 훌륭한 교회입니다. 아무것도 잘못된 것이 없습니다." 잠언서 기자는 이렇게 말한다. "자기의 죄를 숨기는 자는 형통치 못하나 죄를 자복하고 버리는 자는 불쌍히 여김을 받으리라"(잠 28:13). 알려진 죄가 교회에 있고 성령께서 이를 깨닫게 하실 때, "평안하다, 평안하다, 모든 것이 멋지다!"고 말하는 것은 거짓 선지자의 일이다.

  3. 어떤 사람들은 교회에서 죄를(현재의 죄뿐만 아니라 과거의 죄까지도) 공개적으로 다루길 거부한다. 이들은 교회나 개인의 평판을 보호하기 위해 죄 문제를 어떻게 다루라는 하나님의 분명한 가르침에 불순종할 것이다. 이들은 과거의 것을 잊고 앞으로 나가는 쪽을 더 좋아한다. 우리가 숨기거나 하나님의 방법으로 다루길 거부하는 죄는 교회 가운데 역사하는 하나님의 활동을 막는 확실한 장애물일 때가 많다. 우리가 마음 속에 부정한 것을 품고 있으면, 하나님께서는 우리 기도를 듣지도 않으신다(시 66:18 참조).

  죄에 대한 경솔한 취급은 다른 사람들로 하여금 공개적으로 거역하게 만들 수 있다. 죄는 급속히 성장하는 암처럼 회개함으로 철저히 다루지 않으면 빠르게 번질 수 있다. 때때로 하나님께서는 죄를 회중 가운데서 공개적으로 다룰 것을 요구하신다. 죄를 덮어두는 것은 교회의 집단적인 거역이다.

4. 어떤 사람들은 그것이 하나님의 말씀에 직접적으로 위배되는 때에도 인간의 지혜와 이성에 의존하는 쪽을 택한다. 이들은 목소리도 아주 크고 힘도 있을 것이다. 이들은 자신들의 주장을 내세우고는 "누구든지 내 의견에 동의하지 않는 사람은 바보입니다"라고 말할 것이다. 이들은 분명한 성경말씀을 눈으로 보면서도 하나님의 방법에 맞서 고집을 부릴 것이다. 이들은 악을 재정의하고 악을 선이라 하거나 그것은 더 이상 죄악되지 않다고 말할 것이다. 이런 사람이 당신이나 당신 교회에 겁을 주어 하나님께서 그의 말씀 가운데 하시는 명령을 따르지 못하게 하도록 하지 말라. 교회와 그 지도자는 하나님을 두려워하고 인간을 두려워하지 말아야 한다. "사람은 다 거짓되되 오직 하나님은 참되시다"(롬 3:4).

부흥은 하나님의 일이다

하나님은 회개하는 그의 백성을 부흥시키는(되살리는) 분이시다. 이것은 주권적인 하나님의 역사이다. 우리는 부흥을 일으킬 수 없다. 우리는 하나님께 어떤 일도 강제로 시킬 수 없다. 우리는 '그것을 기도로 막을 수'도 없다. 하나님께서는 그의 조건과 시간표에 따라 부흥을 일으키신다. 그러나 하나님께서는 우리가 지금보다 더 부흥하길 원하신다. 사실 하나님은 우리에게 부흥에 대한 소망을 주신다. 우리는 그의 초청으로 그에게 온다. 하나님께서 부흥을 시작하시고, 그의 백성이 그의 조건들을 만족시킬 때, 그 부흥의 역사가 일어나는 것이다.

하나님께서는 "내게로 돌아오라 그리하면 나도 너희에게로 돌아가리라"(말 3:7)고 말씀하셨다. 부흥이 언제 일어났는지 어떻게 알 수 있는가? 당신이 하나님께 돌아갔는지를 아는 방법은 하나님께서 당신에게 돌아오셨는지 보는 것이다. 아직도 하나님의 임재와 능력을 경험하지 못하고 있다면, 당신은 아직 하나님의 전제조건을 만족시키지 못한 것이다. 당신의 귀환(회개)은 완전하지 않다. 개인적으로나 전체적으로 하나님을 체험하면, 당신은 결코 똑같지 않을 것이다. 당신이 여전히 똑같다면, 무엇을 했던 간에 당신은 아직 하나님을 만나지 못한 것이다. 이런 때에 당신은 하나님께 나아가 회개하면서 더 해야 할 일이 무엇인가를 물어보아야 한다.

하나님께서는 당신이 하나님께 가까이 나아오길 기다리신다. 회개와 부흥은 단지 행동의 개선에 불과한 것이 아니다. 인격의 변화가 일어나지 않았고, 심령의 변화도 일어나지 않았다면, 부흥은 아직 일어나지 않은 것이다. 그러나 하나님께서는 심령의 변화까지도 도우신다. "내가 여호와인 줄 아는 마음을 그들에게 주어서 그들로 전심으로 내게 돌아오게 하리니 그들은 내 백성이 되겠고 나는 그들의 하나님이 되리라"(렘 24:7).

하나님을 향한 당신의 사랑이 당신을 강권하여 그에게 순종하게 하고, 당신의 마음이 그를 기쁘시게 하려는 열망으로 뜨거워졌다면, 부흥은 일어난 것이다. 이것은 사랑의 관계가 회복되었음을 보여주는 표시이다.

다음에 인용된 에스겔 36장을 읽어보고, 하나님께서 그의 백성을 부흥시키고(되살리고) 회복시키기 위해 하시겠다고 말씀하신 일들이 무엇인지 살펴보라. 당신은 하나님께서 하시겠다고 말씀하신 일들에 밑줄을 긋고 싶을 것이다.

그러므로 너는 이스라엘 족속에게 이르기를 주 여호와의 말씀에 이스라엘 족속아 내가 이렇게 행함은 너희를 위함이 아니요 너희가 들어간 그 열국에서 더럽힌 나의 거룩한 이름을 위함이라 열국 가운데서 더럽힘을 받은 이름 곧 너희가 그들 중에서 더럽힌 나의 큰 이름을 내가 거룩하게 할지라 내가 그들의 목전에서 너희로 인하여 나의 거룩함을 나타내리니 열국 사람이 나를 여호와인 줄 알리라 나 주 여호와의 말이니라 내가 너희를 열국 중에서 취하여 내고 열국 중에서 모아 데리고 고토에 들어가서 맑은 물로 너희에게 뿌려서 너희로 정결케 하되 곧 너희 모든 더러운 것에서와 모든 우상을 섬김에서 너희를 정결케 할 것이며 또 새 영을 너희 속에 두고 새 마음을 너희에게 주되 너희 육신에서 굳은 마음을 제하고 부드러운 마음을 줄 것이며 또 내 신을 너희 속에 두어 너희로 내 율례를 행하게 하리니 너희가 내 규례를 지켜 행할지라 내가 너희 열조에게 준 땅에 너희가 거하여 내 백성이 되고 나는 너희 하나님이 되리라 내가 너희를 모든 더러운 데서 구원하고 곡식으로 풍성하게 하여 기근이 너희에게 임하지 아니하게 할 것이며 또 나무의 실과와 밭의 소산을 풍성케 하여 너희로 다시는 기근의 욕을 열국에게 받지 않게 하리니 그때에 너희가 너희 악한 길과 너희 불선한 행위를 기억하고 너희 모든 죄악과 가증한 일을 인하여 스스로 밉게 보리라 나 주 여호와가 말하노라 내가 이렇게 행함은 너희를 위함이 아닌 줄을 너희가 알리라 이스라엘 족속아 너희 행위를 인하여 부끄러워하고 한탄할지어다 나 주 여호와가 말하노라 내가 너희를 모든 죄악에서 정결케 하는 날에 성읍들에 사람이 거접되게 하며 황폐한 것이 건축되게 할 것인즉 전에는 지나가는 자의 눈에 황무하게 보이던 그 황무한 땅이 장차 기경이 될지라 사람이 이르기를 이 땅이 황무하더니 이제는 에덴동산같이 되었고 황량하고 적막하고 무너진 성읍들에 성벽과 거민이 있다 하리니 너희 사면에 남은 이방 사람이 나 여호와가 무너진 곳을 건축하며 황무한 자리에 심은 줄 알리라 나 여호와가 말하였으니 이루리라(겔 36:22-36).

당신은 에스겔 36장을 읽으면서 하나님께서 부흥을 일으키실 때 하시는 몇 가지 일들을 찾아냈어야 한다.
1. 그는 그의 이름의 거룩함을 보여주신다.
2. 그는 우리에게 맑은 물을 뿌리사 우리를 깨끗케 하신다.
3. 그는 우리를 모든 더러운 것과 모든 대체물(우상들)로부터 정결케 하신다.
4. 그는 우리의 육신에서 돌 같은 마음을 제하시고 부드러운 마음을 주신다.
5. 그는 우리 안에 새로운 영(그의 영)을 두사 우리로 그에게 순종하게 하신다.
6. 그는 모든 더러움에서 우리를 구원하신다.
7. 그는 그의 징계와 심판중에 없어진 것들을 회복하신다.
8. 그는 우리의 불명예를 제하신다.
9. 그는 우리로 하여금 우리의 죄악된 길과 악한 행동들을 기억하고 우리의 가증한 행동에 대해 우리 자신을 혐오하게 하신다.

10. 그는 우리 죄에서 우리를 깨끗케 하신다.

11. 그는 우리의 무너진 곳들을 다시 세우신다.

부흥은 어떤 모습인가?

어떤 사람들은 부흥이 어떤 모습일까에 대해 전형적인 생각을 가지고 있다. 다음은 그 전형적인 생각의 세 가지 예이다.

1. 어떤 사람들은 부흥을 잘 계획된 일련의 예배로 본다. 많은 기도와 개인적인 준비를 한 후에, 하나님의 백성이 기름부음받은 자의 가르침을 듣기 위해 모인다. 이 가르침을 듣는 가운데 그들은 죄를 깨닫고 상한 마음과 통회하는 심령으로 응답하며 하나님께 돌아간다.

2. 어떤 사람들은 부흥이 계획될 수 없다고 생각한다. 이들은 부흥이란 하나님의 임재와 거룩에 대한 자발적 응답일 뿐이라고 생각한다. 어떤 사전 경고도 없이, 예배중에 성령께서 죄를 깊이 깨닫게 하시며, 사람들이 하나님과 바른 관계를 가질 때 '모든 문제가 눈 녹듯 녹는다.'

3. 또 어떤 사람들은 이렇게 말할 것이다. "우리 교회는 예전과 다르다. 우리는 서로를 사랑하며 하나님을 사랑한다. 사람들은 모든 계명에 순종하려고 애쓰고 있다. 우리는 한마음 한뜻이다. 그러나 과거에 우리는 그렇지 못했다. 나는 정확하게 무슨 일이 일어났는지는 설명할 수 없다. 어쨌든 지난 몇 년 동안 우리 교회는 변했다."

이 중 어떤 것이 진짜 부흥인가? 이것들은 모두 부흥의 증거이다. 부흥의 본질은 하나님의 백성이 하나님께로 돌아오고, 하나님께서도 그들에게로 돌아오시는 것이다. 우리는 부흥을 이렇게 그려볼 수 있다.

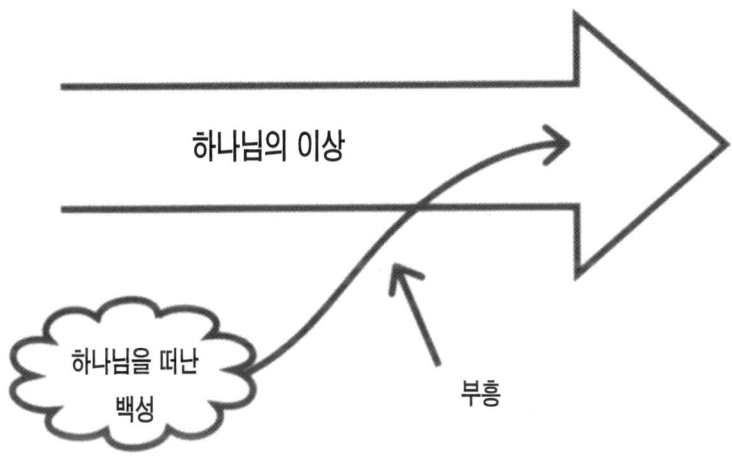

하나님께서는 그의 백성이 그와의 바른 관계 속에서 제 역할을 하게 하는 하나의 기준이 있다. 하나님의 백성이 하나님께서 의도하신 대로 살때, 영적 각성은 자연스러운 부산물이다. 부흥 이전에는, 떠나 있는 백성이 하나님과 그들을 향한 하나님의 이상에서 멀어져 있다. 이들은 하나님의 임재, 그의 목적 그리고 그의 길에서 떠났다. 부흥은 하나님께서 그의 백성에게 회개하고 돌아오라고 촉구하고 그들이 그대로 순종할 때 일어난다. 그 백성이 돌아가 하나님과 바른 관계를 가질 때, 부흥은 일어난다. 이것은 다양한 방법으로 일어날 수 있다. 사실 하나님께서는 각각의 부흥체험을 다르게 하실 수 있다. 하나님께서는 우리가 하나의 프로그램이나 정해진 패턴을 찾길 원치 않으신다. 그는 우리가 그를 찾길 원하신다.

　　이것은 하나의 교회가 하나님께 돌아가는 과정을 시작할 수 있음을 의미한다. 정기적인 설교와 하나님의 말씀의 가르침 아래, 사람들은 하나님께 대한 그들의 사랑 안에서 하나님의 부르심을 듣고 한 번에 한 걸음씩 하나님께로 돌아간다. 이것은 점차적인 과정이다. 그러나 어느 정도 기간이 지나면, 이들은 그들이 한때 있었던 자리에서 하나님께서 그들에게 의도하시는 자리로 옮겨 가 있다. 이것이 부흥이다. 당신은 이것을 갱신이라고 부르거나 다른 어떤 용어를 사용할 수도 있다. 그러나 중요한 것은 그들이 돌아와 있다는 것이다.

　　또한 이것은 또 다른 교회 교인들이 그들의 일상적인 종교활동을 계속할 수도 있음을 뜻하기도 한다. 그런데 어느 날 그들은 위기를 만나거나 하나님에게 강하게 붙들려 자신들의 죄를 깨닫게 된다. 깊은 감성의 시간 속에서 사람들이 강단을 뒤덮는다. 거기엔 흐느낌과 기도와 공적 죄 고백이 있다. 얼마 후에, 하나님께서는 많은 사람들이 결코 예상치 못했던 일을 성취하신다. 이것은 하나님께서 요구하셨던 시간이었을 것이다. 하지만 하나님께서는 저항에 부딪치셨다. 그러자 하나님께서는 그의 주권적인 선택으로 성령의 빠르고 강한 바람으로 죄를 깊이 다루기로 결정하신다. 사람들이 하나님과의 바른 관계로 돌아간다면, 이것 또한 부흥이다.

　　성경에 나타난 부흥들을 연구할 때, 우리는 하나님께서 미리 계획된 날과 언약갱신의 시간에도 역사하시는 것을 보았다. 하나님께서는 기도중에 그를 간절히 찾으며 자신을 점검하고 하나님께 돌아가기 위해 미리 계획된 시간에 참여하는 사람들에게 참된 부흥을 주신다.

　하나님께서 당신의 동료들이나 당신이 섬기는 사람들에게 부흥을 주려 하실 때, 한 가지 방법으로만 일하도록 제한하지 말라. 하나님은 주권자이시다. 그가 선택하시는 대로 일하시게 하라. 당신이 긴 시간에 걸쳐 하나님께 돌아왔든 부흥의 의미 있는 사건을 통해서 돌아왔든 간에 부흥의 열매는 같다.

하나님의 은혜에 대한 증거: 텍사스 브라운우드에서의 부흥

　코긴 애비뉴(Coggin Avenue)는 텍사스 브라운우드에 위치한 꽤 전통적인 교회였다. 그리 오래 되지 않은 때에, 교회는 영적 침체에 빠져 있었다. 여러 목회자들이 어려운 환경을 버티지 못하고 교회를 떠났다. 교인들 사이에서 깨어진 관계는 일반적인 것이었다. 성적 부도덕이 교회 내에 심지어 지도자들 내에도 존재했다. 교회는 지역 사회에 아무런 복음적 영향도 끼치지 못했으며, 영적 무관심이 팽배해 있었다.

　존 아반트(John Avant)는 이러한 영적 죽음의 와중에 이 교회에 부임해 온 목사였다. 1년 반 동안 힘들게 일한 후였다. 존은 한 핵심 지도자의 트럭에 앉아 울고 있었다. 그는 주님께 울부짖으며 말했다. "하나님, 이 사람들과는 아무것도 할 수 없습니다." 그는 마침내 자신의 한계에 이르렀다. 그런데 바로 거기서 하나님께서는 뒤이어 일어날 일로 영광을 얻으시기 위해 기다리고 계셨다.

　점차적으로 사람들이 하나님을 갈망하는 마음을 갖기 시작했다. 300명이 넘는 사람들이 「하나님을 경험하는 삶: 하나님의 뜻을 알고 행하기」(Experiencing God: Knowing and Doing the Will of God, 요단출판사 刊)라는 공부를 했다. 이들은 하나님과 지금까지와는 다른 친밀감을 갖기 시작했다. 존은 교인들을 상대로 「신선한 만남: 부흥과 영적 각성을 위한 하나님의 패턴」(Fresh Encounter: God's Pattern for Revival and Spiritual Awakening) 연구를 인도했다. 사람들은 자신들의 삶의 죄를 다루기 시작했다. 그러나 어떤 극적인 일은 일어나지 않았다. 그러자 하나님께서는 사람들 가운데 그의 임재와 능력을 보여주시기 시작했다.

지역 경찰서장 선거에 출마한 한 경건한 남자 성도가 연단에서 이렇게 외쳤다. "브라운우드에 부흥이 오고 있습니다. 저는 여러분의 경찰서장으로서 그 한 부분이고 싶습니다." 그는 선거에서 이겼다. 그 지역의 훌륭한 한 시민이 아내를 떠나 보내고 자살을 시도했다. 하나님께서 그의 생명을 보존하시고 그를 돌이키게 하셨다. 그는 아내와 화해하고 하나님과 사랑에 빠졌다. 하나님께서는 그를 통해 역사하시면서 다른 사람들을 그리스도께로 인도하기 시작하셨다. 몇몇 부부의 결혼생활이 회복되었고, 교회는 하나님의 능력이 나타나는 것을 보기 시작했다.

한 교인이 성령의 능력으로 죄를 깨닫고 그의 편의점에서 포르노 잡지, 술, 복권판매를 중단했다. 그런데도 그의 사업이 번창하자 모든 사람들이 놀랐다. 사람들은 복권을 사기 위해 줄을 선 사람들 뒤에서 기다릴 필요가 없었고, 그의 가게는 계산이 훨씬 빨라졌다.

그 후에 존은 마약 중독자였으며 전과자인 한 남미계 젊은이

페르난도를 소개받았다. 페르난도는 구원받았으며, 불량 청소년들을 목회할 꿈을 안고 그의 고향으로 돌아갔다. 그는 이미 응답을 보기 시작했다. 삶이 변하고 있었다. 학교를 밥먹듯이 빠지던 아이들이 이제 좋은 성적을 거두고 있었다. 심지어 고등학교와 중학교 교장들까지도 그들을 주목하고 있었다.

존은 페르난도를 코긴 애비뉴 교회 교인들에게 소개했다. 교인들은 존의 불량 청소년 사역을 재정적으로 도와 달라는 요청을 받았다. 시내에 있는 한 은사교회가 이미 그의 사역을 지원하고 있었다. 은사자들의 목회를 지원하는 침례교회는 그리 많지 않았다. 몇몇 아이들의 증언을 들은 후에, 압도적인 표 차이로 교회는 그의 사역을 지원하기로 결정했다. 은사교회에 대한 소문이 퍼지면서 시에서는 교단의 장벽이 무너지기 시작했다. 여러 교단 목회자들이 함께 모여 그 지역 부흥을 위해 기도했다.

1995년 1월 22일, 코긴 애비뉴 교회의 아침 8시 30분 예배가 끝날 무렵 성령께서 죄에 대한 큰 깨달음을 교인들에게 주셨다. 사람들은 울면서 강단으로 나와 하나님과의 바른 관계를 회복했다. 그들은 공개적으로 죄를 고백하고 용서를 구하기 시작했다. 관계들이 회복되었다. 그날 22명의 사람들이 그리스도를 위해 공적인 헌신을 다짐했다. 그날 저녁 (이미 예정된) 코긴 애비뉴 교회와 그들의 남미 선교회가 함께 모임을 가졌다. 그들은 페르난도의 사역을 통해 그리스도를 알게 된 몇몇 흑인 아이들에게 침례(세례)를 베풀었다. 예배 끝 무렵에, 흑인, 백인, 남미계 사람들이 울면서 함께 기도했다. 인종간의 벽이 무너지기 시작했다.

적어도 가까이 있는 두 교회가 같은 날에 특별한 방법으로 하나님의 성령을 체험했다. 다른 교단의 교회들이 부흥과 갱신의 시간을 체험하기 시작했다. 은사 목회자가 존에게 말했다. "우리 교회에 「하나님을 경험하는 삶」(Experiencing God)을 연구하는 모임이 있습니다. 이 모임은 한 장로교인에 의해 인도되는데 각종 은사자들로 가득 차 있으며, 그리스도의 교회의 한 목사님도 참석하고 있으며, 침례교 자료들도 연구하고 있습니다. 이것이 부흥의 불길이 되었습니다!"

금요일 한낮쯤에는, 브라운우드에 있는 하워드 패인 대학 캠퍼스에서 깊은 회개의 시간이 있었다. 이때 일어난 일들에 대한 간증과 증거가 전국 수십 개의 대학과 신학교에 비슷한 성령운동의 불길을 당겼다. 많은 사람들은 이것이 하나님께서 우리 땅에 주시길 그렇게도 바라시는 부흥과 강한 영적 각성의 선구자이길 기도하고 있다.[1]

요약

* 하나님께서는 부흥 가운데 오실 때, 연단자의 불로 오신다.
* 하나님의 임재에 대한 응답은 교회와 신자들의 삶을 거룩하게 한다.
* "부흥은 심판의 날과 같다."
* 하나님께서 부흥으로 그리고 그 땅의 영적 각성의 한 부분이 되도록 개인과 교회를 부르실 때, 그들은 여느 때처럼 살 수 없다.

* 모든 사람이 회개를 촉구하는 메시지에 긍정적인 반응을 보이지는 않을 것이다.
* 하나님은 회개하는 그의 백성을 부흥시키는(되살리는) 분이시다. 이것은 주권적인 하나님의 역사이다.
* 당신이 하나님께 돌아갔는지를 아는 방법은 하나님께서 당신에게 돌아오셨는지 보는 것이다.
* 부흥의 본질은 하나님의 백성이 하나님께로 돌아오고, 하나님께서도 그들에게로 돌아오시는 것이다.
* 하나님께서 당신의 동료들이나 당신이 섬기는 사람들에게 부흥을 주려 하실 때, 한 가지 방법으로만 일하시도록 제한하지 말라.

기도 가운데 하나님 만나기

* 하나님께서 당신의 교회에 부흥을 일으키실 때까지 충성스럽게 부흥을 추구할 수 있도록 용기를 달라고 기도하라.
* 교인들과 함께 기꺼이 회개하며 하나님께 돌아갈 수 있게 해 달라고 기도하라.
* 당신의 삶에서 부흥의 장애가 될 만한 것은 무엇이든 가르쳐 달라고 기도하라.
* 당신이 살고 있는 사회에서 하나님께서 여러 교단에 부흥을 일으켜 달라고 기도하라. 목회자들과 지도자들이 함께 부흥을 위해 기도할 수 있게 해 달라고 기도하라.

다른 사람들과 함께 하나님 만나기

소그룹에서 기회가 있을 때, 이런 토론문제들을 생각해 보라.
1. 하나님께서는 교회를 통해 어떻게 영광을 받으시는가?
2. 우리는 교회에서 부흥에 대한 외침을 비웃거나 조소하는 사람들을 어떻게 대해야 하는가?
3. 부흥의 가장 큰 장애물은 어떤 것들인가?
4. 부흥의 과정에서 개인이나 교회에게 어려운 면은 어떤 것들인가?
5. 하나님의 부흥과정을 체험하는 유익은 무엇인가?
6. 부흥이 일어날 때 우리는 어떻게 알 수 있는가?
7. 우리는 개인부흥과 교회부흥을 위해 어떻게 하면 기도를 더 잘 드릴 수 있는가?
8. 회개가 일어났다는 최상의 증거는 무엇인가? 그 이유는?
9. 텍사스 브라운우드에서 일어난 부흥에 대한 증거가 하나님께서 부흥을 일으키시는 많은 방법 중 하나로만 여겨져야 하는 이유는 무엇인가? 하나님의 백성에게 부흥이 임할 수 있는 다른 방법으로는 어떤 것들이 있는가?

3부

부흥과 영적 각성 그리고 영적 지도력

13 장
영적 지도자의 역할

하나님의 백성의 지도자가 되는 것은 특권이자 큰 책임이다. 모든 신자는 하나님께 직접 나아가며 하나님께 대해 직접적인 책임이 있다. 그럼에도 불구하고 영적 지도자는 하나님의 백성의 상태에 대해 상당한 책임이 있다. 그는 또한 하나님의 백성이 길을 잃게 될 때 더 엄한 심판을 받는다(약 3:1 참조). 목회자들은 하나님의 백성이 하나님을 따르도록 인도하는 데 있어 중요한 역할을 감당한다. 그렇지만 영적 지도자가 목회자에게만 국한된 것은 아니다. 영적 지도자에는 부모, 교회직원, 집사나 장로, 교회 각 부서장, 교단 지도자, 교회 밖 선교단체 책임자나 그 밖에도 여러 사람들이 포함될 수 있다. 어느 때든지 하나님께서 다른 신자들을 가르치거나 인도하는 자리에 당신을 두셨다면, 당신은 그 모임이나 단체에 영적 지도력을 제공해야 하는 역할을 맡은 것이다.

하나님의 부흥패턴에 따르면, 하나님께서는 지도자들을 통해 하나님의 백성이 하나님께로 돌아오게 하신다. 더 이상 하나님의 거룩함이나 능력을 나타내지 못할 정도로 우리 나라나 교회가 하나님으로부터 멀어져 있다면, 무엇인가 분명히 잘못된 것이다. 부분적으로 문제는 사람들을 하나님께로 돌아가도록 인도하지 못하는 지도자들에게 있다. 하나님의 시각에서 볼 때 영적 지도자란 무엇인가?

왕인가 종인가?

하나님께서는 그를 위해 한 백성을 세우실 때, 모세를 불러 그의 백성을 인도하게 하셨다. 모세는 "여호와의 종"(신 34:5)으로 알려졌고 또 그렇게 불렸다. 모세는 종이었고, 하나님께서는 왕이자 통치자이셨다. 모세가 죽은 후, 여호수아가 하나님의 종으로 선택되었고, 그 역시 "여호와의 종"(수 24:29)으로 알려졌다. 사사시대에 하나님께서는, 백성이 그에게로 돌아와 그를 따르도록 인도할 종들을 택하셨다. 그러나 어느 날 이스라엘은 하나님의 지도 패턴에서 매우 심각하게 이탈했다.

> 이스라엘 모든 장로가 모여 라마에 있는 사무엘에게 나아가서 그에게 이르되 보소서 당신은 늙고 당신의 아들들은 당신의 행위를 따르지 아니하니 열방과 같이 우리에게 왕을 세워 우리를 다스리게 하소서 한지라 우리에게 왕을 주어 우리를 다스리게 하라 한 그것을 사무엘이 기뻐하지 아니하여 여호와께 기도하매 여호와께서 사무엘에게 이르시되 백성이 네게 한 말을 다 들으라 그들이 너를 버림이 아니요

나를 버려 자기들의 왕이 되지 못하게 함이니라 내가 그들을 애굽에서 인도하여 낸 날부터 오늘날까지 그들이 모든 행사로 나를 버리고 다른 신들을 섬김같이 네게도 그리하는도다 그러므로 그들의 말을 듣되 너는 그들에게 엄히 경계하고 그들을 다스릴 왕의 제도를 알게 하라(삼상 8:4-9).

백성이 무엇을 원했는지 알겠는가? 그들은 주변 모든 나라처럼 인간 통치자를 원했다. 그들은 세상과 같기를 원했다. 그들은 자신들을 다스릴 인간에게 눈을 돌리는 가운데 하나님의 주권적인 통치를 거부했다. 사무엘은 백성에게 왕이 그들이 가진 모든 좋은 것을 빼앗을 것이라는 하나님의 경고를 일러주었다. 그들은 왕을 섬기고 그의 필요를 충족시키지 않을 수 없게 될 것이다. 이런 경고에도 불구하고, 백성은 이렇게 말했다. "아니로소이다 우리도 우리 왕이 있어야 하리니 우리도 열방과 같이 되어 우리 왕이 우리를 다스리며 우리 앞에 나가서 우리의 싸움을 싸워야 할 것이니이다"(삼상 8:19-20).

오늘 우리는 이와 유사한 경우를 많이 본다. 세상 사람들이 지도자를 강하게 요구하는 것은 하나님을 그들의 지도자로 인정하지 않기 때문이다. 그래서 이들은 자신들의 지도자를 세운다. 이들은 또한 사람들에게 지도(리더)방법을 가르치기 위해 지도력에 관한 책도 쓴다. 지도자들은 이런 책에서 도움을 구한다. 이들은 하나님께로 돌이켜 하나님의 인도하심을 구하지 않기 때문이다. 이들은 하나님의 대체물에 눈을 돌린다. 인간 지도자들이 하나님의 대체물이 되며, 그들의 방법이 하나님의 방법을 대신하게 된다.

비극적이게도, 상당수의 기독교 사회가 세상을 향해 도움을 구한다. 우리는 지도력에 관한 세상의 책들을 기독교 지도자들을 위한 우리의 책에 그대로 뒤섞는다. 이제 우리 기독교 지도자들은 하나님을 따르기보다는 하나님의 대체물을 따르고 본받으려 애쓰고 있다. 우리는 길을 잃었다. 한편으로 우리는, 하나님이 우리의 통치자이며 지도자라는 것을 알고 있다. 그러나 우리는 목회자와 그 밖의 교회 지도자들에게 지도자가 되는 방법을 가르쳐주는 이 모든 책들을 가지고 있다. 세상의 방법을 따름으로써, 목회자는 사람들로 하여금 하나님께 지도력을 구하도록 가르치기보다는 사장이나 위원장에 더 가까운 역할을 하고 있다. 교회들은 비즈니스에서 요구하는 그런 자질을 갖춘 지도자를 구함으로써 이런 문제를 계속해서 야기시키고 있다. 우리는 '우리 앞에 나가서 우리의 싸움을 싸우도록' 그들을 '고용한다.'

한 예로 우리가 비전(vision)이란 말을 어떻게 취급하고 있는지 보자. 우리는 비전을 가진 지도자를 찾는다. 우리는 우리 교회를 위한 그의 비전이 무엇인지 알고 싶어한다. 우리는 비전제시를 위한 회의를 가지며 무엇이 우리의 비전이 되어야 하는가를 결정하기 위해 최선의 통계조사를 실시한다. 우리는 우리의 비전제시를 돕기 위해 세상의 흐름을 연구한다. 우리는 우리 교회를 인도할 비전문구들을 만들어낸다.

그렇다. 성경은 이렇게 말한다. "묵시(비전)가 없으면 백성이 방자히 행하거니와(망한다, NIV)"(잠 29:18). 그러나 여기에 묘사된 '비전'(묵시)은 '하나님의 전갈'(divine communication)이다. 하나님의 백성은 한 인간 지도자의 비전이나 교회의 공동비전(joint vision)에 근거해 행동해서는 안된다. 계시에 기초해서 행동해야 한다. 하나님께서는 자신을 계시하실 뿐만 아니라 우리가 그의 일에 동참하도록 그가 하고 계신 일도 계시하신다. 그때 하나님의 백성에게는 순종하라는 소명이 주어진다.

하나님께서는 마음에 두고 계시는 것을 목회자나 다른 교회 지도자들에게 보여주신다. 일단 하나님께서 이렇게 하시면, 지도자가 할 일은 사람들로 하여금 하나님을 따르도록 인도하는 것이다. 예수께서는 지도력, 복음전파, 제자훈련에 관한 멋진 비전문구들을 주셨다. 그러나 우리는 하나님께서 이미 계시해 주신 것에 대한 우리 자신의 대체물들을 만들어내기로 결정한다. 예수께서는 어떤 지도자들이 그의 나라에 합당한지 말씀해 주셨다.

> 예수께서 제자들을 불러다가 가라사대 이방인의 집권자들이 저희를 임의로 주관하고 그 대인들이 저희에게 권세를 부리는 줄을 너희가 알거니와 너희 중에는 그렇지 아니하니 너희 중에 누구든지 크고자 하는 자는 너희를 섬기는 자가 되고 너희 중에 누구든지 으뜸이 되고자 하는 자는 너희 종이 되어야 하리라 인자가 온 것은 섬김을 받으려 함이 아니라 도리어 섬기려 하고 자기 목숨을 많은 사람의 대속물로 주려 함이니라(마 20:25-28).

하나님의 선택을 받은 지도자들은 세상처럼 기능하지 않는다. 이들은 지위나 개인적인 영향력을 기초로 독재자나 군주들처럼 다스리지 않는다. 하나님의 지도자들은 종, 심지어 노예로 부름받았다. 이들은 먼저 하나님의 종이며, 그 다음으로 하나님 백성의 종이다. 예수께서는 인간 통치자와는 달리 복종을 강요하는 대신 친히 종이 되심으로 영적 지도력을 보여주셨으며, 우리에게 하나의 모델을 제시하셨다.

우리의 지도자 그리스도

구속의 역사 속에서 하나님께서는 그의 백성이 당연히 가야 할 길로 그들을 되돌려놓으셨다. 하나님께서는 그의 아들 예수 그리스도를 교회(그의 몸)의 머리로 두셨다. 그리스도는 하나님 백성의 지도자이자 통치자이어야 한다. 이제 살아 계신 그리스도께서 성령을 통한 아버지의 임재 가운데서 그의 교회를 인도하사 그와 함께 사명을 감당케 하신다. 그런데 우리는 이스라엘이 만났던 것과 같은 문제에 부딪친다. 우리는 그리스도께서 우리의 지도자라는 것을 알고 있다. 그러나 우리는 우리를 인도할 인간을 원한다. 그리고 그가 지도자의 자질을 갖추고 제 역할을 다하길 원한다.

하나님께서는 그에게로 마음이 바르게 향해 있고 지도력을 구하는 사람을 찾으신다. 하나님께서는 사람들을 하나님께로 향하게 하여 그에게 지도력을 구하게 할 사람을 찾으신다. 그들이 함께 하나님의 말씀에 귀를 기울일 때, 그리스도께서는 그가 의도하신 대로 그의 교회를 인도하신다. 그는 그의 백성에게 능력을 주어 그가 그들에게 의도하신 모든 일을 하게 하시고, 이를 지켜보는 세상은 승귀하신 그리스도를 보고 하나님께로 이끌린다.

백성을 하나님께로 향하게 하기

어떤 지도자들은 하나님의 백성이 하나님을 따르도록 인도한 점으로 인해 기억된다. 또 어떤 지도자들은 하나님의 백성을 그릇된 길로 인도한 일로 인해 기억된다. 모세, 여호수아, 사무엘, 다윗은 하나님의 백성이 하나님을 따르도록 인도했다. 이들 각 지도자의 경우를 하나씩 살펴보기로 하자. 누가 어떻게 백성으로 하여금 하나님께 향하도록 했는지 주의깊게 살펴보라.

모세

(모세가 이르되) 이스라엘아 들으라 우리 하나님 여호와는 오직 하나인 여호와시니 너는 마음을 다하고 성품을 다하고 힘을 다하여 네 하나님 여호와를 사랑하라 오늘날 내가 네게 명하는 이 말씀을 너는 마음에 새기고 네 자녀에게 부지런히 가르치며 집에 앉았을 때에든지 길에 행할 때에든지 누웠을 때에든지 일어날 때에든지 이 말씀을 강론할 것이며 … 네 하나님 여호와께서 네 열조 아브라함과 이삭과 야곱을 향하여 네게 주리라 맹세하신 땅으로 너로 들어가게 하시고 … 너로 배불리 먹게 하실 때에 너는 조심하여 너를 애굽 땅 종 되었던 집에서 인도하여 내신 여호와를 잊지 말고(신 6:4-12).

여호수아

(여호수아가 이르되) 그러므로 이제는 여호와를 경외하며 성실과 진정으로 그를 섬길 것이라 너희의 열조가 강 저편과 애굽에서 섬기던 신들을 제하여 버리고 여호와만 섬기라 만일 여호와를 섬기는 것이 너

희에게 좋지 않게 보이거든 너희 열조가 강 저편에서 섬기던 신이든지 혹 너희의 거하는 땅 아모리 사람의 신이든지 너희 섬길 자를 오늘날 택하라 오직 나와 내 집은 여호와를 섬기겠노라 백성이 대답하여 가로되 여호와를 버리고 다른 신들 섬기는 일을 우리가 결단코 하지 아니하오리니(수 24:14-16).

사무엘

사무엘이 백성에게 이르되 두려워 말라 너희가 과연 이 모든 악을 행하였으나 여호와를 좇는 데서 돌이키지 말고 오직 너희 마음을 다하여 여호와를 섬기라 돌이켜 유익하게도 못하며 구원하지도 못하는 헛된 것을 좇지 말라 그들은 헛되니라 여호와께서는 너희로 자기 백성 삼으신 것을 기뻐하신 고로 그 크신 이름을 인하여 자기 백성을 버리지 아니하실 것이요 나는 너희를 위하여 기도하기를 쉬는 죄를 여호와 앞에 결단코 범치 아니하고 선하고 의로운 도로 너희를 가르칠 것인즉 너희는 여호와께서 너희를 위하여 행하신 그 큰일을 생각하여 오직 그를 경외하며 너희의 마음을 다하여 진실히 섬기라(삼상 12:20-24).

다윗

그날에 다윗이 아삽과 그 형제를 세워 위선 여호와께 감사하게 하여 이르기를 너희는 여호와께 감사하며 그 이름을 불러 아뢰며 그 행사를 만민 중에 알게 할지어다 그에게 노래하며 그를 찬양하며 그 모든 기사를 말할지어다 그 성호를 자랑하라 무릇 여호와를 구하는 자는 마음이 즐거울지로다 여호와와 그 능력을 구할지어다 그 얼굴을 항상 구할지어다(대상 16:7-11).

초대 기독교 지도자들

우리는 신약성경에서 초대교회 지도자들이 사람들을 부활하신 주님께로 향하게 하는 종된 지도자들이었음을 보게 된다. 이들은 스스로를 예수 그리스도의 '종'과 '노예'로 보았으며, 교회의 종으로 보았다. 사도들은 하나님이 그들의 지도자라는 것을 알고 있었기에 기도와 성경에 스스로를 헌신했다(행 6장 참조). 그들은 기도와 하나님의 말씀 가운데서 지속적으로 하나님을 바라며 그의 인도하심을 구했다. 그들은 하나님을 그들의 지도자, 통치자, 왕으로 보았다.

지도자가 가는 대로…

구약에서는 하나님의 백성에 대한 하나님의 반응이 지도자의 삶에 의해 결정되는 경우가 많았다. 다음이 그 몇 가지 예이다.

* 이스라엘이 금송아지를 만들어 섬길 때, 하나님께서는 그들을 멸할 준비가 되어 있으셨다. 모세는 이 재앙을 그 백성에게 내리지 말아 달라고 하나님께 간청했다. 하나님께서는 그들을 벌하셨으나 지도자 모세 때문에 멸하지는 않으셨다(출 32장 참조).
* 다윗이 통치할 때, 그 땅에 3년간 기근이 들었다. 다윗은 하나님께 그 이유를 물었다. 하나님께서는 사울 왕이 기브온 사람들을 멸하려 함으로써 이스라엘이 그들과 맺은 언약을 깨뜨렸기 때문이라고 말씀하셨다(수 9장 참조). 사울의 죄는

그가 죽은 후에도 재난을 가져다주었다. 다윗은 이스라엘을 대신하여 사울의 죄를 인정하고 기브온 사람들과 화해하려 했다. "그 후에야 하나님이 그 땅을 위하여 기도를 들으시니라"(삼하 21:14).

* 다윗은 요압의 충고를 무시하고 그의 군사의 수를 알기 위해 인구조사를 실시했다. 다윗은 자신의 죄를 깨닫고 하나님께 용서를 구했다. 그러나 하나님께서는 먼저 그 땅에 온역을 내리셨으며 이로 인해 70,000명이 죽었다(삼하 24장 참조).
* 이스라엘은 하나님께 거역했기 때문에 앗수르의 손에 넘겨졌다. 유다 왕 히스기야는 유다 백성을 대신해서 겸손히 하나님께 나와 기도했다. 하나님께서는 천사를 보내서서 185,000명의 앗수르 군사들을 멸하시고 예루살렘을 보전하셨다(왕하 18-19장 참조).
* 히스기야를 이어 므낫세가 왕이 되었다. 그는 매우 악했다. 그리고 백성들도 죄를 범했다. 그러나 므낫세는 하나님의 은혜의 선을 넘어섰다. 하나님께서는 이렇게 말씀하셨다. "유다 왕 므낫세가 이 가증한 일과 악을 행함이 그 전에 있던 아모리 사람의 행위보다 더욱 심하였고 또 그 우상으로 유다를 범죄케 하였도다 그러므로 이스라엘 하나님 여호와가 말하노니 내가 이제 예루살렘과 유다에 재앙을 내리리니 듣는 자마다 두 귀가 울리리라"(왕하 21:10-12).
* 하나님께서 예루살렘과 유다를 멸하시기로 결정하신 후, 요시야는 백성을 다시 하나님께로 인도했다(대하 34장 참

조). 요시야의 겸손과 하나님께 대한 응답 때문에, 하나님께서는 그가 살아 있을 동안에는 재앙을 내리지 않기로 약속하셨다. "요시야가 사는 날에 백성이 그 열조의 하나님 여호와께 복종하고 떠나지 아니하였더라"(대하 34:33). 이 경험의 요점은, 요시야가 스스로를 겸비한 후에 그리고 백성이 회개하기 전에 하나님께서 그 세대를 멸하지 않기로 결정하셨다는 것이다. 지도자가 하나님을 따르는 한, 백성이 하나님을 따르는 경우가 많다.

지도자는 더 엄한 심판을 받는다

영적 지도자에게는 하나님께 대한 큰 책임이 따른다. 신약시대 사람들이 다름아닌 하나님의 소명이라는 이유로 영적 지도자가 되길 구했을 때 한 가지 문제가 일어났다. 야고보는 이렇게 경고했다. "내 형제들아 너희는 선생 된 우리가 더 큰 심판 받을 줄을 알고 많이 선생이 되지 말라"(약 3:1). 야고보는 계속해서 영적 지도자들에게 혀가 얼마나 강한지를 설명했다. 큰 배의 방향을 결정하는 작은 방향키처럼 영적 지도자의 혀는 교회가 바른 방향으로 가느냐 잘못된 방향으로 가느냐에 영향을 미칠 수 있다.

목회자들은 자신들에게 맡겨진 신자들의 영적 안녕에 대한 큰 책임을 떠맡아 왔다. 이들에겐 신자들에 대한 청지기적 사명이 있었다. 바울은 지도자들에게 냉정한 충고를 했다. "그리고 맡은 자들에게 구할 것은 충성이니라 … 나를 판단하실 이는 주시니라 … 그가 어두움에 감추인 것들을 드러내고 마음의 뜻을 나타내시리니 그때에 각 사람에게 하나님께로부터 칭찬이 있으리라"(고전 4:2, 4-5).

예수께서는 이렇게 말씀하셨다. "알지 못하고 맞을 일을 행한 종은 적게 맞으리라 무릇 많이 받은 자에게는 많이 찾을 것이요 많이 맡은 자에게는 많이 달라 할 것이니라"(눅 12:48). 영적 지도자는 거룩한 삶을 살아야 하며, 하나님 앞에 순전한 마음을 가져야 한다. 하나님의 백성을 인도하는 지도자가 어떻게 하느냐에 따라 부흥이냐 심판이냐가 결정될 수 있다.

영적 지도자들은 하나님의 나라에서 하나님의 동역자로 일하는 놀라운 특권을 가진다. 또한 이들에겐 하나님께서 맡겨주신 사람들에 대한 경외스런 책임이 있다. 성경 전체를 살펴보면, 하나님께서는 하나님의 백성이 하나님을 떠났을 때 그 백성을 인도하여 하나님과의 바른 관계로 돌아오게 할 영적 지도자들을 찾으셨다. 하나님의 백성의 미래는 그 지도자들의 반응에 따라 결정되는 때가 많았다.

영적 의사(醫師)

영적 지도자의 한 가지 역할은 영적 의사가 되는 것이다. 목회자들이나 그 밖의 지도자들은 하나님께서 그들을 통해 영적 필요를 나타내시며 그의 백성을 영적 건강으로 이끄시게 해야 한다. 하나님의 백성이 하나님을 버렸을 때, 하나님께서는 이렇게 말씀하셨다. "이 땅을 위하여 성을 쌓으며 성 무너진 데를 막아 서서 나로 멸하지 못하게 할 사람을 내가 그 가운데서 찾다가 얻지 못한 고로 내가 내

분으로 그 위에 쏟으며 내 진노의 불로 멸하여 그 행위대로 그 머리에 보응하였느니라 나 주 여호와의 말이니라"(겔 22:30-31).

이 경우 하나님께서는 그 땅을 대신하여 하나님 앞에 기꺼이 막아 서려는 사람을 찾았으나 찾지 못하셨다. 그래서 하나님께서는 그 땅을 멸하셨고, 그 결과 예루살렘은 주전 586년에 바벨론에게 망했다. 다른 경우들에서는, 영적 지도자가 하나님께 응답함으로 백성이 재앙을 면했다.

모세가 그 좋은 예이다. 이스라엘이 애굽에서 기적적으로 해방된 후에, 모세는 율법을 받기 위해 산으로 올라갔다. 그가 없는 사이 아론과 백성은 하나님께 반역하여 금송아지를 만들어 섬겼다. 하나님께서는 모세에게 이렇게 말씀하셨다. "그런즉 나대로 하게 하라 내가 그들에게 진노하여 그들을 진멸하고 너로 큰 나라가 되게 하리라"(출 32:10).

모세는 이기적인 마음을 품고 하나님의 생각에 동의할 수도 있었다. 그랬다면 그는 한 나라의 조상이 되었을 것이다. 그러나 모세는 이스라엘을 위해 이기심을 버리고 기도함으로 참된 영적 지도자의 인격을 보여주었다. "모세가 그 하나님 여호와께 구하여 가로되 여호와여 어찌하여 그 큰 권능과 강한 손으로 애굽 땅에서 인도하여 내신 주의 백성에게 진노하시나이까 어찌하여 애굽 사람으로 이르기를 여호와가 화를 내려 그 백성을 산에서 죽이고 지면에서 진멸하려고 인도하여 내었다 하게 하려 하시나이까 주의 맹렬한 노를 그치시고 뜻을 돌이키사 주의 백성에게 이 화를 내리지 마옵소서"(출 32:11-12).

하나님께서는 백성을 대신하여 애원하는 모세의 간구를 들으셨다. 그리고 "여호와께서 뜻을 돌이키사 말씀하신 화를 그 백성에게 내리지 아니하시니라"(출 32:14). 정탐꾼들 다수가 약속의 땅에 들어가지 못하리라는 보고를 하자 백성은 다시 하나님께 거역했다. 하나님께서는 그 백성을 멸하기로 하셨다. 그러자 모세는 그 백성을 살려 달라고 하나님께 기도했다(민 14장 참조). 영적 지도자는 이기심을 버리고 백성을 대신하여 하나님 앞에 막아 서며, 백성이 죄악되고 거역할 때에도 그럴 준비가 되어 있어야 한다. 하나님의 백성이 죄에 찌들 때, 지도자의 영적 인격이 시험대에 오른다. 하나님께서는, 백성이 그렇게 거역할 때는 모세가 그들을 떠나도록 결코 허락하지 않으셨다. 하나님의 백성에게는 다른 어떤 때보다 이러한 때에 영적 지도자가 필요하다. 영적 지도자의 이러한 역할은 살아 계신 주님께서 소아시아 교회의 목회자들(사자들)에게 말씀하시는 모습에서 분명하게 나타난다(계 2-3장 참조).

위기 때의 영적 지도자

많은 영적 지도자들이 스스로 어떤 지도자가 되어야 할 것인가를 찾기 위해 세상과 인간의 책을 탐구해 왔다. 세상은 당신에게 꼭 필요한 조언을 줄 수 없다. 하나님께서 당신을 빚도록 그의 손에 당신을 맡겨야 한다. 그렇게 할 때 하나님께서는 당신을 영적 위기의 때에 그의 백성을 돌보시는 데 사용할 수 있는 도구로 만드실 것이다. 하나님께서는 당신에게 맡기시려는 어떤 임무를 위해 언제나 당신의 인격을 준비시키신다. 하나님만이 미래를 아신다. 그는 이렇게 말씀하신다. "나 여호와가 말하노라 너희를 향한 나의 생각은 내가 아나니 재앙이 아니라 곧 평안이요 너희 장래에 소망을 주려 하는 생각이라 너희는 내게 부르짖으며 와서 내게 기도하면 내가 너희를 들을 것이요 너희가 전심으로 나를 찾고 찾으면 나를 만나리라"(렘 29:11-13).

우리 교회, 우리 나라 그리고 현재 세계에서 직면하는 위험들은 하나님께서 준비하신 그리스도 중심적이며, 성령의 능력을 힘입은 기도의 사람들을 필요로 한다. 영적 지도자들은 전심으로 하나님을 구해야 한다. 이들은 진정으로 하나님 중심적이어야 한다.

지금은 하나님께서 전세계적으로 강하게 역사하시는 독특한 시대이다. 하나님께서는 복음전파의 장벽을 허물고 계신다. 정치적 장벽, 언어장벽, 심지어 기술적 장벽까지 허물고 계신다. 우리는 잃어버린 세상을 그에게로 이끄시는 하나님의 가장 큰 역사 중 하나가 시작되는 것을 목격하고 있다. 일상적인 지도력으로는 부족할 것이다. 인간중심의 지도력은 당신을 실망시킬 것이다. 하나님만이 이 중요한 때에 그가 필요로 하시는 지도자를 분별하신다. 지금은 특별한 시대이다.

* 당신은 위기 때에 하나님께서 당신을 필요로 하는 지도자로 만드시도록 기꺼이 허락하는가?
* 당신은 성경을 통해 하나님의 인도하심을 받겠는가?
* 당신은 당신의 백성(사람들)을 인도하는 데 있어 하나님의

계획을 따르기 위해 당신의 계획을 포기하겠는가?
* 당신은 하나님 앞에 기꺼이 서서 거역하는 백성을 위해 중재자가 되겠는가?
* 당신은 개인적인 정결을 위해 연단자의 불에 기꺼이 순복하겠는가?

하나님의 은혜에 대한 증거: 되살아난 목회자와 되살아난 교회

로니는 오하이오 주에서 비교적 작은 교회를 담임하고 있었다. 여러 문제와 좌절 때문에, 그는 사직서를 써놓고 다시 엔지니어의 일을 하기 위해 이력서도 준비해 두었다. 며칠 후, 그는 주(州) 규모의 집회에 참석했다. 거기에서 하나님께서는 성경과 경건한 조언을 통해 그를 만나주셨다. 로니는 이렇게 말했다. "저는 그때부터 사흘 동안 하나님 앞에 울면서 보냈습니다." 하나님께서는 로니와 함께 그가 교회에 제공한 목회 지도력의 문제를 다루기 시작하셨다. 그는 거듭거듭 하나님이 옳다는 것을 고백하고 용서를 구했다.

하나님께서는 로니의 두 가지 특별한 문제를 다루셨다. 하나는 교회성장에 대한 로니의 접근법이었다. 로니는 최신의 교회성장 원리와 방법을 연구하고 있었으며, 그것들을 그의 교회에 적용하려 애쓰고 있었다. 그러나 하나님 앞에 있는 동안, 하나님께서는 마태복음 16:18로 그에게 강하게 역사하셨다. 예수께서는 그의 교회를 세우실 것이며, 음부의 권세가 그것을 이기지 못하리라고 말씀하셨다. 로니는 예수께서 이렇게 말씀하신다고 느꼈다. "로니야, 이제 내 교회를 그만큼 오래 가졌으면 됐다. 이제 내 교회를 돌려다오." 로니는 동의했고, 주님 앞에서 울었으며, 그리스도의 교회를 자신이 세우겠다는 노력을 포기했다. 그는 그리스도께 교회를 그가(그리스도께서) 원하시는 대로(목회자의 도움을 받거나 또는 받지 않고) 세워 달라고 기도했다.

로니는 자신이 매우 복음적인 목회자라고 자부했다. 그는 복음적인 메시지들을 전했으며 집집마다 다니면서 사람들에게 그리스도를 증거했다. 둘 중 어느 것도 잘못된 것이 아니었다. 그러나 … 로니가 기도할 때, 하나님께서는 그로 하여금 요한복음 10장이 생각나게 하셨다. 로니는 요한복음 10장에서 선한 목자가 어떻게 자기 양을 돌보는지에 대해 읽었다. 로니가 기도할 때에 주님께서 이렇게 물으심으로써 다시 한 번 그에게 도전을 주셨다. "너는 네 교회에서 내 양의 목자로서 무엇을 하고 있느냐?" 로니는 자신이 새 양을 찾고 있음을 고백했다. 그때 주님께서는 그를 견책하시며 말씀하셨다. "로니야, 너는 내가 네게 맡긴 양을 돌보지 않았다. 그런데 왜 내가 네게 새 양을 줄 것이라고 생각하느냐?"

로니는 자신의 삶을 선한 목자에게 내어 맡겼다. 그리고 하나님께서 교인들의 필요를 돌보는 방법을 보여주실 때는, 그가 하고 있는 것이 무엇이든 내려놓기로 맹세했다. 그러자 그는 주님께서 이렇게 말씀하시는 것을 느꼈다. "로니야, 네가 이제야 내 양을 돌보는구나. 그들이 건강하고 잘 먹여지고 만족해 할 때, 내가 그들을 통해 새 양을 네게 주마."

하나님께 돌아가는 그 사흘이 로니와 그의 가족과 교회에 엄청난 영향을 미쳤다. 로니는 그의 가족을 하나님과의 친밀한 관계로 인도하기 시작했다. 그러자 하나님께서는 로니와 제멋대로인 아들이 화해하게 하셨다. 그의 딸은 하나님께서 그녀의 고등학교에서 역사하시는 것을 보았다. 더 나아가 로니의 아내는 하나님의 인도하심과 신선하고 새로운 길을 주시는 그의 능력을 알게 되면서 믿음의 큰 진보를 이루었다.

이 되살아난 목회자가 하나님의 백성(양)을 하나님께로 돌이키기 시작하자 하나님께서는 교회를 변화시키기 시작하셨다. 그후 8개월 동안 교회는 하나님의 능력을 보고 알기 시작했다.

* 어떤 교인은 포르노 중독에서 해방되고 그의 가족과도 화해했다.
* 이혼으로 치닫고 있던 열 쌍의 부부들이 화해했고, 그 다음 해 한 해 동안 교인 가운데 이혼하는 부부는 한 쌍도 없었다.
* 하나님께서는 그 교회에 평신도 사역자를 한 사람 보내어 그 교회로 하여금 범죄율이 높은 아파트 지역 사역을 인도하게 하셨다. 경찰서장은 그 지역의 911 호출이 30퍼센트 감소했다고 발표했다.
* 그러자 그 평신도 사역자는 순종과 믿음에서 주님의 일에 전념하기 위해 직장을 그만두었다. 교회가 기도하기 시작하자, 하나님께서는 이 사역을 지원할 수 있도록 2주 후에 18,000달러를 주셨다. 그리고 한 형제 교회에서 이 침례교회에 다음과 같은 내용의 글과 함께 12,000달러를 보내 왔다. "저희는 하나님께서 그 아파트 사역의 한 부분을 저희

가 감당하길 원하신다고 믿습니다." 교회는 하나님께서 하신 일에 놀랐다.

* 하나님께서는 그들로 하여금 러시아 이민자들을 상대로 사역을 시작하게 하셨다. 그러면서 하나님께서는 러시아어를 하는 한 대학 교수를 보내서서 그들과 함께 일하게 하셨다. 이 대학 교수도 직장을 그만두어야겠다고 생각했는데, 그러자 하나님께서 그의 필요를 공급해 주셨다. 이러한 시작은 러시아의 한 도시와 외국선교 제휴관계를 맺는 데까지 발전했다.

* 로니는 개인적 부흥을 경험한 8개월 후에 하나님의 역사를 보고하면서 이렇게 말했다. "우리들은 하나님의 강한 능력과 임재를 체험하고 있으며, 이것을 사람들에게 말하지 않을 수 없습니다. 지난 주일에는 일곱 명이 새롭게 믿음을 고백했는데 그 중 제가 아는 사람은 하나밖에 없었습니다."

1992년 이 보고 이후로 하나님께서는 이 힐크레스트 교회를 대부분의 크리스천들이 전혀 보지 못한 하나 됨과 사랑의 영으로 인도하셨다. 하나님께서는 계속해서 이 교회를 통해 그의 강하신 손길을 보여주신다. 지금 그들은 그리스도를 위해 세상으로 나아가고 있다. 예수께서는 그에게 돌아와 그를 따를 백성이 있다면, 그의 교회를 세우기 위해 그가 어떤 일을 하실 수 있는지 보여주신다. 하나님께서는 절망하고 자기 중심적인 목회자를 되살리셔서 선한 목자 예수를 따르도록 양들을 인도하는 영적 지도자로 변모시킴으로써 그의 일을 시작하셨다.

요약

* 하나님 백성의 지도자가 되는 것은 특권이자 큰 책임이다.
* 하나님께서는 지도자들을 통해 하나님의 백성을 다시 부르시는 일을 하신다.
* 이스라엘은 그들을 다스릴 인간에게 눈을 돌리는 가운데 하나님의 주권적인 통치를 거부했다.
* 세상 사람들이 지도자를 강하게 요구하는 것은 하나님을 그들의 지도자로 인정하지 않기 때문이다.
* 상당수의 기독교 사회가 세상을 향해 도움을 구한다.
* 오늘날 많은 수의 기독교 지도자들은 하나님을 따르기보다는 하나님의 대체물을 따르고 본받으려고 애쓰고 있다.
* 하나님의 선택을 받은 지도자들은 세상처럼 기능하지 않는다. 이들은 지위나 개인적인 영향력을 기초로 독재자나 군주들처럼 다스리지 않는다.
* 하나님의 지도자들은 종, 심지어 노예로 부름받았다.
* 하나님께서는 그의 아들 예수 그리스도를 교회(그의 몸)의 머리로 두셨다. 그리스도는 하나님 백성의 지도자이자 통치자이어야 한다.
* 하나님께서는 그에게로 마음이 바르게 향해 있고 지도력(인도하심)을 구하는 사람을 찾으신다.
* 사도들은 기도와 하나님의 말씀 가운데서 지속적으로 하나님을 바라며 그의 인도하심을 구했다. 그들은 하나님을 그

들의 지도자, 통치자, 왕으로 보았다.
* 하나님께서는 요시야가 스스로를 겸비한 후에 그리고 백성이 회개하기 전에 그 세대를 멸하지 않기로 결정하셨다.
* 영적 지도자는 거룩한 삶을 살아야 하며, 하나님 앞에 순전한 마음을 가져야 한다.
* 영적 지도자는 이기심을 버리고 백성을 대신하여 하나님 앞에 막아 서며, 백성이 죄악되고 거역할 때에도 그럴 준비가 되어 있어야 한다.
* 우리 교회, 우리 나라 그리고 현재 세계에서 직면하는 위험들은 하나님께서 준비하신 그리스도 중심적이며, 성령의 능력을 힘입은 기도의 사람들을 필요로 한다.

기도 가운데 하나님 만나기

당신이 영적 지도자라면, 하나님께서 당신에게 매우 특별한 방법으로 말씀해 오셨을 것이다. 하나님께서는 몇몇 특별한 부분들에서 당신을 다루어 오셨을 것이다. 시간을 내어 또는 있는 시간을 늘려 그가 말씀하고 계시는 부분들에서 하나님께 응답해 보라.
* 하나님께서 당신이 대체물들에 눈을 돌렸다는 것을 보여 주셨다면, 회개하고 하나님께 돌아가라.
* 하나님의 일에 쓰임받는 그릇이 되도록 당신의 삶을 정결케 해 달라고 기도하라.
* 부흥을 위해 당신의 뜻을 굽히고 하나님의 뜻에 순복하라. 그리고 하나님께서 당신의 마음을 철저히 되살리심으로써

부흥을 시작하시도록 기도하라.
* 하나님께서 당신을 통해 하시는 모든 일에서 영광을 받으시도록 기도하라.

다른 사람들과 함께 하나님 만나기

소그룹에서 기회가 있을 때, 이런 토론문제들을 생각해 보라.
1. 이스라엘은 어떻게 하나님으로부터 그의 대체물로 눈을 돌렸는가?
2. 교회와 기독교 지도자들은 하나님을 바라기보다 인간 지도자를 찾을 때 어떤 면에서 이스라엘처럼 되었는가?
3. 하나님께서는 영적 지도자에게서 무엇을 찾고 계시는가?
4. 영적 지도자는 교회나 단체가 그리스도를 따르도록 그들을 어떻게 인도하는가?
5. 하나님의 백성 가운데서 영적 지도자가 감당해야 하는 본질적인 역할은 무엇인가?
6. 기도와 말씀연구가 지도자에게 얼마나 중요한가? 그 이유는 무엇인가? (행 6장 참조).
7. 당신은 성경에서 한 지도자의 삶 및 행동과 백성(사람들)에 대한 하나님의 반응 사이에 어떤 상호관계를 발견하는가?
8. 당신은 하나님께서 당신의 삶이나 교회의 어느 곳에서 부흥을 시작하길 원하신다고 느끼는가? 이것이 당신의 기도에 어떤 영향을 끼치는가?

14 장
영적 지도자의 자질

마태복음 10장에서 예수께서는 그가 맡길 사명을 감당할 수 있도록 열두 제자를 준비시키기 위해 그들에게 여러 가지 가르침(지시)을 주셨다. 이것은 제자들을 하나님께서 장차 그의 나라 사역을 맡기실 지도자로 취임하는 것이었다. 하나님께서는 위기 시에 영적 지도자가 되는 데 어떤 희생이 따르는가를 어렴풋이 보여주셨다. 이러한 가르침은 2,000년 전 만큼이나 오늘날에도 힘이 있고 적절하다. 다음은 하나님께서 우리 시대에 구속사역을 감당할 영적 지도자들에게 요구하시는 열네 가지 자질이다.

1. 긴급의식이 있어야 한다

마태복음 10장의 정황이 9장의 마지막 몇 절에 나타나 있다.

예수께서 모든 성과 촌에 두루 다니사 저희 회당에서 가르치시며 천국 복음을 전파하시며 모든 병과 모든 약한 것을 고치시니라 무리를 보시고 민망히 여기시니 이는 저희가 목자 없는 양과 같이 고생하며 유리함이라 이에 제자들에게 이르시되 추수할 것은 많되 일꾼은 적으니(마 9:35-37).

예수께서는 하나님 백성의 상황이 긴급함을 피력하셨다. 오늘의 영적 지도자들은 하나님과 같은 긴급의식(sense of urgency - 때가 긴급하고, 긴박함을 간파하는 감각 - 역자 주)을 가져야 한다. 오늘 우리 주님과 동행하는 지도자들은 주님의 마음에서 긴급의식(상황이 긴박함)을 보게 될 것이다. 예수께서는 고민하시면서 하나님의 백성을 민망히(불쌍히) 여기셨다. 이것은 저들이 목자 없는 양같이 고생하며 유리하기 때문이었다. 이것이 열두 제자에게 사명을 맡겨 보내신 절망적인 상황이었다.

2. 참되고, 강하며, 기도하는 사람이어야 한다

이처럼 절실한 필요에 직면하자, 예수께서는 이 지도자들(제자들)에게 기도를 명하셨다. "그러므로 추수하는 주인에게 청하여(pray, 기도하여) 추수할 일꾼들을 보내어 주소서 하라"(마 9:38). 위기의 시대에 영적 지도자는 참되고, 강하며, 하나님의 소명을 받은 기도의 사람이어야 한다. 그는 백성을 위해 하나님 앞에서 기도로 일하는 것이 무엇을 뜻하는지 아는 중재자(중보자)이어야 한다. 당신이 설령 무엇을 위해 기도해야 할지 모른다고 하더라도, 성령께서 우리 중보자가 되시어 하나님의 뜻에 맞게 당신의 기도를 인도하신다(롬 8:26-27 참조). 기도는 지도자의 사역전략에서 최우선 순위를 가져야 한다. 지도자는 또한 일꾼들을 위해 기도하는 법을 알아야 한다.

알래스카의 한 교회가 「하나님을 경험하는 삶: 하나님의 뜻을 알고 행하기」(Experiencing God: Knowing and Doing the Will of God) 과정을 공부하고 있었다. 목회자는 하나님께서 지금까지 그 자리로 부르지 않았는데도 지도자의 자리를 차지하고 있는 힘있고 기교 있는 사람들이 교회에 있다는 확증을 갖게 되었다. 그는 교회가 그리스도께서 원하시는 대로 정돈되지 않으면 그리스도의 건강한 몸으로서 기능할 수 없다는 것을 알았다. 어느 주일, 이 목사는 교회에는 하나님께서 부르신 지도자들이 필요하다는 설교를 했다. 그는 교회 모든 지도자들에게 한 주 동안 자신들의 지도자 자리를 놓고 기도해 보라고 했다. 그는 하나님께서 자신을 지도자로 부르셨다는 생각이 들지 않는 사람들은 다음 주에 모두 사직서를 제출하라고 했다. 그러면 교회는 하나님께서 원하시는 일꾼들을 제자리로 불러 달라고 기도할 것이었다.

다음 주일 두 명의 주일학교 교사를 제외하고 지도자 전원이 사직서를 제출했다. 성경의 분명한 지침을 따라 교인들은 하나님께서 일꾼들을 부르시리라는 확신을 가지고 기도했다. 2주 후에, 교회 모든 지도자 자리가 하나님께서 그곳에서 섬기기를 원한다고 느끼는 사람들로 채워졌다.

이런 대담한 행동에는 "그러므로 추수하는 주인에게 청하여 추수할 일꾼들을 보내어 주소서 하라"(마 9:38)고 말씀하신 분에 대한 큰 믿음과 확신이 요구된다. 오늘날의 영적 지도자들은 기도에 응답하시는 하나님을 의뢰하면서 기도를 사역의 제일 전략으로 삼는 사람들이어야 한다.

3. 예수를 주로 모시는 무조건적 관계가 있어야 한다

예수께서는 "열두 제자를 (그에게로, to Him) 부르셨다"(마 10:1 참조). 이들은 제자로 부르심을 받았다 - 예수와의 친밀한 관계에서 예수처럼 되라고 부르심을 받았다. "너희를 부르시는 이는 미쁘시니 그가 또한 이루시리라"(살전 5:24). 당신을 부르시는 분은 그가 부르시는 사람들을 통해 그의 일을 성취하시는 성실한 분이시다. 영적 지도자들은 그들 삶의 주인이 되시는 예수님과 친밀한 사랑의 관계를 가져야 한다.

4. 하나님께 대한 책임을 인식해야 한다

당신이 하나님을 당신의 주인으로 선택한 것이 아니다. 하나님께서 당신을 그의 종으로 선택하셨다. 하나님께 소명받은 지도자인 당신은 당신의 지도력(지도자직)에 대해 하나님께 책임이 있다. 당신의 제일 되는 책임은 당신을 부르신 하나님께 대한 것이다. 영적 지도자들은 시시각각으로 다가오는 의견(여론)이나 압력단체의 바람에 흔들려서는 안된다.

오늘날 너무 많은 지도자들이 자세를 취하기도 전에 추종자들의 여론이 어느 쪽으로 흘러가는가를 주시한다. 이런 지도자들은 위기 때에 결코 제 역할을 하지 못할 것이다. 바울처럼 당신은 스스로를 예수 그리스도께 높은 수준의 책임이 있는 그의 노예로 보아야 한다. 당신은 사람을 기쁘게 하기보다는 하나님을 기쁘시게 하는 쪽을 선택해야 한다.

5. 영적 권세를 분명히 나타내어야 한다

마태복음 10장에서 예수께서는 영적 지도자들에게 권한(권능)을 주어 내보내셨다. "예수께서 그 열두 제자를 부르사 더러운 귀신을 쫓아내며 모든 병과 모든 약한 것을 고치는 권능을 주시니라 … 병든 자를 고치며 죽은 자를 살리며 문둥이를 깨끗하게 하며 귀신을 쫓아내되 너희가 거저 받았으니 거저 주어라"(마 10:1, 8).

영적 권위(권세)는 완전한 하나님이신 그리스도로부터 온다. 그는 믿는 자를 통해 일하기 위해 그 사람 안에 거하신다(골 2:9-10 참조). 그리스도는 능력과 권세(권위)를 가지신 분으로 영적 지도자들을 통해 일하실 것이다.

'영적 권세(권위)'라는 말은 우리 시대에 너무나 남용되어 왔다. 오해하지 말기 바란다. 영적 지도자라면 겸손히 행할 것이다. 그는 자신의 힘이나 권위나 어떤 지위에서 오는 권위로 일하지 않는다. 영적 지도자는 그 안에 계시며 그를 통해 일하시는 그리스도의 능력과 권위(권세)로 행한다.

영적 지도자인 당신에게는 당신이 하는 모든 일을 든든히 뒷받침하고 힘있게 하시는 하나님 아버지께서 믿을 수 없을 만큼 강하게 임재해 계신다. 어떤 위기도 하늘에 계신 아버지의 통치권을 빼앗지 못할 것이다. 당신은 어떤 위기 가운데서도 굳게 설 수 있을 것이다. 하나님께서 그의 능력과 권세를 당신께 주셨으며, 그 능력과 권세가 당신을 통해 넘쳐날 것이기 때문이다. 이 능력과 권세는 당신 주위의 모든 사람들이 분명히 보고 느낄 것이다. 그러므로 당신은 겸손히 종의 자세를 가지고 하나님께서 당신을 통해 역사하실 것을 믿을 수 있다. 당신은 하나님의 백성에게 강압적으로 당신을 따르게 할 필요가 없다.

6. 하나님께 대한 절대적 믿음과 신뢰와 확신이 있어야 한다

예수께서는 제자들에게 이제 그들이 갖는 자원은 이전에 그들이 알던 것과는 전혀 다르다고 설명하셨다. "너희 전대에 금이나 은이나 동이나 가지지 말고 여행을 위하여 주머니나 두 벌 옷이나 신이나 지팡이를 가지지 말라 이는 일꾼이 저 먹을 것 받는 것이 마땅함이니라"(마 10:9-10).

그들은 양식을 걱정할 필요가 없었을 것이다. 영적 지도자는 하나님과 그의 준비하심에 대한 믿기 어려울 정도의 믿음과 신뢰와 확신을 가져야 한다. 당신을 보내시는 하나님은 당신의 필요를 공급해 주신다. 영적 지도자의 생활양식에는 바울과 같은 확신이 있어야 한다. "하나님이 능히 모든 은혜를 너희에게 넘치게 하시나니 이는 너희로 모든 일에 항상 모든 것이 넉넉하여 모든 착한 일을 넘치게 하게 하려 하심이라"(고후 9:8). 당신이 섬기는 하나님께 대한 이런 확신이 없이는 세상의 위기 속으로 뛰어들지 말라. 하나님께서 부르신 지도자는 위기 가운데서 초조해 하거나, 희망을 잃거나, 절망할 필요가 전혀 없다. 그는 다윗처럼 이렇게 말할 것이다. "오직 저만 나의 반석이시요 나의 구원이시요 나의 산성이시니 내가 크게 요동치 아니하리로다"(시 62:2).

7. 하나님께서 주신 방향감각이 있어야 한다

하나님께서는 지도자들(제자들)을 보내실 때 그의 길로 이끄신다. 하나님께서는 조건을 달아 그들을 내보내신다. 하나님께서는 또한 그들로 하여금 그들의 사역 대상자들의 행동뿐만 아니라 그들 자신의 행동이 가져다 줄 무서운 결과도 알게 하신다.

이방인의 길로도 가지 말고 사마리아인의 고을에도 들어가지 말고 차라리 이스라엘 집의 잃어버린 양에게로 가라 가면서 전파하여 말하되 천국이 가까왔다 하고 … 아무 성이나 촌에 들어가든지 그 중에 합당한 자를 찾아내어 너희 떠나기까지 거기서 머물라 또 그 집에 들어가면서 평안하기를 빌라 그 집이 이에 합당하면 너희 빈 평안이 거기 임할 것이요 만일 합당치 아니하면 그 평안이 너희에게 돌아올 것이니라 누구든지 너희를 영접도 아니하고 너희 말을 듣지도 아니하거든 그 집이나 성에서 나가 너희 발의 먼지를 떨어버리라 내가 진실로 너희에게 이르노니 심판 날에 소돔과 고모라 땅이 그 성보다 견디기 쉬우리라 보라 내가 너희를 보냄이 양을 이리 가운데 보냄과 같도다 그러므로 너희는 뱀같이 지혜롭고 비둘기같이 순결하라(마 10:5-7, 11-16).

영적 지도자는 그리스도와 함께하는 자신의 사명에 관해 어떤 오해를 가져서도 안된다. 예수께서는 제자들이 그를 위해 사명을 품고 나갈 때 큰 고통을 겪게 되리라고 경고하셨다. 하나님의 지시를 따를 때, 당신은 하나님께서 당신을 보내셨다는 생각을 가져야 한다. 다시 말해, 하나님께서는 당신이 어디로 갈지 알고 계시며, 당신이 무슨 경험을 할지도 알고 계신다. 따라서 당신은 그가 당신과 함께 계셔 당신을 인도하시며 당신이 맡은 사명을 완수하도록 능력을 주시리라는 확신을 가져야 한다.

8. 희생을 분명히 감수해야 한다

예수께서는 그를 따르는 대가(희생)에 대해 설명하셨다.

사람들을 삼가라 저희가 너희를 공회에 넘겨주겠고 저희 회당에서 채찍질하리라 또 너희가 나를 인하여 총독들과 임금들 앞에 끌려가리니 이는 저희와 이방인들에게 증거가 되게 하려 하심이라 너희를 넘겨줄 때에 어떻게 또는 무엇을 말할까 염려치 말라 그 때에 무슨 말 할 것을 주시리니 말하는 이는 너희가 아니라 너희 속에서 말씀하시는 자 곧 너희 아버지의 성령이시니라 장차 형제가 형제를, 아비가 자식을 죽는 데 내어 주며 자식들이 부모를 대적하여 죽게 하리라 또 너희가 내 이름을 인하여 모든 사람에게 미움을 받을 것이나 나중까지 견디는 자는 구원을 얻으리라 이 동네에서 너희를 핍박하거든 저 동네로 피하라 내가 진실로 너희에게 이르노니 이스라엘의 모든 동네를 다 다니지 못하여서 인자가 오리라(마 10:17-23).

그러나 예수님의 제자들은 무엇을 해야 할지 미리 걱정할 필요가 없었다. 예수께서는 다가오고 있는 때를 알고 계셨다. 그는 이 지도자들에게 다가올 것들에 대해 준비할 것을 가르쳐 주셨다. 그는 성령께서 각기 다른 상황 가운데 임하셔서 그들을 분명히 인도해 주실 것이라는 점을 상기시켜 주셨다. 당신이 분명히 알아야 할 것은, 영적 지도자가 되는 데는 큰 희생(대가)이 따른다는 것이다. 당신은 어떤 인기도 경쟁에서도 이기지 못할 것이다. 당신은 사람들을 기쁘게 하려고 해서는 안되며, 오히려 하나님으로부터 받은 메시지를 전하려고 애써야 한다. 희생이 너무 크다는 이유만으로 순종에서 물러서지 않도록 하라. 하나님께서는 당신이 필요한 바로 그 순간에, 심지어 심각한 반대에 직면해서도, 당신에게 필요한 모든 자원을 주기 위해 성령을 주신다는 사실을 명심하라. 당신이 알아야 할 것이 하나 더 있다. 그것은 사람들에게 회개를 촉구하는 일은 언제나 큰 반대에 부딪치게 되리라는 것이다. 때때로 그 반대는 심각하고 가차없는 것일 때가 있다.

9. 절대적으로 하나님 중심적이어야 한다

예수께서는 이 지도자들이 하나님 중심적이길 원하셨다. 이들은 다른 사람들을 두려워할 필요가 없었다. 이들은 하나님께 아주 귀중한 자들이었다. 하나님께서는 그들 삶의 가장 세밀한 부분까지 알고 계셨다. 하나님께서는 그가 선택하신 자들의 정당성을 입증하실 것이다.

> 감추인 것이 드러나지 않을 것이 없고 숨은 것이 알려지지 않을 것이 없느니라 내가 너희에게 어두운 데서 이르는 것을 광명한 데서 말하며 너희가 귓속으로 듣는 것을 집 위에서 전파하라 몸은 죽여도 영혼은 능히 죽이지 못하는 자들을 두려워하지 말고 오직 몸과 영혼을 능히 지옥에 멸하시는 자를 두려워하라 참새 두 마리가 한 앗사리온에 팔리는 것이 아니냐 그러나 너희 아버지께서 허락지 아니하시면 그 하나라도 땅에 떨어지지 아니하리라 너희에게는 머리털까지 다 세신 바 되었나니 두려워하지 말라 너희는 많은 참새보다 귀하니라(마 10:26-31).

하나님께서는 영적 지도자인 당신과 매우 친밀하게 지내실 것이다. 그는 당신의 모든 것을 아신다. 모든 역사를 주관하시는 하나님께서 당신을 돌보실 것이다. 당신은 인간이나 인간의 여론을 두려워할 필요가 전혀 없다. 인간들은 당신의 몸만 죽일 수 있을 뿐이다. 당신이 두려워해야 하는 분은 하나님이시다. 당신에겐 하나님께 대한 건강한 두려움이 필요하다. 그는 당신의 영원한 운명을 결정하는 분이시다.

10. 주 예수를 닮는 종의 삶을 살아야 한다

　예수께서는 제자들에게 자신을 본받는 삶을 살라고 말씀하셨다. 그는 그들의 주인이었다. 그들은 그의 종이었다. 영적 지도자는 하나님 나라의 방식으로 기능할 것이다. "제자가 그 선생보다 또는 종이 그 상전보다 높지 못하나니 제자가 그 선생 같고 종이 그 상전 같으면 족하도다 집주인을 바알세불이라 하였거든 하물며 그 집 사람들이랴 그런즉 저희를 두려워하지 말라 감추인 것이 드러나지 않을 것이 없고 숨은 것이 알려지지 않을 것이 없느니라"(마 10:24-26).

　당신은 예수를 닮는 삶을 살아야 한다. 그는 당신의 절대적인 주인이시다. 당신은 그의 종이다. 당신의 정체성은 세상에 맞춰지는 것이 아니라 당신의 주인에게 맞춰져야 한다. 세상으로부터 당신의 지도력 스타일이나 자질을 형성하지 않도록 하라. 세상 사람들의 책을 보고 당신이 어떻게 사람들을 이끌 것인가를 결정하지 않도록 하라. 세상적인 방식으로 기능하려고 애쓰지 말라. 하나님 나라의 지침과 방법들은 매우 다르다. 당신의 주인을 닮는 것으로 충분할 것이다. 그러나 그를 본받아 살기 위해서는 성령의 가르침 아래 그의 삶을 철저히 연구해야 한다. 당신은 모든 결정과 방향설정에서 그의 조언을 구해야 한다. 그가 당신 안에서 당신을 통해 그의 삶을 살고 계시기 때문이다.

　또한 영적 지도자는 주님의 조소와 고난을 함께 당하는 사람이다. 당신에게는 예수에 관해 당신이 기꺼이 따르고 싶은 것들을 가려서 선택할 권한이 없다. 위기 때에 영적 지도자가 되기 위해, 당신은 바울처럼 그의 십자가를 함께 질 준비가 되어 있어야 한다. "내가 그리스도와 그 부활의 권능과 그 고난에 참예함을 알려 하여 그의 죽으심을 본받아"(빌 3:10). 당신은 그리스도의 고난을 기꺼이 함께 당하겠는가? 당신은 이 질문에 답하기 전에 이사야 53장을 기도하는 마음으로 읽어보아야 할 것이다. 그가 고난당하셨듯이 당신도 기꺼이 고난을 당하겠는가?

이것은 예수께서 세상을 구속하시려 처음 오신 그때에 하나님께서 영적 지도자들에게 요구하셨던 것이다. 하나님께서는 예수를 보전하지 않으셨다. 그 지도자들 가운데 많은 수가 예수를 따르는 삶을 포기했다. 당신은 주님께서 돌아와 역사를 종결지으실 준비를 하고 계신 지금은 요구들이 좀 낮을 것이라고 생각하는가? 역사 속에서 우리는 특별한 차원의 영적 지도력이 필요한 그 특별한 순간으로 다가가고 있다.

II. 예수가 주이심을 공개적으로 증거해야 한다

영적 지도자는 예수를 주라고 공개적으로 증거할 것이며, 특히 그가 주이심을 믿지 않는 사람들로 가득 찬 세상에서 그렇게 해야 한다. "누구든지 사람 앞에서 나를 시인하면 나도 하늘에 계신 내 아버지 앞에서 저를 시인할 것이요 누구든지 사람 앞에서 나를 부인하면 나도 하늘에 계신 내 아버지 앞에서 저를 부인하리라"(마 10:32-33).

이러한 증거(증언)는 그저 예수를 좋게 말하는 것이 아니다. 영적 지도자는 그를 지켜보는 세상 앞에서 진실된 삶을 살아야 한다. 당신은 세상 앞에서 그리스도가 훤히 드러나는 삶을 살아야 한다. 바울은 그런 삶을 살았다. 그는 고린도 교회에게 이렇게 말했다.

> 내가 너희 중에서 예수 그리스도와 그의 십자가에 못박히신 것 외에는 아무것도 알지 아니하기로 작정하였음이라 … 내 말과 내 전도함이 지혜의 권하는 말로 하지 아니하고 다만 성령의 나타남과 능력으로 하여 너희 믿음이 사람의 지혜에 있지 아니하고 다만 하나님의 능력에 있게 하려 하였노라(고전 2:2, 4-5).

당신의 삶과 사역을 '성령의 나타나심과 능력'이라고 말할 수 있는가? 그렇지 않으면 당신은 당신 자신이나 당신의 지혜나 당신의 설득력 있는 말에 더 의지하고 있는가? 당신은 당신 안에 거하시는 그리스도께서 참으로 당신의 생명이 되시는 데까지 나아가야 한다. 당신의 외적인 삶이 당신 안에 계시는 그리스도를 나타낼 때, 그리스도께 대한 당신의 열린 증거(증언)는 참되다. 하나님께서는 바로 이런 증거를 통해 사람들을 그의 아들에게로 인도하시어 구속하신다.

12. 하나님 나라를 위해 기꺼이 위험을 감수해야 한다

영적 지도자는 하나님 나라를 위해 기꺼이 위험을 감수하는 사람이어야 한다. 그는 인간의 견해(여론)를 두려워하지 않을 것이며, 어떤 것이든 영적 전쟁을 치를 준비가 되어 있을 것이다.

> 내가 세상에 화평을 주러 온 줄로 생각지 말라 화평이 아니요 검을 주러 왔노라 내가 온 것은 사람이 그 아비와, 딸이 어미와, 며느리가 시어미와 불화하게 하려 함이니 사람의 원수가 자기 집안 식구라
> (마 10:34-36).

당신이 하나님을 따를 때 모든 사람이 당신과 함께하지는 않을 것이다. 당신의 적은 당신의 가족일 수도 있다. 당신은 위기 때에 영적 싸움을 싸울 준비가 되어 있어야 하며, 그 영적 싸움은 당신의 모든 친밀한 관계를 시험(test)할 것이다. 당신은 두 눈을 크게 뜨고 기꺼이 위험을 감수해야 한다. 예수께서는 "내가 심판하러 이 세상에 왔으니"(요 9:39)라고 말씀하셨다. 예수께서 이런 메시지를 주어 당신을 내보내실 때, 그는 평화가 아니라 칼을 가져다주신다는 것을 기억하라. 당신은 이 메시지를 순종하며 전하기 위해 당신의 생명을 비롯해 모든 위험을 기꺼이 감수하겠는가?

13. 하나님과 그의 아들을 전심으로 사랑해야 한다

예수께서는 이런 지도자들이 파송되고 있는 세상을 알고 계셨다. 그는 십자가를 질 것을 요구하는 삶 속으로 이들을 의도적으로 부르셨다. 예수께서는 이 지도자들 중 많은 경우, 십자가가 그들의

생명을 요구하리라는 것을 알고 계셨다. 예수께서는 또한 이런 사람들과 갖는 사랑의 관계에 의해 하나님 나라의 미래가 결정되리라는 것도 알고 계셨다. 예수께서는 그에게 절대적으로 내어 맡길 것을 요구하셨다.

> 아비나 어미를 나보다 더 사랑하는 자는 내게 합당치 아니하고 아들이나 딸을 나보다 더 사랑하는 자도 내게 합당치 아니하고 또 자기 십자가를 지고 나를 좇지 않는 자도 내게 합당치 아니하니라 자기 목숨을 얻는 자는 잃을 것이요 나를 위하여 자기 목숨을 잃는 자는 얻으리라(마 10:37-39).

예수께서는 이 지도자들에게 아무것도 숨기지 않으셨다. 왜냐하면 이들이 하나님의 백성을 인도할 때, 예수의 재림 때까지 모든 세대에서 세상을 구속하는 일이 이들의 손에 달려 있기 때문이다. 부르심은 실제이다. 원수도 실제이다. 요구들도 실제이며, 십자가도 실제이다.

위기의 때에 영적 지도자는 하나님과 그의 아들을 전심으로 사랑해야 하며, 이 사랑은 다른 모든 애정을 능가한다. 하나님과 당신의 사랑의 관계는 당신 자신의 생명에 대한 사랑을 포함해 당신 삶의 다른 어떤 관계와도 비교될 수 없을 것이다. 이것이 하나님께 합당한 유일한 사랑의 관계이다. 그리스도의 사랑이 당신을 강권하여 그를 섬기게 할 것이다. 그러나 이 사랑의 관계는 십자가를 요구할 것이다. 하나님의 뜻은 십자가이다. 그를 따르기 위해서는 자기 의지를 십자가에 못박아야 한다. 십자가가 현실로 다가올 때 하나님의 뜻을 회피하지 않도록 하라. 이것은 하나님의 뜻에 대한 당신의 전적인 순복으로 나타날 것이다 - 어떤 조건도 달지 않는다. 그리고 그의 계명에 대한 당신의 순종은 이 사랑의 관계에 좌우될 것이다(요 14:21, 23-27; 15:1-17 참조).

14. 예수 그리스도와 하나 되는 삶을 살아야 한다

예수께서는 그와 분명하고도 틀림없이 하나 되도록 제자들을 부르셨다. 그들은 예수와 동일시될 것이다. 그들은 살아 계신 주님의 성품과 패턴과 생활양식을 취하면서 예수와 연합할 것이다. 그러나 그들은 이로 인해 그 시대의 팽배한 태도와 심지어 종교의식들과도 마찰을 일으키게 될 것을 알고 있었다. 그들은 또한 예수께서 충성스런 종에게 상 주실 준비를 하고 기다리신다는 것도 알고 있었다. 계산의 날이 올 것이다.

> 너희를 영접하는 자는 나를 영접하는 것이요 나를 영접하는 자는 나 보내신 이를 영접하는 것이니라 선지자의 이름으로 선지자를 영접하는 자는 선지자의 상을 받을 것이요 의인의 이름으로 의인을 영접하는 자는 의인의 상을 받을 것이요 또 누구든지 제자의 이름으로 이 소자 중 하나에게 냉수 한 그릇이라도 주는 자는 내가 진실로 너희에게 이르노니 그 사람이 결단코 상을 잃지 아니하리라 하시니라(마 10:40-42).

영적 지도자는 주님 앞에서 계산할 때를 분명히 고대하면서 모든 일을 할 것이다. 당신의 애타는 마음은 어느 날 "잘하였도다 착하고 충성된 종아"라는 말을 들을 것이다.

패턴은 분명하다

우리에게는 영적 위기 때에 이런 영적 지도자가 필요하다. 영적 지도자에 대한 하나님의 패턴은 분명하다. 그것은 숨겨져 있지 않다. 대가(희생)도 숨겨져 있지 않다. 하나님의 자원도 숨겨져 있지 않다. 사랑의 관계도 숨겨져 있지 않다. 부르심에서 능력 부여에까지, 나아감에까지, 당신이 마주칠 것에까지, 예수의 패턴을 닮아감에까지, 공개적인 증거(증언)에까지, 사역이 쉽지 않으리라는 사실에까지, 하나님께서는 위기의 때에 영적 지도자에게 그가 요구하시는 것이 무엇인지 보여주신다. 이 모두를 마음에 새기면, 당신은 듣는 자에게 생명과 죽음을 의미하는 메시지를 자신이 가졌다는 것을 알 수 있다. 세상은 진정한 소명을 가진 그리고 보내신 분의 능력과 권세로 입증되는 메시지를 가진 사자를 기다린다. 그 메시지는 이것이다. "천국이 가까왔느니라."

요약

* 오늘날 우리 주님과 동행하는 지도자는 주님의 마음에서 긴급의식(때가 긴박함)을 보게 될 것이다.
* 오늘날의 영적 지도자들은 기도에 응답하시는 하나님을 의

뢰하면서 기도를 사역의 제일 전략으로 삼는 사람들이어야 한다.
* 영적 지도자는 사람을 기쁘게 하기보다는 하나님을 기쁘시게 하는 쪽을 선택해야 한다.
* 영적 지도자는 겸손하게 행해야 한다.
* 영적 지도자는 하나님과 그의 준비하심에 대한 믿기 어려울 정도의 믿음과 신뢰와 확신을 가져야 한다.
* 분명히 알아야 할 것은, 영적 지도자가 되는 데는 큰 희생(대가)이 따른다는 것이다.
* 영적 지도자는 또한 주님의 조소와 고난을 함께 당하는 사람이어야 한다.
* 당신의 외적인 삶이 당신 안에 계시는 그리스도를 나타낼 때, 그리스도께 대한 당신의 열린 증거(증언)는 참되다.
* 당신은 메시지를 순종하며 전하기 위해 당신 생명을 비롯해 모든 위험을 기꺼이 감수하겠는가?
* 하나님과 당신의 사랑의 관계는 당신 자신의 생명에 대한 사랑을 포함해 당신 삶의 다른 어떤 관계와도 비교될 수 없을 것이다.
* 세상은 진정한 소명을 가진 그리고 보내신 분의 능력과 권세로 입증되는 메시지를 가진 사자를 기다린다.

기도 가운데 하나님 만나기

* 지도자로서 당신의 삶을 위해 이런 기도를 드려보라. "주님, 제게 어떤 희생이 따르더라도 이 위기의 때에 영적 지도자가 되는 일에 제 삶을 바치겠습니다. 주께서 원하시는 대로 저를 사용하여 주소서. 아멘."
* 주님 앞에서 예수께서 그의 제자들에게 개괄해 주신 영적 지도자의 자질과 그에 따르는 희생을 다시 한 번 살펴보라. 주님께서 당신에게 원하시는 것이 무엇인지 주님과 상의해 보라.

다른 사람들과 함께 하나님 만나기

소그룹에서 기회가 있을 때, 이런 토론문제들을 생각해 보라.
1. 영적 지도자는 그리스도와 어떤 관계를 가질 것인가?
2. 영적 지도자는 어떤 힘을 갖는가? 그 힘은 어디서 오는가?
3. 영적 지도자가 기꺼이 지불해야 하는 대가(희생)는 무엇인가?
4. 영적 지도자가 하나님의 계명에 순종하면서 해야 하는 몇 가지 일들은 무엇인가?

영적 지도자의 자질

1. 긴급의식이 있어야 한다(마 9:35-37).
2. 참되고, 강하며, 기도하는 사람이어야 한다(마 9:38).
3. 예수를 주로 모시는 무조건적 관계가 있어야 한다(마 10:1).
4. 하나님께 대한 책임을 인식해야 한다(마 10:1, 8).
5. 영적 권세를 분명히 나타내어야 한다(마 10:1, 8).
6. 하나님께 대한 절대적 믿음과 신뢰와 확신이 있어야 한다(마 10:9-10).
7. 하나님께서 주신 방향감각이 있어야 한다(마 10:5-7, 11-16).
8. 희생을 분명히 감수해야 한다(마 10:17-23).
9. 절대적으로 하나님 중심적이어야 한다(마 10:26-31).
10. 주 예수를 닮는 종의 삶을 살아야 한다(마 10:24-25).
11. 예수가 주이심을 공개적으로 증거해야 한다(마 10:32-33).
12. 하나님 나라를 위해 기꺼이 위험을 감수해야 한다(마 10:34-36).
13. 하나님과 그의 아들을 전심으로 사랑해야 한다(마 10:37-39).
14. 예수 그리스도와 분명하게 하나 되는 삶을 살아야 한다(마 10:40-42).

15 장
영적 지도자들을 위한 개인적 부흥

성경에서 부흥은 항상 영적 지도자들에 의해 인도되었다. 부흥은 위에서 시작되도록 의도된다. 당신이 한 가정, 교회, 교단 또는 다른 단체의 영적 지도자라면, 우리의 기도는 이것이다. 당신이 다른 사람들을 이끌어 하나님께로 돌아오도록 준비시키는 가운데 개인적인 부흥을 경험하는 것이다. 어쩌면 하나님께서는 이미 당신의 마음과 삶을 준비해 두셨을 것이다. 이 장은 하나님께서 그의 백성을 부흥시키는 데 당신이 도구와 종으로 쓰임받을 수 있도록 스스로를 세밀하게 준비하게끔 당신을 하나님께로 향하게 하는 데 목적이 있다.

하나님께서 당신의 삶을 공유하시게 하라

하나님께서 당신의 삶 속에서 계속 일하시게 하라. 하나님께서 당신 속에서 일하실 때 다른 교회나 단체의 지도자들이 하나님께 응답하도록 그들을 인도하라. 성경의 부흥은 지도자에게서 시작되어 아래로 내려갔다. 당신은 다음 몇 가지 제안을 고려해 보고 싶을 것이다.

* 그들의 영적 성숙과 영적 일관성을 위하여 당신이 존경하는 경건한 목회자나 다른 지도자를 찾아라. 그를 기도의 동역자이자 조언자로 삼고 당신의 삶을 그와 나누어라. 두 사람이 서로의 교회나 단체가 하나님을 만나도록 이끌 때, 서로 도와주어라. 하나님께서는 서로 의지하도록 우리를 창조하셨다.

* 당신 삶에서 모든 교만을 부지런히 제거하라. 시간이 늦었다. 시간이 없다. 긴급의식을 가지고 살며 하나님 앞에 당신을 겸손히 낮추어라. 교만 때문에 하나님께서 당신에게 요구하시는 일을 못하는 일이 없도록 하라.

* 이런 경험을 시작할 때, 당신이 인간보다 하나님을 기쁘시게 하는 데 관심이 더 많다는 것을 확정하라. 이런 헌신이 자꾸 망설여진다면, 하나님께서 당신에게 그런 소원을 주실 때까지 하나님 앞에 서라. "너희 안에서 행하시는 이는 하나님이시니 자기의 기쁘신 뜻을 위하여 너희로 소원을 두고 행하게 하시나니"(빌 2:13).

* 당신의 뜻과 당신 삶의 모든 부분을 하나님께 맡겨라. 당신이 쓰임받지 못하게 하는 모든 죄와 부정을 드러내 달라고 기도하라. 당신의 삶을 많은 여행자들이 하나님께 나아오는 '거룩한 길'로 만들어 달라고 기도하라(이사야 35장을 기

도하면서 주의 깊게 읽어보라).
* 조용한 개인기도 시간을 가져라. 바쁜 가정생활이나 교회 생활에서 벗어나 하늘에 계신 당신의 아버지와 함께하는 시간을 가져라. 그가 당신의 기도제목을 인도하시게 하라. 그 이유는 이렇다. "이와 같이 성령도 우리 연약함을 도우시나니 우리가 마땅히 빌 바를 알지 못하나 오직 성령이 말할 수 없는 탄식으로 우리를 위하여 친히 간구하시느니라 마음을 감찰하시는 이가 성령의 생각을 아시나니 이는 성령이 하나님의 뜻대로 성도를 위하여 간구하심이니라"(롬 8:26-27).
* 바울처럼 사람들에게 기회 있을 때마다 당신을 위해 기도해 달라고 부탁하라.
* 아직 하지 않았다면, 「하나님을 경험하는 삶」(Experiencing God, 헨리 블랙가비와 클로드 킹)을 읽고 공부하는 것을 고려해 보라. 이 책은 당신이 하나님의 음성을 보다 분명하게 듣도록 도와줄 것이다. 이 책은 당신이 하나님의 백성을 하나님과의 친밀한 관계로 이끄는 방법을 더 잘 이해할 수 있도록 도와줄 것이다. 하나님께서는 당신과 하나님과의 개인적인 사랑의 관계를 돈독히 하는 데 이 책을 사용하실 것이다.

당신은 당신의 과거에서 자유로울 필요가 있는가?

여러 자료를 근거로 한 통계들에 따르면, 현재 목회자의 60-80

퍼센트가 상처를 주는 가정환경에서 자라났다고 한다. 하나님께서는 한 사람으로 하여금 다른 사람들의 아픔에 민감하게 하시려고 이런 고통스런 경험을 자주 사용하신다. 그러나 해결되지 않은 당신의 과거의 고통은 효과적인 목회를 방해하는 영적 요새가 될 수 있다.

어떤 뛰어난 목회자가 자신이 의붓 아버지에게서 어떤 학대를 받으며 자랐는가를 이야기했다. 가정은 엉망진창일 때가 많았다. 가정에서 사랑과 인정을 받을 수 있는 여건은 전혀 불가능했다. 그는 격려나 칭찬의 말을 들어본 적이 거의 없다. 그가 자주 들은 말은 비난과 꾸지람이었다.

오랜 세월이 지나고 그는 매우 성공한 목회자가 되었다. 그런데 그는 육체적, 정서적, 영적 소진에 이르고 말았다. 그는 스스로를 매우 비판적인 사람으로 평가했다. 그는 언제나 지시하고 다스리는 위치에 있어야 했다. 그는 모든 이견과 건설적인 비판에 대해 매우 민감했으며, 그런 말들을 개인적인 공격으로 받아들였다. 그는 완벽주의자에다 일 중독자였다. 아무리 성공했더라도, 그는 자신의 일에서 평안이나 만족을 결코 느끼지 못했다. 그는 언제나 다른 사람들에게 열등감을 느꼈다. 그는 언제나 사람들이 그를 사랑하게 하려고 애썼다. 그러나 사람들이 그에게 가까이 오도록 허락하는 경우는 한 번도 없었다. 그는 외로웠고 좌절감에 빠져 있었다. 그는 계속해서 자신은 아직 멀었다는 자세를 취했다.

그는 목회를 그만두려는 참이었다. 그때 몇몇 친구들이 그를 격려하고 도와주러 찾아왔다. 그는 겸손하게 그리고 깨진 심정으로, 자신이 살아온 이야기를 목회자 친구들로 이루어진 소그룹과 나누면서 영적 조언을 구했다. 그들 중 한 사람이 그와 함께 그를 위해 기도했으며, 그는 하나님의 은혜로 놓임을 받았다.

고통의 원인들

다양한 당신의 과거의 문제들이 당신과 하나님의 관계에 그리고 하나님의 백성을 보살피는 당신의 목회에 영향을 미칠 수 있다. 우리는 어린 시절 육체적, 정서적 또는 성적 학대 때문에 일종의 영적 속박을 당한 개인과 지도자들을 봐 왔다. 이혼, 부모의 죽음, 부모에게 버림받음 또는 장기간의 투병까지도 한 사람에게 큰 영향을 끼칠 수 있다.

학대나 큰 고통의 환경에서 자랐다면, 당신은 그걸 무시해 버리면서 "그건 다 지난 일입니다"라고 말할지도 모른다. 그러나 당신에게 위에서 말한 그런 목회자와 비슷한 문제들이 있다면, 또는 당신 대부분의 인간관계에 문제가 있다면, 당신은 아직도 고통스러웠던 과거의 영향을 떨쳐버리지 못한 것이다.

하나님의 사랑

하늘에 계신 당신의 아버지께서는 당신의 과거로부터 당신을 해방시키길 원하신다. 아울러 당신이 그가 당신의 삶에 계획하신 모습대로 되길 원하신다. 하나님께서는 이런 사람이 '바닥까지 가도록' 허락하실 때가 많다. 왜냐하면 그 사람이 하나님을 떠나서는 아무런 소망도 없다는 것을 마침내 깨달을 것이기 때문이다. 이때 인간은 하나님의 사랑을 충만하게 경험할 수 있는 멋진 상황에 있는 것이다.

하나님의 해결

분명히 분을 내어 죄를 범했거나, 쓴 뿌리를 내었거나, 다른 사람들을 못살게 굴었거나, 사람들을 거칠게 다루었거나, 다른 어떤 방법으로 죄를 지었다면, 당신의 행동에 책임이 있다. 당신은 죄를 지은 것이다. 당신에겐 하나님의 용서가 필요하다. 하나님께서는 이런 경우 회개를 요구하신다. 당신의 회개에는 하나님께 동의하고 "저는 죄인입니다. 제가 죄를 지었습니다"라고 말하는 마음의 변화가 포함되어야 한다. 당신에겐 하늘에 계신 당신의 아버지를 슬프게 해 드린 데 대해 애통해 하는 심령의 변화가 필요하다. 이때서야 비로소 당신은 진정으로 "죄송합니다"라고 말할 수 있다. 하나님께서 당신의 도움이시기 때문에 다시는 그렇게 살지 않겠다고 결심하는 의지의 변화가 필요하다. 그런 다음 당신이 변화되었음을 입증하는 행동의 변화가 필요하다. 하나님의 은혜는 당신이 변화할 수 있는 능력을 충분히 주고도 남는다.

하나님 편에서 보면, 당신은 먼저 죄를 깨닫게 하시는 그의 역사에 귀를 기울여야 한다. 당신은 그의 용서와 깨끗케 하심을 체험해야 한다. 당신은 다시 한 번 그와 바른 관계를 가져야 한다. 그런 다음 당신에게 필요한 것은 당신 안에 계셔서 당신이 변화된 다른 삶을 살도록 도우시는 성령의 능력이다. 당신 혼자서 이것을 이룰 수는 없다. 하나님과 바른 관계를 갖는 것이 중요한 과정이며, 이 과정은 당신이 그저 죄송하다고 말한다고 해서 완성되는 것이 아니다. 이 과정은 당신의 회개가 완전하고 당신과 하나님의 사랑의 관계가 다시 세워질 때까지 계속된다. 당신은 하나님의 풍성함이 당신을 통해 나타날 때 그것을 알게 될 것이다.

치료까지

다른 사람의 죄 때문에 당신에게 고통스런 과거가 있었다면, 당신에겐 용서 그 이상의 것이 필요할 것이다. 먼저 당신의 찢겨진 마음이 치료되어야 한다. 또한 당신은 개인적이며 친밀한 방법으로 하나님의 무조건적인 사랑을 체험하는 것을 가로막는 모든 속박으로부터 해방되어야 할 것이다.

상처를 주는 가정환경에서 자라난 사람은 어른이 되어서도 예민하고 고통스런 상처를 가지고 있을 수 있다. 가정에서의 문제가 죄(알코올 중독처럼) 때문이냐 그렇지 않으면 불행한 환경(병약한 부모) 때문이냐는 중요하지 않다. 당신은 여전히 그 시대의 역학에 영향을 받을 수 있다. 당신의 고통은 주변의 모든 것과 모든 사람을 직접 통제해야 직성이 풀리는 마음으로 나타날 수도 있다. 이것은 비판적인 태도나 일 중독으로 나타날 수도 있다. 하나님께서는 당신을 치료하시고 자유롭게 하길 원하신다. 다음은 당신이 취하고 싶을지 모르는 몇 가지 단계들이다.

1. "이러므로 너희 죄를 서로 고하며 병 낫기를 위하여 서로 기도하라 의인의 간구는 역사하는 힘이 많으니라"(약 5:16). 당신의 삶 속에서 하나님의 치료의 역사를 경험하기 위해서는 때때로 다른 사람의 기도가 필요하다. 하나님께서 그런 기도자들을 요구하시는

것은 당신이 어떤 자격이 있어 그의 은혜를 입었다고 당신 스스로 생각하지 않게 하기 위해서이다. 그의 사랑은 거저 주어진다. 신뢰받고 있는 다른 신자와 당신의 상처를 나누며 그에게 당신을 위해 기도해 달라고 부탁하라.

  2. 하나님께서 영적 요새를 무너뜨리게 하라. 하나님께서 영적 요새를 무너뜨릴 영적 무기를 주셨음을 알라. "우리가 육체에 있어 행하나 육체대로 싸우지 아니하노니 우리의 싸우는 병기는 육체에 속한 것이 아니요 오직 하나님 앞에서 견고한 진을 파하는 강력이라 모든 이론을 파하며 하나님 아는 것을 대적하여 높아진 것을 다 파하고 모든 생각을 사로잡아 그리스도에게 복종케 하니"(고후 10:3-5).

  당신이 내주하시는 그리스도의 능력과 권세를 가진 신자라면 삶에서 이런 요새를 무너뜨릴 수 있는 하나님의 무기들을 가지고 있다. 당신을 위해 기도해 줄 믿음의 사람을 찾아라. 당신의 필요를 나누며 그에게 기도를 부탁하라. 의인의 기도는 하나님의 궁정에서 매우 효과가 크다.

  3. 과거는 과거로 묻어버려라. 바울은 빌립보 교인들에게 그의 과거에 대해 이야기했다. 하지만 그는 하나님의 충만함을 체험하는 데 그의 과거가 장애물이 되도록 놔두지 않았다. 그의 목표는 그리스도와 그의 능력을 아는 것이었다. 그래서 바울은 이렇게 말했다. "형제들아 나는 아직 내가 잡은 줄로 여기지 아니하고 오직 한 일 즉 뒤에 있는 것은 잊어버리고 앞에 있는 것을 잡으려고 푯대를 향하여 그리스도 예수 안에서 하나님이 위에서 부르신 부름의 상을 위하여 좇아가노라"(빌 3:13-14).

하나님께서는 영원을 위해 당신을 창조하셨다. 하나님께서는 당신이 그의 아들 예수의 형상을 닮길 원하신다. 당신은 그리스도와 영원에 초점을 맞추어야 한다. 당신이 고통스런 과거에 초점을 맞추고 있다면, 당신은 지금 잘못된 방향으로 향하고 있는 것이며, 당신의 모든 삶도 활기가 없어 보일 것이다. 당신은 당신의 과거와 고통 또는 학대를 회개해야(돌이켜 떠나야) 한다. 당신은 하나님과 영원으로 방향을 돌려야 한다. 실제로 과거를 잊지는 못하겠지만 과거를 죽은 것처럼 그리고 당신의 현재에 아무런 영향도 끼치지 못한 것처럼 다룰 수는 있다. 예수께 초점을 맞추고, 하나님께서 당신을 그의 형상으로 다시 만드시게 하라. 「그리스도의 마음」(The Mind of Christ)의 저자 헌트(T. W. Hunt)는, "당신은 당신 과거의 산물이 아니라"고 말했다. 당신은 당신의 미래와 당신이 지금 그리스도 안에서 되어가고 있는 것의 산물이다.

4. 하늘에 계신 아버지의 사랑과 치료를 받아라. 부모(특히 아버지)에게 어떤 식으로든 학대를 받은 적이 있는 사람은 하나님 아버지께 가까이 가는 데 불안을 느낀다. 하나님이 순전하며, 안전하고, 믿을 수 있으며, 무조건적이고, 자유롭다는 것을 지적으로는 알고 있으면서도 그의 사랑을 체험하는 데는 어려움을 겪을 수 있다. 당신은 하늘에 계신 아버지를 이 땅의 아버지를 대하는(또는 대했던) 것처럼 대할 수도 있다. 당신은 하나님의 사랑과 받아들임을 갈망하지만 상처를 받을까 두려워 하나님과 거리를 유지할 수도 있다. 당신은 하나님을 기쁘시게 하려고 밤낮으로 애를 쓰지만 이 정도면 충분하다고는 결코 느끼지 않는다. 그러나 하나님의 사랑은 팔기 위한 것이 아니다.

당신은 하나님의 사랑을 실제로 알기 위해서 그 사랑을 체험해야 한다. 하나님께서는 그의 사랑을 당신에게 풍성히 부어주실 준비를 하고 계신다. 하나님께서 그렇게 하시도록 당신이 허락하기만 하면 된다. 하나님의 사랑을 체험하기 위해서는 하나님과 함께하는 방해받지 않는 시간이 필요하다.

오랜 시간 하나님과 단 둘이만 있을 수 있는 곳으로 가라. 특별한 기도를 드리려고 애쓰지 마라. 하나님의 사랑은 전적으로 공짜이다. 당신이 할 수 있는 어떤 일도 하나님으로 하여금 당신을 사랑하게 만들 수 없을 것이다. 그러므로 아무 일도 하지 말라. 그저 하늘에 계신 당신의 아버지와 시간을 함께하며, 당신의 삶을 열어놓고, 그가 주기 원하는 모든 사랑을 값없이 받아라. 아마도 하나님께서는 당신에게만 독특한 방법으로 그의 사랑을 확인시켜 주실 것이다. 하나님께서는 당신의 상처를 싸매주실 것이다. 그는 당신의 과거 상처를 치료해 주실 것이다. 그는 영적으로 당신을 그의 무릎에 앉히고 사랑의 팔로 당신을 안아주실 것이다. 또한 그는 영적으로 아버지처럼 당신의 어깨에 손을 얹고 함께 걸으실 것이다. 당신은 그렇게 그의 임재에 둘러싸여 하늘에 계신 아버지의 생명을 주는 무조건적 사랑을 체험하게 될 것이다.

목자들을 위한 치료

앞에서 말한 제안들은 차례로 하나씩 꼭 밟아야 하는 엄격한 단계들이 아니다. 이것들은 전능하신 하나님과의 사랑의 관계를 묘사한 것이다. 그는 당신의 찢어진 상처나 고통을 치료해 주시는 유일한 분이시다. 하나님께서는 십중팔구 다른 신자들의 기도를 통해 치료사역을 행하실 것이다(약 5:16). 이것은 당신 자신이 할 일이 아니다. 사랑 많으신 아버지를 의뢰하라. 도움을 줄 수 있는 동료 신자들에게로 당신을 인도해 달라고 기도하라.

우리는 하나님께서 그의 양을 치는 목자들을 고치기 원하신다고 느낀다. 이렇게 하면 하나님께서 그들을 통해 그의 치료의 사랑이 그의 백성에게 흘러 들어가게 하실 수 있기 때문이다. 당신이 상처 입은 목자라면, 하나님께서 당신의 과거에서 당신을 해방시키시며 당신 삶의 상처를 치료하시게 하라. "그는 우리 주 예수 그리스도의 하나님이시요 자비의 아버지시요 모든 위로의 하나님이시며 우리의 모든 환난중에서 우리를 위로하사 우리로 하여금 하나님께 받는 위로로써 모든 환난중에 있는 자들을 능히 위로하게 하시는 이시로다"(고후 1:3-4).

목자들을 위한 다림줄

어떤 의미로, 목회자, 교회 직원, 주일학교 교사, 집사, 장로, 제자훈련 지도자, 그 밖의 교회 지도자들은 그들이 섬기는 사람들에게 목자의 역할을 한다. 다음 구절들은 하나님께서 원하시는 목자와 싫어하시는 목자의 모습을 보여준다. 하나님께서 지난 시대의 영적 지도자들을 좋아하신 이유와 싫어하신 이유를 살펴보는 일은 하나님께서 영적 지도자로서의 당신의 사역을 어떻게 보시는지를 아는 데 도움이 될 것이다. 하나님께서 그의 백성을 돌보는 목자들을 위해 두신 다림줄을 당신이 어떻게 재고 있는지 보도록 도와 달라고 기도하라. 각 구절 뒤에 제시된 질문들을 활용하여 목자로서의 당신의 역할을 평가해 보라. 당신이 그의 다림줄에서 떠난 부분들을 하나님께서 보여주신다면, 회개하고 그의 백성을 향한 하나님의 마음과 같은 마음을 달라고 기도하라. 하나님을 기쁘시게 하는 목자가 될 수 있도록 힘을 달라고 기도하라.

방해받지 않고 하나님과 충분한 시간을 함께하면서 이 다림줄을 연구할 수 있는 시간과 장소를 마련해 보라. 이것은 영적 지도자로서의 개인적인 부흥을 초대하는 시간이 된다. 이 연구를 하는 동안 하나님께서 당신의 죄를 크게 깨닫게 하신다면, 회개에 대한 하나님의 모든 요구(촉구)를 회개의 이면인 부흥에 대한 초대로 받아들여라. 이것은 당신을 향한 하나님의 분명한 사랑의 표현이다. 당신이 순전한 금그릇(그를 섬기는 일에 준비된 그릇)이 될 수 있도록 하나님께서 연단자의 불로서 이 시간을 사용하실 수 있게 하라.

성경을 읽고 뒤따르는 질문에 대답하는 일을 시작하기 전에 기도하는 시간을 가져라.

> 여호와 모든 육체의 생명의 하나님이시여 원컨대 한 사람을 이 회중 위에 세워서 그로 그들 앞에 출입하며 그들을 인도하여 출입하게 하사 여호와의 회중으로 목자 없는 양과 같이 되지 않게 하옵소서(민 27:16-17).

* 당신은 하나님의 백성을 하나님께서 원하시는 모습으로 인도하고 있는가?

사무엘이 자라매 여호와께서 그와 함께 계셔서 그 말로 하나도 땅에 떨어지지 않게 하시니 … 여호와께서 실로에서 다시 나타나시되 여호와께서 실로에서 여호와의 말씀으로 사무엘에게 자기를 나타내시니(삼상 3:19, 21).

* 당신은 충성스런 사무엘과 같은가 - 당신은 하나님께서 당신에게 말씀하시는 것이면 무엇이든 잊지 않고 반드시 적용하는가?
* 하나님께서 그의 말씀을 통해 당신에게 분명하게 말씀하고 계시는가?

여호와는 나의 목자시니 내가 부족함이 없으리로다 그가 나를 푸른 초장에 누이시며 쉴 만한 물가로 인도하시는도다 내 영혼을 소생시키시고 자기 이름을 위하여 의의 길로 인도하시는도다 내가 사망의 음침한 골짜기로 다닐지라도 해를 두려워하지 않을 것은 주께서 나와 함께하심이라 주의 지팡이와 막대기가 나를 안위하시나이다 주께서 내 원수의 목전에서 내게 상을 베푸시고 기름으로 내 머리에 바르셨으니 내 잔이 넘치나이다 나의 평생에 선하심과 인자하심이 정녕 나를 따르리니 내가 여호와의 집에 영원히 거하리로다(시 23:1-6).

* 당신은 사람들을 그리스도와 그의 말씀으로 인도하여 그들

의 배고픔이 생명의 떡으로 만족되며 그들의 갈증이 생수로 해소되게 하는가?
* 당신은 본을 보이는 삶을 통해 사람들을 의의 오솔길로 인도하고 있는가? 당신은 혹시 그들에게 불의한 본을 보인 적은 없는가?
* 당신은 사람들이 사망의 그늘 가운데서도 하나님 안에서 위로를 찾도록 도와주는가?
* 당신은 사람들을 하나님 앞으로 인도하여 하나님께서 그들의 영적 잔을 넘치도록 채우시게 하는가?

또 그 종 다윗을 택하시되 양의 우리에서 취하시며 젖 양을 지키는 중에서 저희를 이끄사 그 백성인 야곱 그 기업인 이스라엘을 기르게 하셨더니 이에 저가 그 마음의 성실함으로 기르고 그 손의 공교함으로 지도하였도다 (시 78:70-72).

* 당신은 전심으로 그리고 숙련된 솜씨로 하나님의 백성을 목양하고 있는가?

그는 목자같이 양무리를 먹이시며 어린 양을 그 팔로 모아 품에 안으시며 젖먹이는 암컷들을 온순히 인도하시리로다 (사 40:11).

* 당신은 하나님의 백성을 사랑하며 그들을 부드럽게 인도하는가? 아니면 그들에 대해 좋지 않은 감정을 가지고 그들을 거칠게 다루는가?

그 파수꾼들은 소경이요 다 무지하며 벙어리 개라 능히 짖지 못하며 다 꿈꾸는 자요 누운 자요 잠자기를 좋아하는 자니 이 개들은 탐욕이 심하여 족한 줄을 알지 못하는 자요 그들은 몰각한 목자들이라 다 자기 길로 돌이키며 어디 있는 자이든지 자기 이만 도모하며(사 56:10-11).

* 당신은 하나님의 백성에게 임박한 모든 위험을 경고하는 충실한 파수꾼인가?
* 당신은 하나님의 방식을 잘 모르는가? 하나님의 요구들을 잘 모르는가?
* 당신은 너무 많이 꿈꾸고 너무 많이 자는가?
* 당신은 만족되지 않는 개인적인 성취에 강하게 집착하는가?
* 당신은 자신의 길로 향했는가?

제사장들은 여호와께서 어디 계시냐 하지 아니하며 법 잡은 자들은 나를 알지 못하며 관리들도 나를 항거하며 선지자들은 바알의 이름으로 예언하고 무익한 것을 좇았느니라(렘 2:8).

* 당신은 정기적으로 "하나님 어디 계십니까?"라고 묻는가? 당신은 그의 임재를 구하는가? 그의 인도하심을 구하는가?
* 당신은 친밀하고 개인적인 체험을 통해 하나님을 알고 있는가?
* 당신은 당신이나 그의 백성에 대한 하나님의 지도자 되심

과 주 되심에 거역한 적이 있는가?

* 당신은 무가치한 우상들, 특히 마음의 우상들을 따른 적이 있는가?

나 여호와가 말하노라 배역한 자식들아 돌아오라 나는 너희 남편임
이니라 내가 너희를 성읍에서 하나와 족속 중에서 둘을 택하여 시온
으로 데려오겠고(렘 3:14).

* 당신은 하나님께서 당신을 그의 마음에 합한 목자로 만드시도록 허락하겠는가? 당신은 하나님과 그의 목적과 방법들을 알고 이해하면서 양떼를 인도하겠는가?

목자들은 우준하여 여호와를 찾지 아니하므로 형통치 못하며 그 모든 양떼는 흩어졌도다(렘 10:21).

* 기도는 당신이 하나님께 모든 인도하심을 구하고 그가 당신에게 길을 보여주실 때까지 기다리는 당신의 일차적인 계획전략인가?
* 당신의 양떼들은 번성하지 못하고 있는가? 사람들은 흩어지고 있는가?

많은 목자가 내 포도원을 훼파하며 내 분깃을 유린하여 나의 낙토로
황무지를 만들었도다 그들이 이를 황무케 하였으므로 그 황무지가
나를 향하여 슬퍼하는도다 온 땅이 황무함은 이를 개의하는 자가 없

음이로다(렘 12:10-11).

* 당신은 하나님의 백성을 세워주는 쪽의 일을 많이 했는가, 아니면 그들을 무너뜨리는(훼파하는) 쪽의 일을 많이 했는가? 그들은 당신의 지도력 때문에 더 강한가, 아니면 더 약한가? 당신은 정말 그들을 돌보고 있는가?

나 여호와가 말하노라 내 목장의 양무리를 멸하며 흩는 목자에게 화 있으리라 그러므로 이스라엘 하나님 나 여호와가 내 백성을 기르는 목자에게 이같이 말하노라 너희가 내 양무리를 흩으며 그것을 몰아 내고 돌아보지 아니하였도다 보라 내가 너희의 악행을 인하여 너희에게 보응하리라 여호와의 말이니라 내가 내 양무리의 남은 자를 그 몰려갔던 모든 지방에서 모아 내어 다시 그 우리로 돌아오게 하리니 그들의 생육이 번성할 것이며 내가 그들을 기르는 목자들을 그들 위에 세우리니 그들이 다시는 두려워하거나 놀라거나 축이 나지 아니하리라 여호와의 말이니라(렘 23:1-4).

* 당신은 양들을 죽이고 있는가, 아니면 그들을 강하게 하고 있는가?
* 당신은 양들을 흩고 있는가, 모으고 있는가?
* 당신은 양들을 몰아내고 있는가, 아니면 그들을 보살피고 있는가?
* 당신을 두려워하는 양이 있는가? 당신에게 공포를 느끼는 양이 있는가? 당신을 그리워하는 양이 있는가?

* 당신은 하나님께서 이미 당신에게 주신 양들을 보살피고 있는가? (건강하고 만족한 양들은 왕성하게 번식한다)
* 당신은 양들을 먹이며 양들이 무서워하지 않는 목자인가?

너희 목자들아 외쳐 애곡하라 너희 양떼의 인도자들아 재에 굴라 이는 너희 도륙을 당할 날과 흩음을 당할 기한이 찼음인즉 너희가 귀한 그릇의 떨어짐같이 될 것이라 목자들은 도망할 수 없겠고 양떼의 인도자들은 도피할 수 없으리로다 목자들의 부르짖음과 양떼의 인도자들의 애곡하는 소리여 나 여호와가 그들의 초장으로 황폐케 함이로다(렘 25:34-36).

* 당신은 하나님께서 당신에게 맡겨주신 양과 관련하여 하나님께 대한 책임을 알고 있는가?
* 당신은 하나님께서 불충성하는 목자들을 어떻게 벌하시는지 보는가?
* 당신은 하나님을 두려워하는가?

내 백성은 잃어버린 양떼로다 그 목자들이 그들을 곁길로 가게 하여 산으로 돌이키게 하였으므로 그들이 산에서 작은 산으로 돌아다니며 쉴 곳을 잊었도다 그들을 만나는 자들은 그들을 삼키며 그 대적은 말하기를 그들은 여호와 곧 의로운 처소시며 그 열조의 소망이신 여호와께 범죄하였음인즉 우리는 무죄하다 하였느니라(렘 50:6-7).

* 당신은 사람들을 잘못 인도하여 길을 잃게 만들었는가? 당

신은 그들로 하여금 하나님의 백성을 위한 하나님의 목적에 속하지 않은 일들을 하게 했는가? 당신은 그들로 하여금 하나님의 일과는 거리가 먼 활동들에 헌신하게 만들었는가?

* 사람들은 그들의 사명을 잊었는가?
* 사람들은 그들의 쉼터를 잊었는가? 그들은 하나님과의 친밀하고 개인적인 관계에서 멀어졌는가?
* 당신의 양들은 확실한 쉼터가 없이 교회에서 교회로 떠돌고 있는가?
* 당신의 양들은 범죄, 학대, 파산 또는 죄의 결과들처럼 원수들에 의해 먹히고 있는가?

인자야 너는 이스라엘 목자들을 쳐서 예언하라 그들 곧 목자들에게 예언하여 이르기를 주 여호와의 말씀에 자기만 먹이는 이스라엘 목자들은 화 있을진저 목자들이 양의 무리를 먹이는 것이 마땅치 아니하냐 너희가 살진 양을 잡아 그 기름을 먹으며 그 털을 입되 양의 무리는 먹이지 아니하는도다 너희가 그 연약한 자를 강하게 아니하며 병든 자를 고치지 아니하며 상한 자를 싸매어 주지 아니하며 쫓긴 자를 돌아오게 아니하며 잃어버린 자를 찾지 아니하고 다만 강포로 그것들을 다스렸도다 목자가 없으므로 그것들이 흩어지며 흩어져서 모든 들짐승의 밥이 되었도다 내 양의 무리가 모든 산과 높은 멧부리에마다 유리되었고 내 양의 무리가 온 지면에 흩어졌으되 찾고 찾는 자가 없었도다(겔 34:2-6).

* 당신은 하나님의 양을 돌보는 것보다 자신을 돌보는 데 관심이 더 많은가?
* 당신은 연약한 자를 강하게 했는가? 병든 자를 고쳐주었는가? 상한 자를 싸매어 주었는가?
* 당신은 쫓긴 자를 돌아오게 하며 잃어버린 자를 찾았는가? 아니면 "그들이 하나님과 바른 관계를 갖게 될 때, 돌아올 거야"라고 말했는가?
* 당신은 그들을 거칠고 난폭하게 다스렸는가, 아니면 부드럽게 다스렸는가?
* 그들은 이혼, 간음, 탐욕, 물질주의, 시기, 싸움 등과 같은 야생동물들에 의해 먹히고 있는가? 아니면 세상에 대해 강하게 맞서고 있는가?

그러므로 목자들아 여호와의 말씀을 들을지어다 주 여호와의 말씀에 내가 나의 삶을 두고 맹세하노라 내 양의 무리가 노략거리가 되고 모든 들짐승의 밥이 된 것은 목자가 없음이라 내 목자들이 양을 찾지 아니하고 자기만 먹이고 내 양의 무리를 먹이지 아니하였도다 그러므로 너희 목자들아 여호와의 말씀을 들을지어다 주 여호와의 말씀에 내가 목자들을 대적하여 내 양의 무리를 그들의 손에서 찾으리니 목자들이 양을 먹이지 못할 뿐 아니라 그들이 다시는 자기를 먹이지 못할지라 내가 내 양을 그들의 입에서 건져내어서 다시는 그 식물이 되지 않게 하리라(겔 34:7-10).

* 하나님께서 양의 상태에 대한 책임을 당신에게 물으시는가?

* 하나님께서 당신이 경험한 저항의 근원이신 적이 있는가?
* 당신은 지도자의 역할을 벗어버리려고 한 적이 있었는가? 있었다면, 그것이 하나님의 징계 때문이었는가?
* 개인의 경제적 문제들은 불충성에 대한 하나님의 징계인가?

나 주 여호와가 말하노라 나 곧 내가 내 양을 찾고 찾되 목자가 양 가운데 있는 날에 양이 흩어졌으면 그 떼를 찾는 것같이 내가 내 양을 찾아서 흐리고 캄캄한 날에 그 흩어진 모든 곳에서 그것들을 건져낼지라 내가 그것들을 만민 중에서 끌어내며 열방 중에서 모아 그 본토로 데리고 가서 이스라엘 산 위에와 시냇가에와 그 땅 모든 거주지에서 먹이되 좋은 꼴로 먹이고 그 우리를 이스라엘 높은 산 위에 두리니 그것들이 거기서 좋은 우리에 누워 있으며 이스라엘 산 위에서 살진 꼴을 먹으리라 나 주 여호와가 말하노라 내가 친히 내 양의 목자가 되어 그것들로 누워 있게 할지라 그 잃어버린 자를 내가 찾으며 쫓긴 자를 내가 돌아오게 하며 상한 자를 내가 싸매어 주며 병든 자를 내가 강하게 하려니와 살찐 자와 강한 자는 내가 멸하고 공의대로 그것들을 먹이리라(겔 34:11-16).

* 하나님께서는 그의 양들을 위해 어떤 목자를 원하시는가? 경건한 목자는 양떼를 위해 무엇을 하겠는가?

대저 드라빔들은 허탄한 것을 말하며 복술자는 진실치 않은 것을 보고 거짓 꿈을 말한즉 그 위로함이 헛되므로 백성이 양같이 유리하며 목자가 없으므로 곤고를 당하나니 내가 목자들에게 노를 발하며 내가 숫염소들을 벌하리라 만군의 여호와가 그 무리 곧 유다 족속을 권고하여 그들로 전쟁의 준마와 같게 하리니(슥 10:2-3).

* 당신은 사람들이 거짓 가르침에 속도록 내버려두었는가?
* 그들은 거짓 신들(드라빔)에게 눈을 돌려 그들의 죄 때문에 속박과 압제를 당했는가?

보라 내가 한 목자를 이 땅에 일으키리니 그가 없어진 자를 마음에 두지 아니하며 흩어진 자를 찾지 아니하며 상한 자를 고치지 아니하며 강건한 자를 먹이지 아니하고 오히려 살찐 자의 고기를 먹으며 또 그 굽을 찢으리라(슥 11:16).

* 하나님께서 당신의 사람들을 죄 때문에 징계하시고 심판하시려고 그들 위에 불경건한 지도자를 세우셨는가?

예수께서 나오사 큰 무리를 보시고 그 목자 없는 양 같음을 인하여 불쌍히 여기사 이에 여러 가지로 가르치시더라(막 6:34).

* 당신은 흩어진 양들을 불쌍히 여기는가?
* 당신은 그들에게 하나님 나라와 하나님의 길에 대해 가르치고 있는가?

너희 중에 어느 사람이 양 일백 마리가 있는데 그 중에 하나를 잃으면 아흔아홉 마리를 들에 두고 그 잃은 것을 찾도록 찾아다니지 아니하느냐 또 찾은즉 즐거워 어깨에 메고 집에 와서 그 벗과 이웃을 불러 모으고 말하되 나와 함께 즐기자 나의 잃은 양을 찾았노라 하리라 내가 너희에게 이르노니 이와 같이 죄인 하나가 회개하면 하늘에서는 회개할 것 없는 의인 아흔아홉을 인하여 기뻐하는 것보다 더하리라(눅 15:4-7).

* 당신은 안전한 양들이 길을 잃은(무력한) 양을 따라가도록 기꺼이 놔두는가?
* 당신은 당신 교회의 교인이 아니면서 당신 교회에 출석은 하지만 더 나은 보살핌을 받기 위해서 다른 무리(교회)로 옮겨질 필요가 있는 사람들에게 관심을 보여 왔는가?

문으로 들어가는 이가 양의 목자라 문지기는 그를 위하여 문을 열고 양은 그의 음성을 듣나니 그가 자기 양의 이름을 각각 불러 인도하여 내느니라 자기 양을 다 내어 놓은 후에 앞서가면 양들이 그의 음성을 아는 고로 따라오되 타인의 음성은 알지 못하는 고로 타인을 따르지 아니하고 도리어 도망하느니라… 나는 선한 목자라 선한 목자는 양들을 위하여 목숨을 버리거니와 삯꾼은 목자도 아니요 양도 제 양이 아니라 이리가 오는 것을 보면 양을 버리고 달아나나니 이리가 양을 늑탈하고 또 헤치느니라 달아나는 것은 저가 삯꾼인 까닭에 양을 돌아보지 아니함이나 나는 선한 목자라 내가 내 양을 알고 양도 나를 아는 것이 아버지께서 나를 아시고 내가 아버지를 아는 것 같으니 나는 양을 위하여 목숨을 버리노라(요 10:2-5, 11-15).

* 당신은 양을 위해 기꺼이 목숨을 바칠 만큼 그들을 사랑하는가? 아니면 그저 돈을 위해 고용된 일꾼이기 때문에 상황이 어려워지면 도망하는가?
* 다음 성경구절들은 특히 목자들과 양떼를 감독하는 자들을 향한 것이다.

저희가 조반 먹은 후에 예수께서 시몬 베드로에게 이르시되 요한의 아들 시몬아 네가 이 사람들보다 나를 더 사랑하느냐 하시니 가로되 주여 그러하외다 내가 주를 사랑하는 줄 주께서 아시나이다 가라사대 내 어린 양을 먹이라 하시고 (요 21:15).

* 당신은 예수를 사랑하는가? 당신은 그의 어린 양들을 먹이고 있는가?

너희는 자기를 위하여 또는 온 양떼를 위하여 삼가라 성령이 저들 가운데 너희로 감독자를 삼고 하나님이 자기 피로 사신 교회를 치게 하셨느니라 내가 떠난 후에 흉악한 이리가 너희에게 들어와서 그 양떼를 아끼지 아니하며 또한 너희 중에서도 제자들을 끌어 자기를 좇게 하려고 어그러진 말을 하는 사람들이 일어날 줄을 내가 아노니 (행 20:28-30).

* 당신은 양떼들을 삼키려는 맹수들과 그들을 엉뚱한 길로 인도하는 거짓 교사들로부터 양떼들을 지키며 보호하고 있는가?

미쁘다 이 말이여 사람이 감독의 직분을 얻으려 하면 선한 일을 사모
한다 함이로다 그러므로 감독은 책망할 것이 없으며 한 아내의 남편
이 되며 절제하며 근신하며 아담하며 나그네를 대접하며 가르치기를
잘하며 술을 즐기지 아니하며 구타하지 아니하며 오직 관용하며 다
투지 아니하며 돈을 사랑치 아니하며 자기 집을 잘 다스려 자녀들로
모든 단정함으로 복종케 하는 자라야 할지며 (사람이 자기 집을 다스릴
줄 알지 못하면 어찌 하나님의 교회를 돌아보리요) 새로 입교한 자도 말
지니 교만하여져서 마귀를 정죄하는 그 정죄에 빠질까 함이요 또한
외인에게서도 선한 증거를 얻은 자라야 할지니 비방과 마귀의 올무
에 빠질까 염려하라(딤전 3:1-7).

* 당신은 교회 안팎으로 비난받을 것이 없는가? 공적으로 그
  리고 사적으로도 없는가? 당신은 교회 밖의 사람들에게 좋
  은 평판을 얻고 있는가?
* 당신은 절제하며, 근신하며, 존경받을 만하며, 나그네를 대
  접하며, 가르치기를 잘 하며, 술을 즐기지 아니하는 사람인
  가?
* 당신은 폭력적이지 않고 부드러운 사람인가?
* 당신은 가정을 잘 다스리는가? 당신의 자녀들은 당신에게
  순종하고 당신을 존경하는가?
* 당신은 성숙한 회심자인가?

책망할 것이 없고 한 아내의 남편이며 방탕하다 하는 비방이나 불순
종하는 일이 없는 믿는 자녀를 둔 자라야 할지라 감독은 하나님의 청

지기로서 책망할 것이 없고 제 고집대로 하지 아니하며 급히 분내지
아니하며 술을 즐기지 아니하며 구타하지 아니하며 더러운 이를 탐
하지 아니하며 오직 나그네를 대접하며 선을 좋아하며 근신하며 의
로우며 거룩하며 절제하며 미쁜 말씀의 가르침을 그대로 지켜야 하
리니 이는 능히 바른 교훈으로 권면하고 거스려 말하는 자들을 책망
하게 하려 함이라 복종치 아니하고 헛된 말을 하며 속이는 자가 많은
중 특별히 할례당 가운데 심하니 저희의 입을 막을 것이라 이런 자들
이 더러운 이를 취하려고 마땅치 아니한 것을 가르쳐 집들을 온통 엎
드러치는도다(딛 1:6-11).

* 당신은 책망(비난)받을 것이 없는가?
* 당신은 으스대며 거만한가?
* 당신은 잘 참는가, 아니면 쉽게 흥분하는가?
* 당신은 거룩하고 제자화되었는가?
* 당신은 다른 사람들을 건강한 교훈으로 독려할 수 있는가?
* 당신은 거역하는 자이거나 속이는 자인가?
* 당신은 더러운 이를 위해 일하는가?

너희 중 장로들에게 권하노니 나는 함께 장로 된 자요 그리스도의 고
난의 증인이요 나타날 영광에 참예할 자로라 너희 중에 있는 하나님
의 양무리를 치되 부득이함으로 하지 말고 오직 하나님의 뜻을 좇아
자원함으로 하며 더러운 이를 위하여 하지 말고 오직 즐거운 뜻으로
하며 맡기운 자들에게 주장하는 자세를 하지 말고 오직 양무리의 본
이 되라 그리하면 목자장이 나타나실 때에 시들지 아니하는 영광의
면류관을 얻으라 젊은 자들아 이와 같이 장로들에게 순복하고 다

서로 겸손으로 허리를 동이라 하나님이 교만한 자를 대적하시되 겸
손한 자들에게는 은혜를 주시느니라 그러므로 하나님의 능하신 손
아래서 겸손하라 때가 되면 너희를 높이시리라 너희 염려를 다 주께
맡겨 버리라 이는 저가 너희를 권고하심이니라(벧전 5:1-7).

* 당신은 의무감에서 섬기는가, 아니면 사랑으로 섬기는가?
* 당신은 돈을 위해 일하는 편인가, 아니면 섬김의 즐거움 때문에 일하는 편인가?
* 당신은 당신의 지위와 권위로 사람들을 이끄는가, 아니면 당신이 보이는 본으로 그들을 이끄는가?
* 당신은 교만하며 오만한가, 아니면 겸손하고 순종적인가?
* 당신은 주님께 당신의 짐과 근심을 내어 맡기는가?

포도나무와 가지

당신이 하나님의 백성을 먹이는 대부분의 목자들과 같다면, 다림줄은 당신이 영적 지도자로서 매우 부적격하다는 느낌을 주었을 것이다. 문제의 진실은 하나님을 떠나서는 당신이 부적절하다는 것이다. 좋은 소식은, 하나님께서 이런 상황에 대한 치료책을 마련해 두셨다는 것이다. 예수께서는 이렇게 말씀하셨다.

내가 참 포도나무요 내 아버지는 그 농부라 무릇 내게 있어 과실을
맺지 아니하는 가지는 아버지께서 이를 제해 버리시고 무릇 과실을
맺는 가지는 더 과실을 맺게 하려 하여 이를 깨끗케 하시느니라 너희

는 내가 일러준 말로 이미 깨끗하였으니 내 안에 거하라 나도 너희 안에 거하리라 가지가 포도나무에 붙어 있지 아니하면 절로 과실을 맺을 수 없음같이 너희도 내 안에 있지 아니하면 그러하리라 나는 포도나무요 너희는 가지니 저가 내 안에 내가 저 안에 있으면 이 사람은 과실을 많이 맺나니 나를 떠나서는 너희가 아무것도 할 수 없음이라(요 15:1-5).

예수께서는 그가 없이는 당신이 아무것도(nothing) 할 수 없다고 말씀하셨다. 그렇지만 예수께서는 가지가 포도나무 안에 거하듯이(포도나무에 붙어 있듯이) 당신도 그 안에 거하게 하셨다. 당신 속에 그의 생명을 가질 때, 그는 당신의 삶을 통해 많은 열매를 맺으신다. 하나님께서는 바로 지금 당신의 삶에서 풍성한 열매를 맺지 못하게 방해하는 곁가지들을 잘라내는 시간을 갖기 원하신다. 하나님께서는 당신에게 가장 좋은 것을 주시기 위해 몇몇 좋은 것들을 잘라내기 원하신다. 하나님께서 원하시는 대로 가지치기를 하시도록 허락하라. 그 결과는 풍성한 열매이기 때문이다.

하나님께서 방금 다림줄을 통해 당신에게 하신 말씀은 깨끗케 되기 위해 그에게로 나아오라는 초대이다. 하나님께서 당신 삶의 모든 부정한 것들을 깨끗케 하시게 하라. "너희가 내 안에 거하고 내 말이 너희 안에 거하면 무엇이든지 원하는 대로 구하라 그리하면 이루리라 너희가 과실을 많이 맺으면 내 아버지께서 영광을 받으실 것이요 너희가 내 제자가 되리라"(요 15:7-8).

목자들을 위한 다림줄을 읽고 난 후, 하나님께서 당신 삶 속에서 또한 당신 삶을 통해 영광받으시도록 하나님께 간구하고 싶은 것들이 있는가? 먼저 당신이 하나님 안에 거할 수 있게 해 달라고 기도하라. 그리스도의 말씀이 당신 안에 거하는 법을 가르쳐 달라고 기도하라. 그런 다음 당신이 목자로서 소원하는 것들을 위해 기도하라. "아버지께서 나를 사랑하신 것같이 나도 너희를 사랑하였으니 나의 사랑 안에 거하라 내가 아버지의 계명을 지켜 그의 사랑 안에 거하는 것같이 너희도 내 계명을 지키면 내 사랑 안에 거하리라 내가 이것을 너희에게 이름은 내 기쁨이 너희 안에 있어 너희 기쁨을 충만하게 하려 함이니라"(요 15:9-11).

예수께서는 영원한 사랑으로 당신을 사랑하신다. 그의 계명을 지키면, 당신은 하늘에 계신 당신의 아버지로부터 영원한 사랑을 체험할 것이다. 당신은 충만한 기쁨을 맛볼 것이다!

> 이제부터는 너희를 종이라 하지 아니하리니 종은 주인의 하는 것을 알지 못함이라 너희를 친구라 하였노니 내가 내 아버지께 들은 것을 다 너희에게 알게 하였음이니라 너희가 나를 택한 것이 아니요 내가 너희를 택하여 세웠나니 이는 너희로 가서 과실을 맺게 하고 또 너희 과실이 항상 있게 하여 내 이름으로 아버지께 무엇을 구하든지 다 받게 하려 함이니라(요 15:15-16).

하나님의 양떼를 돌보는 목자로서 당신이 꼭 기억해야 할 사실이 있다. 그것은 당신이 하나님을 선택한 것이 아니라는 사실이다. 하나님께서 당신에게 목자직을 주신 것이다. 하나님은 당신이 열매를 맺도록 당신을 능하게 하는 분이시다. 그리고 그 열매는 영원할 것이다. 예수의 계명을 순종하면 그의 친구가 되도록 예수께서 당신을 택하셨다. 하나님과의 이런 관계는 다음과 같은 약속으로 이어진다. "내 이름으로 아버지께 무엇을 구하든지 다 받게 하려 함이니라"(요 15:16). 당신 과거의 어떤 실패도 그리스도 안에서 당신의 미래를 방해하지 못하게 하라. 그리스도의 사랑 안에 거하는 법을 배우라. 당신 속에 넘쳐나는 그의 사랑과 기쁨과 생명을 체험하라.

그리스도의 멍에

당신은 일정기간 하나님의 백성을 돌보는 목자의 일을 해 왔을 것이다. 지금 당신은 너무 지쳐서 그만두고 싶을지도 모른다. 따라서 당신은 다른 일자리를 구하고 싶은 생각이 간절할지도 모른다. 예수께서는 당신에게 용기를 주는 또 다른 초대를 하셨다. "수고하고 무거운 짐진 자들아 다 내게로 오라 내가 너희를 쉬게 하리라 나는 마음이 온유하고 겸손하니 나의 멍에를 메고 내게 배우라 그러면 너희 마음이 쉼을 얻으리니 이는 내 멍에는 쉽고 내 짐은 가벼움이라"(마 11:28-30).

당신은 주님을 위해 지고 있는 무거운 목회의 짐 때문에 연약해져 주저앉아 있는가? 이것은 당신을 위한 초대이다! 예수께서는 두 사람이 함께 질 멍에를 준비하셨다. 그는 이미 아버지의 일을 하고 계신다. 그의 초대는 당신이 그와 함께 멍에를 지는 것이다. 그에게서 배우라. 그의 온유와 겸손과 유순함을 배우라. '당신의' 목회에 대한 모든 교만을 버리고 주님과 함께 주님의 사역에 동참하라. 거기에서 당신은 그 멍에가 당신에게 꼭 맞는다는 것을 알게 될 것이다. 그 짐은 가볍다. 왜냐하면 주님께서 더 많은 부분을 지고 계시기 때문이다. 당신은 주님과 함께 일하면서 주님께서 하나님이 계획하신 크기로 그의 일을 완수하시는 것을 보게 될 것이다. 가서 그의 멍에를 져라!

요약

- 성경에서 부흥은 항상 영적 지도자들에 의해 인도되었다. 부흥은 위에서 시작되도록 의도된다.
- 당신의 삶에서 모든 교만을 부지런히 제거하라.
- 당신이 인간보다 하나님을 기쁘시게 하는 데 관심이 더 많다는 것을 확정하라.
- 당신의 뜻과 당신 삶의 모든 부분을 하나님께 맡겨라.
- 내주하시는 그리스도의 능력과 권세를 가진 신자라면 요새를 무너뜨릴 수 있는 하나님의 무기들을 가지고 있다.
- 당신이 고통스런 과거에 초점을 맞추고 있다면, 당신은 지금 잘못된 방향으로 향하고 있는 것이며, 당신의 모든 삶도 활기가 없어 보일 것이다. 당신은 당신의 과거와 고통 또는 학대를 회개해야(돌이켜 떠나야) 한다.
- 하나님께서는 그의 양을 치는 목자들을 고치기 원하신다. 이렇게 하면 하나님께서 그들을 통해 그의 치료의 사랑이 그의 백성에게 흘러 들어가게 하실 수 있기 때문이다.

* 당신 과거의 어떤 실패도 그리스도 안에서 당신의 미래를 방해하지 못하게 하라. 그리스도의 사랑 안에 거하는 법을 배우라. 당신 속에 넘쳐나는 그의 사랑과 기쁨과 생명을 체험하라.

* 당신은 주님과 함께 일하면서 주님께서 하나님이 계획하신 크기로 그의 일을 완수하시는 것을 보게 될 것이다. 가서 그의 명에를 져라!

기도 가운데 하나님 만나기

예수께서는 자주 한적한 곳에 기도하러 가셨다. 그는 산에 오르시거나 광야에 가셨다. 그는 때때로 새벽 미명에 일어나 기도하셨다 - 또는 밤늦게까지 기도하셨다. 하나님께서는 이 장에서 그만이 당신에게서 응답을 이끌어 낼 수 있는 몇 가지 것들을 보여주셨을 것이다. 하나님과 단 둘이 있는 시간을 가져보라. 그가 당신을 온통 지배할 때까지 그와 함께 있어라. 오늘 당신의 심령에 부흥이 일어나도록 기도하라.

다른 사람들과 함께 하나님 만나기

소그룹에서 기회가 있을 때, 이런 토론문제들을 생각해 보라.

영적 자원

에베소서 1-3장과 골로새서 1-2장을 읽어본 후, 하나님께서 당신에게 주신 모든 축복과 자원을 열거해 보라. 먼저 하나님께서 당신에게 주셨거나 당신이 사용할 수 있게 하신 모든 축복과 영적 자원을 목록으로 만들어보라.

다른 사람들과 함께 일정시간 기도에 들어가라. 찬양과 감사의 시간을 가져라. 하나님께서 당신 안에 그리고 교회 안에서 그리스도를 통해 그의 영적 목적들을 성취하기 위해 하늘의 모든 자원을 활용할 수 있게 하셨다는 데 동의하라. 구체적인 감사를 드려라. 하나님께서 이미 공급하신 자원들을 받아라.

토론문제들

1. 하나님께서는 당신에게 어떤 영적 축복들을 주셨는가?
2. 당신은 어떤 영적 자원들을 활용할 수 있는가?
3. 영적 지도자는 그리스도께서 그를 통해 사시는 '변화된 삶'을 어떻게 살 수 있는가?
4. 하나님께서 그의 양을 돌보는 목자들에게 바라시는 것들은 무엇인가?
5. 하나님께서 그의 양을 돌보는 목자들에게서 몹시 싫어하시는 것들은 무엇인가?
6. 하나님께서는 불충성하는 목자들을 어떻게 다루시는가?
7. 하나님께서는 당신의 영적 지도력에 대해 어떻게 말씀해 오셨으며, 당신은 그에게 어떻게 응답해 왔는가? 하나님께서는 당신의 가정에 대해 뭐라고 말씀하고 계시는가? 당신

의 학급이나 위원회에 대해서는? 당신의 교회에 대해서는? 당신의 교단에 대해서는? 다른 기관들에 대해서는?
8. 당신은 다른 영적 지도자들을 위해 어떻게 기도할 수 있는가? 바로 지금 이런 기도의 시간을 갖도록 하라. 당신의 지도자들과 서로를 위해 기도하라.

16장
주의 길 예비하기

하나님께서는 그의 아들 예수를 이 땅에 보내실 때, 예수의 길을 예비하라고 침례(세례) 요한을 먼저 보내셨다. 요한은 메시야(기름부음받은 자)의 오심을 예비했다. 예수께서 그의 혼인잔치를 위해 그의 신부(교회들)를 천국에 데려가려고 다시 오실 때, 신부는 스스로를 준비(예비)할 것이다.

또 내가 들으니 허다한 무리의 음성도 같고 많은 물 소리도 같고 큰 뇌성도 같아서 가로되 할렐루야 주 우리 하나님 곧 전능하신 이가 통치하시도다 우리가 즐거워하고 크게 기뻐하여 그에게 영광을 돌리세 어린 양의 혼인 기약이 이르렀고 그 아내가 예비하였으니 그에게 허락하사 빛나고 깨끗한 세마포를 입게 하셨은즉 이 세마포는 성도들의 옳은 행실이로다 하더라(계 19:6-8).

우리는 또한 주님의 오심 - 부흥과 영적 각성에서 그리고 그의 신부를 데려가기 위해 오심 - 을 대비해 우리 자신을 준비해야 한다.

부흥이 시작되는 곳은 당신의 마음과 삶이다. 목회자든, 장로든, 집사든, 직분을 맡지 않은 평신도든 간에 당신은 하나님께서 부흥을 위해 당신의 마음을 준비하시도록 허락할 수 있다. 당신이 경험한 하나님과의 신선한 만남을 나누는 것이 당신이 할 수 있는 최선의 준비가 될 것이다.

예수께서는 그가 하신 모든 말씀이 그의 말씀이 아니라 아버지의 말씀이라고 자주 말씀하셨다. 예를 들면, 예수께서는 이렇게 말씀하셨다. "내가 내 자의로 말한 것이 아니요 나를 보내신 아버지께서 나의 말할 것과 이를 것을 친히 명령하여 주셨으니 나는 그의 명령이 영생인 줄 아노라 그러므로 나의 이르는 것은 내 아버지께서 내게 말씀하신 그대로 이르노라 하시니라"(요 12:49-50).

이것이 당신의 목회패턴인가? 이것은 예수의 목회패턴이었다. 당신은 그리스도의 종이자 영적 지도자로서 하나님과 친밀한 관계를 가져야 한다. 그것도 당신이 말을 할 때, 사람들이 당신의 말을 하나님의 말씀으로 들을 정도가 되어야 한다. 당신의 사람들에게 필요한 것은 쉬운 설교나 교훈이 아니다. 그들에게 필요한 것은 하나님의 말씀이다.

목자와 교사

당신은 사람들(교인들)에게 전체적인 하나의 몸으로서 하나님께 응답(반응)하는 법을 가르치는 데 시간을 투자해야 한다. 예를 들면, 그들은 고백의 지침들을 알아야 한다 - 언제 개인적이어야 하며, 언제 공적이어야 하는가를 알아야 한다. 교인들은 다른 사람들에게 상처를 주지 않고 또한 정욕이나 죄악된 생각을 하지 않고서 도덕적인 실패를 고백하는 법을 알아야 한다. 그들은 하나님께서 그들의 삶 속에서 행하시면서 영광을 받으시는 삶의 메시지를 나누는 법을 알아야 한다.

다음은 하나님과의 신선한 만남을 위해 당신이 당신의 사람들을 준비시키는 가운데 해 보고 싶다는 생각이 들 만한 것들이다.

* 성경 속의 부흥들에 대해 설교하라.
* 금식과 기도에 대해 가르쳐라.
* 신앙고백과 회개에 대해 가르쳐라.
* 시간에 얽매이지 말아야 할 필요에 대해 논의하라. 하나님께 돌아가는 데는 시간이 필요하다. 하나님께서 한 시간 내에 끝내지 않으신다면, 모임을 끝내고 돌아갈 생각을 해서는 안된다.
* 하나님을 만날 준비를 어떻게 해야 하는지 설명해 주라. 출애굽기 19:9-15에서 모세는 백성에게 하나님을 만날 준비를 하기 위해 사흘 동안 스스로를 정결케 하라고 했다. 하나님의 임재에 들어가기 위해서는 깨끗한 손과 정결한 마음이 필요하다.
* 하나님의 성품과 그가 그의 백성과 일하시는 방법에 사람들의 관심을 맞추어라.

* 당신의 사람들이 집단적 정체성(corporate identity)을 형성하도록 도와주라. 교회의 집단성에 대해 설교하라. 모든 교인의 응답(반응)이 중요하다는 것을 강조하라.
* 하나님과 친밀하고, 실제적이며, 개인적인 사랑의 관계로 사람들을 인도하라.
* 과거에 대한 속박으로 인한 요새들을 무너뜨릴 수 있게 해 달라고 기도하라(고후 10:3-5 참조).
* 사람들이 영적 전쟁과 하나님의 징계의 차이를 깨닫도록 도와주라.
* 신자들이 자기(자아)를 부인하도록 가르쳐라.
* 다른 사람들을 위한 종의 심령을 갖도록 도와주라.
* 하나님을 두려워하고, 아울러 그를 화나시게 하는 것을 두려워하도록 가르쳐라.
* 그리스도의 주 되심에 완전히 굴복하도록 도와주라.
* 당신 교회의 모든 것을 하나님께 맡겨 그가 재배열하시게 하는 분위기를 조성하라. 자원, 스케줄, 프로그램, 리더의 자리, 한 달(또는 일 년) 계획, 세속적인 일들에 대한 상충되는 참여, 계획, 목표 등.
* 회복 전의 깨어짐에 대비하라. 그들이 영적 건강으로 옮겨가는 과정을 이해하도록 도와주라.
* 당신의 교회가 깨어짐 너머의 부흥의 기쁨과 열매를 보도록 도와주라.

부흥을 위한 기도

역대하 7:14에 기록된 하나님께서 제시하신 부흥을 위한 네 가지 전제조건을 기억하고 있는가? 우리는 스스로를 겸비하고, 기도하고, 그의 얼굴을 구해야 한다. 어떤 사람들은 역사상 대규모의 모든 부흥에는 연합되고 눈에 보이는 특별한 기도가 선행되었다는 사실에 주목해 왔다. 이들은 기도가 하나님으로 하여금 행동하시게 하는 비법이라는 결론에 도달했다. 그러나 기도했지만 부흥을 경험하지 못한 사람들도 많았다.

기도는 종교행동(의식)에 불과한 것이 아니다. 기도는 한 인간과 하나님 사이의 관계이다. 그러나 기도만으로는 부흥을 일으킬 수 없다. 우리가 기도하는 것은, 하나님께서 우리와의 관계를 먼저 시작하셨기 때문이다. 그가 우리를 그의 임재 가운데로 초대하신다. 기도할 때, 우리는 우주의 보좌가 있는 방으로 들어간다. 거기서 우리는 하늘에 계신 아버지의 마음과 뜻을 알게 된다. 기도 가운데 하나님의 임재 속에서 우리는 우리의 죄악된 상황을 알게 된다. 우리는 상하고 통회하는 마음으로 하나님께 울부짖으며, 하나님께서는 우리를 불러 회개하게 하신다.

기도만으로는 부흥의 열쇠가 될 수 없다. 겸손(겸비)만으로는 충분치 못하다. 하나님의 얼굴을 구하는 것만으로도 충분치 못하다. 이 셋은 모두 중요하다. 그러나 부흥의 궁극적인 전제조건은 회개이다. 회개가 없이는 어떤 부흥도 일어나지 않는다. 우리는 악한 길에서 돌이켜야만 한다. 우리가 하나님께 돌아갈 때, 하나님께서 우리에게 돌아오시겠다고 약속하셨다. 그는 언약을 지키는 하나님이시다 - 그는 약속을 지키신다.

부흥을 위한 기도는 하나님을 조종하는 도구가 아니다. 이것은 마술도 아니며 그저 일을 완결짓는 행동도 아니다. 기도는 우리가 하나님께 응답하며, 그에게 가까이 나아가며, 그를 발견하는 하나님과의 관계이다. 참된 회개를 낳는 기도는 이 과정에서 우리에게 맡겨진 몫이다. 하나님의 임재 안으로 들어갈 때, 사람들은 자신의 죄악된 모습을 보지 않을 수 없다. 이것은 부흥에 필요한 회개로 이어질 수 있다.

사람들을 모으라

사람들을 어떻게 한자리에 모을지 가르쳐 달라고 주님께 기도하라. 우리 교인들은 집단적 정체성을 잃었기 때문에, 많은 사람들은 그들 삶에서 교회의 부름에 대해 어떤 책임도 느끼지 않는다. 그러나 누구나 할 것 없이 모두 하나님께 돌아오는 일에 참여해야 한다. 한 사람이나 몇 사람의 죄가 몸 전체에 지속적인 영향을 미칠 수 있다. 한 지체가 아프면, 온몸이 연관된다. 작은 죄의 누룩이 전체 교회에 영향을 미칠 수 있다.

함께 하나님 앞에 나와 그에게 응답하는 것이 중요함을 강조하라. 그들에게 돌아오라고 말씀하시는 분은 바로 하나님이심을 깨닫도록 도와주라. 사람들은 당신의 초대를 거절할 수도 있다. 하지만 주님의 초대는 거절하기가 힘들 것이다. 하나님만이 죄를 깨닫게 하는 분이심을 기억하라. 당신의 일은, 당신이 느끼는 것을 증거하며, 하나님께서 지체들을 납득시켜 하나님의 다림줄 앞에 함께 모여 서게 하실 것을 믿는 것이다.

하나님께서 당신의 교회에서 하신 일을 되뇌이라

신명기 29장에서 모세는 백성과 하나님의 언약을 갱신하기 위해 백성을 모았다. 그는 백성에게 하나님의 성실하심과 그의 언약적 사랑을 상기시키기 위해 먼저 이스라엘의 영적 역사를 개괄하는 것으로 시작했다. 과거 하나님께서 행하신 크고 능하신 일들을 기억할 때, 현재 우리의 믿음은 강해진다. 시편 105편은 이스라엘이 하나님께서 그의 백성에게 하신 일을 기억하도록 돕는 역할을 했다. 이처럼 하나님께서 과거에 그의 백성 가운데 행하신 일을 되뇌이는 일은 이스라엘 역사에서 성회(절기)들이 갖는 두드러진 부분이었다.

시편 78편에서는, 하나님께서 그의 백성의 죄를 얼마나 엄하게 취급하시는가를 상기시키기 위해 역사가 되뇌어진다. 시편 기자는 이렇게 말했다. "우리가 이를 그 자손에게 숨기지 아니하고 여호와의 영예와 그 능력과 기이한 사적을 후대에 전하리로다"(시 78:4).

에스라와 느헤미야 때의 부흥에서 지도자들은 백성에게 과거 하나님과의 관계를 경축하며, 회개에 앞서 하나님께 경배하라고 말했다. 느헤미야는 이렇게 말했다. "근심하지 말라 여호와를 기뻐하는 것이 너희의 힘이니라"(느 8:10).

요한계시록 2장에 기록된 에베소 교회를 기억하는가? 에베소 교회는 그들의 첫사랑을 버렸다. 그리스도께서는 그들에게 이렇게 명령하셨다. "그러므로 (너희가) 어디서 떨어진 것을 생각하고"(계 2:5). 이 말씀은 우리에게도 유익한 교훈을 준다. 우리가 하나님과 어떤 관계에 있었는가를 기억하는 일, 즉 '절정의' 체험들을 기억하는 일은 회개와 부흥을 위해 우리를 더 잘 준비시켜 줄 것이다.

하나님께서 당신의 교회에 하신 일들을 다시 한 번 생각해 보는 특별예배를 계획해 보라. 과거에 하나님께서 하신 일들을 송축하라. '멋진 옛날'을 갈망하는 교인들로 하여금 하나님께서 당신의 교회에 행하신 일들을 이야기하게 하라. 하나님의 과거역사를 숨기지 말라. 밝히 드러내라! 그가 행하신 모든 일에 대해 주님을 찬양하며 주님께 감사하는 시간을 가져라.

인간의 성취가 아니라 하나님의 역사에 초점을 맞추어라. 다음 몇 가지는 당신이 하나님의 역사를 송축하는 데 도움을 줄 것이다.

* 누군가 당신 교회의 역사를 세밀히 읽고 연구해서 하나님께서 하신 일들에 대한 보고서를 준비하게 하라.
* 선교가 시작되고, 사람들이 선교의 소명을 받고, 의미 있는 구원의 체험이 일어났던 것에 대해 보고하라.
* 중요한 결정의 순간에 있었던 하나님의 인도하심을 기억하라.
* 사람들로 하여금 하나님께서 기도에 대한 응답으로 행하신 특별한 일들, 다시 말해 기도의 응답에 대한 간증들을 하게 하라.

* 사람들로 하여금 과거 당신의 교회에서 하나님께서 일하시는 것을 본 것에 대해 간증하게 하라.
* 과거에 있었던 의미 있는 부흥의 체험들을 보고하라.
* 하나님께서 개인의 삶에서 의미 있게 역사하신 사건들에 대해 간증하게 하라.

당신 교회 교인들이 하나님과 어떤 관계에 있었는가를 기억하도록 도와주라. 이것은 하나님께 돌아가는 다음 단계들에 대한 준비가 될 것이다. 이것은 또한 새로운 세대와 새로운 교인들에게 하나님께서 이미 이곳에서 어떤 일을 해 오셨는가를 알게 해 줄 것이다.

집단적인 (교회의) 죄를 규명하라

집단적인 (교회의) 죄가 될 수 있는 것은 어떤 것이든 규명하도록 도와 달라고 지도자들과 사람들(교인들)에게 부탁하라. 필요하다면, 이것이 건강회복을 도울 수 있는 긍정적인 과정임을 그들이 이해하도록 도와주라. 지도자들에게 교회가 범죄하여 하나님으로부터 떠난 부분들을 규명하도록 당신을 도와 달라고 부탁하라.

죄 목록을 모아보라. 목회자로서 교회 지도자들을 소집하라. 함께 기도하고 나타난 문제들에 대해 논의하라. 지도자들이 믿기에 정말 교회의 죄라고 생각되는 것들을 목록으로 작성해 보라. 당신은 이 목록을 전체 예배시간에 다루고 싶을 것이다. 당신은 한 명 또는 그 이상의 지도자들에게 이 집단적인 죄 목록을 낭독하게 할지도 모른다. 교회에게 그들의 죄를 고백하라고 촉구한다. 다니엘 9장, 에스라 9장 또한 느헤미야 9장에서처럼 그들을 인도하여 집단적인 회개의 기도를 드리게 하라.

무엇이 집단적인 죄인가? 교회가 행동이나 행동의 결핍으로 죄를 짓는 모든 경우가 집단적인 죄이다. 집단적인 죄에는 당신 교회 교인들 다수에게 일반적인, 개인적인 죄도 포함될 것이다(예를 들면, 에스라 9-10장에서 에스라가 다룬 이방인들과의 결혼은 오늘날 교회에 널리 퍼진 성적 부도덕이나 이혼과 비슷하다). 교회들은 회개하지 않은 모든 죄를 다루어야 한다 - 여기에는 현재의 죄뿐만 아니라 과거의 죄까지도 포함된다. 집단적인 죄에는 다음과 같은 것들이 포함될 수 있다.

* 교회를 가르는 일에 참여하는 것
* 세상의 방법을 받아들이는 것
* 불경건한 사람(또는 사람들)이 무죄한 목회자나 교회직원을 '탈선시키도록' 내버려두는 것, 특히 당신의 교회가 이런 성향이 있다면
* 최선의 것들을 하는 대신에 좋은 것들을 하기로 선택하는 것
* 교회, 단체, 교단이 분열, 시기, 논쟁, 교만처럼 나쁘거나 죄악된 쪽으로 되어가는 것
* 과거의 죄를 덮어버리는 것
* 빌린 돈을 갚지 않는 것
* 사회가 보기에 하나님의 이름을 더럽히는 것(예를 들면, 지도자나 교인이 도덕적인 문제를 일으켜서 사회가 다 알게 됐지만

정작 교회는 아무런 반응도 보이지 않는 것)
* 교인, 가족, 부부들의 필요를 돌보지 못하는 것
* 가정과 결혼생활에 있어 하나님의 기준에 굳게 서지 못하고 도움이 필요한 사람들을 도와주지 못하는 것
* 마음이나 심령이나 영이 하나 됨이 전혀 없이 어떤 결정에 대한 동의나 타협을 강요하는 것
* 당신의 사회가 지역의 다른 신자, 다른 교회, 다른 교단들로부터 당신을 고립시키는 것, 그들에게 당신의 도움이나 격려나 지도가 필요할 때 당신 자신의 일만 하는 것
* 하나님께서 큰일을 맡기셨을 때, 믿음이 부족하고 당신의 제한된 자원 때문에 그 일을 시도하지 않는 것
* 쉬운 길을 택하기 위해 사역의 현장을 떠나는 것(도시 사람들의 문제를 다루기보다는 교외로 이주하기 위해 도시를 벗어나는 것처럼)
* 하나님의 인도하심과 배치되는 잘못된 결정을 내리는 것
* 목회자나 교회직원이나 가족을 학대하는 것(잘못 대하는 것)
* 논쟁, 싸움, 분열을 허용하는 것
* 편견을 갖거나 차별하는 것(예를 들면, 가난한 사람, 흑인, 인종집단, 히피들에 대해)
* 죄를 지은 교인들에 대한 교회의 치리(권징)와 관련된 하나님의 명령을 거부하는 것
* 무능력하게 된 길 잃은 교인들 찾기를 거부하는 것
* '대가'가 너무 크기 때문에 하나님께 다이얼을 맞추길 거

부하는 것
* 교회에 대한 통제권을 교회의 머리이신 그리스도에게서 다른 누군가에게로 옮기는 것 - 목회자, 집사들, 장로들, 당회 혹은 교회의 힘있는 세력에게
* 교회 내에서 악을 용납하는 것
* 섬김과 목회를 위해 당신의 생명을 버리기보다는 구하기 위해 애쓰는 것
* 개인적인 편의를 위해 자원을 이기적으로 사용하고 궁핍한 자들이나 선교기회들에 대해서는 모른 체하는 것

이것은 결코 포괄적인 목록이 아니다. 이것을 보고 당신은 집단적인 죄라는 말이 무엇을 뜻하는지 어느 정도 알게 되었을 것이다. 하나님께서 당신 교회 교인들의 마음에 생각나게 하는 것들에 주의를 기울여라. 모든 제안을 매우 신중하게 받아들여라.

이탈 표식들을 규명하라

집단적인 죄에는 오래 전에 일어난 일들도 몇몇 포함될 것이다. 예를 들면, 작고, 분쟁중에 있으며, 쇠퇴해 가고 있는 교회가 그 지역에서 이루어지고 있는 새로운 교회설립에 관한 이야기를 듣기 위해 한 연사를 초청했다. 강연이 끝난 후, 두 교인이 강사를 찾아와 이렇게 말했다. "1954년에 저희 목사님께서 저희들을 이끌고 교회를 개척하려고 하셨습니다. 그때 저희들이 반대했습니다. 제가 믿기로는 하나님께서 그 결정 이후로 저희들을 벌하시는 것 같습니다."

이런 사건은 '이탈 표시'일 수 있다. 당신 교회 교인들이 교회가 하나님을 이탈했다(떠났다)고 믿는다면, 그들에게 이런 이탈 표시들을 규명하도록 부탁하라. 이런 이탈(떠남)의 시작이었던 사건이나 결정이 있었는가? 하나님을 떠남에 대한 첫번째 표시들이 언제 어떻게 나타나기 시작했는가? 그 기간에 일어났던 일 가운데 이탈의 원인이었을 것으로 생각되는 것은 무엇이었는가? 이 조사에서 무엇인가가 나타난다면, 그것은 당신이 회개하며, 배상하며, 회복되기 위해 해야 하는 일이 무엇인가를 깨닫는 데 도움이 될 것이다.

영적 각성을 준비하라

부흥이 찾아올 때, 그에 따르는 자연스러운 결과는 잃어버린 자들이 영적 각성을 통해 그리스도를 믿는 구원의 믿음을 갖게 된다는 것이다. 우리 교회들도 영적 각성을 위해 준비되어야 한다. 하지만 부흥이 준비하러 오도록 기다릴 수만은 없다. 당신이 먼저 준비되어야 한다. 다음의 몇몇 제안들은 당신의 교회가 영적 각성을 준비하도록 도울 때 당신이 고려해 볼 수 있는 것들이다.

* 당신 교회 교인들을 위해 영적 성장의 모든 단계에서 광범위한 제자훈련을 실시하라. 대위임의 사명은, 당신이 그리스도께서 명하신 모든 것을 순종하도록 가르칠 때까지는 완성되지 않는다는 것을 기억하라(마 28:19-20 참조).
* 후에 다른 사람들을 가르치고 배가시킬(새끼치는) 수 있는 지도자들을 양성하라. 이 일이 목회자나 교회직원에게는

벅찬 일일 것이다. 몸의 모든 지체가 목회사역을 위해, 즉 몸을 세우는 일을 위해 준비되어야 한다(엡 4:11-13 참조).

* 추수하시는 하나님께 추수할 일꾼들을 보내 달라고 기도하라(마 9:37-38 참조). 지금은 지도자들을 위해 기도하고 그들이 섬길 수 있도록 준비시킬 때이다. 당신이 영적 각성의 때까지 기다린다면, 당신의 일정은 뒤늦게 될 것이다.

* 증인들과 헌신된 상담자들을 준비하라. 영적 각성 때에 그리스도께 인도된 사람들은 "구원받기 위해 제가 뭘 해야 합니까?"라고 물을 것이다. 이들을 돕기 위해 사람들을 훈련시켜야 한다. 이것은 단지 규정된 계획을 통과하거나 어떤 기도를 인도하기 위한 훈련이 아니다. 이런 증인들과 헌신된 상담자들은, 사람들이 죄를 회개하고 믿음과 신뢰를 그리스도께 두며, 삶 가운데 그리스도를 주인으로 모셔들이도록 그들을 인도할 수 있는 영적 의사들이어야 한다.

* 새로운 신자들이 예수 그리스도의 제자로서의 성장과 성숙을 시작하도록 도울 새로운 기독교 전파자들을 훈련시켜라. 「영적 성장의 기본진리」(The Survival Kit for New Christians, 요단출판사 刊)은 새로운 크리스천들이 하나님과의 관계에서 자라도록 돕는 도구의 한 예이다.

* 목회적 필요들이 쇄도할 것에 대비하라. 세상은 깨어짐으로 가득 차 있다. 가정이 깨어지고 상처를 준다. 영적 각성에서 보면, 가난한 자들과 궁핍한 자들이 복음에 가장 민감하게 반응할 때가 많다. 갖가지 중요한 필요들을 가진 사람

들이 하나님 나라와 당신의 교회로 인도될 것이다. 당신은 복음의 복된 소식이 그저 우리가 죽어 하늘나라에 가는 것 그 이상이라는 사실을 깨닫도록 이들을 도와주어야 한다. 그들을 화해시키며, 그들의 가정을 회복시키고, 그들의 과거 고통들을 치유하여 그들로 하여금 모든 악의 속박에서 벗어나게 하시는 그리스도의 치료의 능력을 체험케 하여야 한다. 많은 사람들이 먹을 것과 입을 것과 일자리와 치료와 집 등 눈에 보이는 것들을 필요로 할 것이다. 신약교회의 모델은 당신 교회의 모델이다. 신약교회 교인들은 다른 사람들의 필요를 공급함으로써 "그 중에 핍절한 사람이 없도록" 하기 위해 희생적으로 구제했다(행 4:34 참조).

* 당신의 사람들이 중요한 수정들(순응, adjustments)을 하도록 준비시켜라. 하나님께서 자신과의 관계로 당신을 초대할 때마다, 당신은 당신의 삶과 교회 가운데서 중요한 수정들을 해야 할 것이다. 당신은 두려워할 필요가 없으며, 그저 순종하기만 하면 된다. 사람들의 삶 속에 하나님 나라가 오는 것을 보기 위해 요구되는 모든 희생(대가)과 수정을 당신의 교회가 받아들이도록 준비시켜라.

* 하나님께 모든 영광을 드리도록 준비하라. 부흥과 영적 각성을 중단시키는 한 가지 확실한 방법은 하나님의 영광을 당신이나 당신 교회 것으로 주장하는 것이다. 당신은 하나님께서 부흥과 영적 각성에서 하시는 일을 할 수 없다는 것을 인정하라. 하나님께서 하실 때, 하나님의 백성의 눈에 하

나님을 크게 나타내라. 만백성 가운데 그의 영광을 선포하라. 어떤 것도 당신의 공이라고 주장하지 말라.

* 당신 자신과 하나님의 백성이 하나님께 통치권을 맡기도록 준비하라. 하나님께서 하시는 일을 가로막는 또 다른 방법은 그것을 조직하거나 통제하려고 하는 것이다. 부흥이 시작될 때 당신은 영적 지도자로서 일어나고 있는 일을 통제하거나 조종하고 싶은 유혹을 받을 것이다. 성령께서 순간순간 당신을 인도하시게 하라. 당신의 계획들을 하나님께서 하시는 일에 맞추어라. 당신의 시간표가 아니라 하나님의 시간표에 따라 일하라. 하나님의 성령이 당신의 사람들과 사회에 임할 때, 당신의 계획을 잊고 하나님께서 하시는 일에 맞추어라. 무엇을 해야 할지 모른다면, 당신 교회의 다른 지도자들의 조언을 구하라. 하나님께서는 그의 몸인 교회를 정확하게 인도하시기 위해 말씀하실 것이다. 당신은 그를 의지할 수 있다.

인도할 준비를 하는 지도자들

갱신을 위한 집단적인 시간들을 준비할 때, 이것들을 명심하기 바란다. 당신이 "나는 헨리 블랙가비(이 책의 저자)를 불러 내 상황에 대해 조언을 구할 거야"라고 생각하는 경향이 있다면 기다려라. 수화기를 들기 전에 먼저 기도함으로 하나님께 향하라. 하나님께서는 당신과 당신의 교회를 부흥으로 인도하기 원하신다. 당신이 먼저 인간에게로 향한다면, 당신은 하나님의 대체물들에게로 향하고 있는 것이다. 이것은 당신이 이미 하나님을 떠나 있으며 다른 대체물에 안주할 것임을 보여주는 것이다. 하지만 주저하지 말고 당신 교회의 다른 신자들과 특히 다른 지도자들을 통해 하나님의 조언을 구하라. 하나님을 당신의 마지막 호소처가 아니라 첫번째이자 가장 중요한 자원으로 삼아라.

몸(교회)의 지혜를 구하라. 당신 교회 교인들 각자는 하나님께 대해 한 사람의 제사장이다. 그리스도는 당신 교회의 머리이시다. 그는 모든 지도자와 교인들에게 직접 접근하신다. 다른 지도자들이, 하나님께서 당신 교회에 무슨 말씀을 하고 계신다고 느끼는지 또는 당신 교회가 하나님께 응답하도록 당신의 교회를 어떻게 인도하고 계신다고 느끼는지 그들에게 조언을 구하라. 몸이 하나님의 뜻을 알려 할 때, '눈'과 '귀' 양쪽 모두가 필요하다(고전 12장; 롬 12장 참조).

하나님을 의뢰하라. 당신의 교회에 일어나야 할 일도 하나님께서 막으시면 일어나지 않는다. 그렇다. 인간의 응답이 필요하다. 그러나 그의 일을 주도하시고, 인도하시며, 완성하시는 분은 하나님이시다. "너는 마음을 다하여 여호와를 의뢰하고 네 명철을 의지하지 말라 너는 범사에 그를 인정하라 그리하면 네 길을 지도하시리라"(잠 3:5-6). 다음의 생각들을 명심하라.

요한계시록 2-3장에서 그리스도께서는 그의 교회들 가운데 서 계신다. 그는 손에 별들(목자들)을 잡고 계신다. 그는 그의 백성을 도와 그들의 반응을 끌어내기 위해 계신다. 그가 계시며 일하시고 있다는 것을 믿어라.

당신이 하나님의 일을 하고 지도자의 일을 할 수 있도록 하나님께서 당신에게 능력을 주실 것을 믿어라. 당신은 모세처럼 느끼며 하나님께 이렇게 말할지 모른다. "저는 이것을 할 수 없습니다. 다른 사람을 찾아보십시오." 사실 하나님을 떠나서는 아무것도 할 수 없지만 하나님과 함께라면 모든 것이 가능하다. 부흥을 일으키는 일에 대해서는 하나님이 당신보다 더 많은 관심을 가지고 계신다. 그는 그의 능력과 권세로 당신을 채우시고, 당신이 할 수 없는 일을 당신을 통해 성취하시기 위해 임하실 것이다(골 1-2장 참조).

당신의 연약함을 깨닫고 거기에 압도당할 때, 바울의 말을 기억하라. "내 은혜가 네게 족하도다 이는 내 능력이 약한 데서 온전하여짐이라"(고후 12:9).

사도행전에서 초대교회가 모든 문제 가운데서 어떻게 하나님께로 향했는지 주목하라. 그들의 본을 따르라.

당신이 해야 할 일은 성공이 아니라 성실(충성)이라는 것을 기억하라. 성공을 책임지시는 분은 하나님이시다. 그가 성공을 재는 방법은 세상의 방법과 전혀 다르다.

방법을 의지하지 말고 하나님을 의지하라. 이것이 당신에게 좋은 소식이어야 한다. 방법이나 프로그램은 당신의 필요를 해결해주지 못한다. 당신이 할 바른 말이나 일들을 알 필요가 없다. 당신에게 필요한 것은 하나님의 임재와 인도하심뿐이다. 한걸음 한걸음 옮길 때마다 그에게 순종하라. 그러면 당신과 당신의 교회가 하나님의 활동하심과 강한 능력 가운데 있는 것을 보게 될 것이다.

부흥의 때에 하나님의 인도하심을 외적인 지도자로 대체하지 않도록 하라. 어느 순간에 하나님께서는 외부 지도자를 포함시키도록 당신을 인도하실지도 모른다. 하지만 이것은 부흥 후에, 즉 당신의 교회가 추수꾼의 사명을 감당할 준비가 되었을 때 훨씬 더 적절하다.

사람들을 믿음으로 하나님께 대한 믿음을 저버리지 않도록 하라. 골짜기의 마른 뼈들에게 외쳐라(겔 37장 참조). 그리고 하나님께서 그들의 생명을 회복시키실 것을 믿어라.

다른 사람들의 실패 때문에 낙심하지 말라. 오직 하나님만 바라며 사람들의 반응에 신경쓰지 말라.

겸손의 영을 가꾸며 이를 보여주어라. 당신이 하나님을 의뢰하고 겸손할 때 다른 사람들의 반응(응답)을 불러일으킬 것이다. 부흥의 첫째 조건은 당신을 낮추는 것이다(고후 7:14 참조).

요약

* 예수께서 그의 혼인잔치를 위해 그의 신부(교회들)를 천국에 데려가려고 다시 오실 때, 신부는 스스로를 준비(예비)할 것이다.
* 우리는 또한 주님의 오심 - 부흥과 영적 각성에서 그리고 그의 신부를 데려가기 위해 오심 - 을 대비해 우리 자신을 준비해야 한다.

* 사람들에게 전체적인 하나의 몸으로서 하나님께 응답(반응)하는 법을 가르치는 데 시간을 투자하라.
* 기도는 종교행동(의식)에 불과한 것이 아니다. 기도는 한 인간과 하나님 사이의 관계이다.
* 기도만으로는 부흥의 열쇠가 될 수 없다. 부흥의 궁극적인 전제조건은 회개이다.
* 모든 교인들이 하나님께 돌아가는 일에 참여해야 한다.
* 우리가 하나님과 어떤 관계에 있었는가를 기억하는 일, 즉 '절정의' 체험들을 기억하는 일은 회개와 부흥을 위해 우리를 더 잘 준비시켜 줄 것이다.
* 교회들은 회개하지 않은 모든 죄를 다루어야 한다 - 여기에는 현재의 죄뿐만 아니라 과거의 죄까지도 포함된다.
* 우리 교회들도 영적 각성을 위해 준비되어야 한다. 하지만 부흥이 준비하러 오도록 기다릴 수만은 없다.

기도 가운데 하나님 만나기

* 하나님께서 부흥을 위해 당신의 심령을 준비시켜 달라고 기도하라.
* 당신과 당신 교회의 영적 지도자들이 부흥과 각성을 위해 그의 백성을 준비시키도록 인도해 달라고 하나님께 기도하라.
* 오늘과 같은 준비의 때에 바른 지도자를 세워 달라고 기도하라.

* 회개와 용서가 필요한 교회의 집단적인 죄를 보여 달라고 기도하라.

다른 사람들과 함께 하나님 만나기

소그룹에서 기회가 있을 때, 이런 토론문제들을 생각해 보라.
1. 우리 교회가 부흥을 준비하는 데 필요한 가장 중요한 방법은 어떤 것인가? 영적 각성을 준비하는 데 필요한 가장 중요한 방법은 어떤 것인가?
2. 과거에 하나님께서 우리에게 행하신 일을 되뇌는 것이 어떻게 부흥을 위한 토대가 될 수 있는가? (당신의 소그룹에서 이런 일들을 되뇌이는 일을 시작하고 싶을 것이다)
3. 기도와 부흥은 어떤 관계가 있는가?

17장
하나님의 백성이 하나님께 돌아가도록 인도하기

하나님의 백성이 하나님께 돌아가도록 인도하는 일은 성령께서 죄, 특히 집단적인 죄를 깨닫게 하실 때 시작된다. 이것은 대개 지속적인 과정이 될 것이다. 양파의 껍질을 한 겹씩 벗기듯이, 하나님께서는 한 번에 죄를 '한 꺼풀'씩 깨끗케 하실 것이며, 개인이나 교회가 완전히 깨끗해질 때까지 그렇게 하실 것이다. 그런 다음 교회나 개인들은 '긴밀한 관계'를 지속하도록 독려받아야 한다. 개인적인 정결을 위한 매일의 시간들은 오늘날에 대개 필요하듯이, 죄를 철저히 다루는 데 한정되어야 한다.

성령께서 죄를 깨닫게 하실 때, 우리는 여기에 즉각 순종해야 한다. 부흥체험을 위해 몇 번을 계획했든 간에 지도자들은 하나님께서 사람들에게 개인적 또는 집단적 죄를 깨닫게 하셨다고 느낄 때는 언제든지 죄 고백과 회개를 촉구할 준비가 되어 있어야 한다. 이것은 설교나 반별공부를 취소하고 초대의 시간을 갖는 것을 의미할 수도 있다. 이것은 하나님께서 하신 일 때문에 내일 특별예배가 있을 것이라고 선포하는 것을 뜻할 수도 있다. 하나님께서 부흥을 내리기로 결정하시면, 그의 방법대로 하시게 하라! 하나님께서 부흥을 일으키기로 결정하신다면, 당신의 계획을 접어두고 하나님의 계획에 따르겠다는 것을 사람들에게 말하고 동의를 구하라. 기다릴 필요가 없다. 사실 기다려서는 안된다. 하나님의 타이밍이 언제나 옳다.

방법이 아니라 사람

당신은 성경에 기록된 부흥의 시간들에 대한 한 가지 사실에서 용기를 얻어야 한다. 성경에서 부흥을 이끈 지도자들 중에 백성이 하나님께 돌아가도록 그들을 인도하는 법에 관한 교본을 가진 사람은 아무도 없었다. 당신에게도 교본은 필요치 않다. 당신에게 정말 필요한 것은 하나님뿐이다. 당신이 섬기는 사람들이 하나님께 돌아오도록 하기 위해 하나님께서는 당신을 매우 실제적인 방법으로 인도하실 것이다. 하나님께서는 그들이 돌아오는 것에 대해 가장 관심이 많은 분이시다. 당신은 방법이나 프로그램을 찾을 필요가 없다. 그것들은 하나님의 대체물일 수 있다. 하나님께서 당신을 통해 그의 백성이 돌아오게 하실 것을 굳게 믿어라.

당신은 이렇게 물을 것이다. "그렇다면 당신은 왜 이 책을 썼습니까?" 성경의 지도자들이 가졌던 한 가지 이점은 집단적으로 하나님께 응답(반응)하는 백성 가운데서 자라났다는 것이다. 오늘날의 크리스천들은 하나의 집단이나 단체가 어떻게 하나님께 응답하는지 모르고 있다. 우리가 이 책을 쓴 것은, 하나님께서 당신을 도와주시리라는 것을 조언해 주기 위해서이다. 우리는 또한 당신에게 도움이 될 만한 몇몇 강조점들을 성경에서 발견한다. 다음 제안들을 아주 세심하게 읽어주기 바란다. 당신을 인도하고, 가르치며, 하나님의 백성을 인도할 수 있도록 당신을 준비시켜 달라고 하나님께 기도하라. 하나님이 인도하지 않으신 일은 어떤 것도 하지 말라.

다중 지도체제

성경시대에는 왕이나 총독이나 선지자나 서기관이나 제사장이 한 나라의 부흥을 이끌었다. 국가적 부흥에는 이들 지도자 둘 또는 그 이상이 포함되는 경우가 많았다. 니느웨에서는 왕이 그의 도시를 회개로 이끌었다. 야곱(아버지로서)도 그의 가족을 회개로 이끌었다. 우리는 한 집단의 기존 지도자들이 그 집단을 회개로 이끌어야 한다고 생각한다. 이때는 외부 지도자를 영입할 때가 아니다. 당신이 하나님의 백성을 이끌도록 하나님께서 당신을 인도하실 것을 믿어라. 다중 지도체제는 우선적인 모델이다. 한 사람이 이 짐을 혼자서 지려고 한 경우는 거의 없었다.

목회자들은 교회직원이나 교회 다른 지도자들이 하나의 지도자팀으로서 사람들을 하나님께로 인도하는 일에 가담하길 원한다. 목회자가 1차적인 지도력을 발휘해야 한다. 그는 또한 교회를 회개로 이끌 시기와 방법을 결정하는 데 주도적인 역할을 해야 한다. 하지만 지혜로운 목회자는 다른 사람들을 통해 말씀하시는 하나님의 제안에도 주의 깊게 귀를 기울일 것이다. 여기에는 교회를 향한 하나님의 인도하심을 구하면서 강하게 기도하는 목회자와 교인들이 필요하다.

결집된 기도

당신은 성령의 인도하심에 민감해야 한다. 따라서 기도함으로 성경 안에 거해야 한다. 기도를 당신 사역의 최우선 전략으로 삼아라. 사도행전 6장의 사도들처럼 기도와 말씀사역에 헌신하라.

> 열두 사도가 모든 제자를 불러 이르되 우리가 하나님의 말씀을 제쳐 놓고 공궤를 일삼는 것이 마땅치 아니하니 … 우리는 기도하는 것과 말씀 전하는 것을 전무하리라 하니(행 6:2, 4).

당신은 기도와 말씀사역에 전념할 수 있도록 교회에 충분한 도움을 구하는 것은 상상도 할 수 없는 일이라고 생각할 것이다. 어떤 목회자들은 감히 이런 제안을 하지 못할 것이다. 그러나 사도들의 영적 인격과 성령의 인도하심이 전체 교회로 하여금 이런 제안을 기쁘게 받아들이게 했다. 그 결과 교인들은 영적 지도자들이 기도하고 말씀을 연구하면서 하나님과 함께하는 시간을 가질 수 있도록 그들의 짐을 덜어줄 일곱 사람들을 택했다.

그 어느 것도 당신에게서 하나님과 함께하는 시간을 빼앗지 못하도록 하라. 부흥은 당신 교회에 너무나도 필요한 것이다. 그러므로 하나님께서 당신을 통해 하시고자 하는 일을 그냥 놓쳐버릴 여유가 없다. 하지만 기도시간을 항상 혼자서만 갖지 않도록 하라. 다른 사람들과 함께 기도해야 한다. 예수께서는 이렇게 말씀하셨다. "진실로 다시 너희에게 이르노니 너희 중에 두 사람이 땅에서 합심하여 무엇이든지 구하면 하늘에 계신 내 아버지께서 저희를 위하여 이루게 하시리라 두세 사람이 내 이름으로 모인 곳에는 나도 그들 중에 있느니라"(마 18:19-20).

예수께서는 합심기도에 대해 더 큰 권세를 약속하셨다. 그는 다른 신자들과 함께 기도할 때 개인이 혼자서 경험하는 것과는 다르게 그의 임재를 경험하게 될 것이라고 약속하셨다. 당신이 섬기는 교회 지도자들과 함께 기도하라. 다른 교회나 교단이나 기독교 단체들과 함께 그리고 그들을 위해 기도하라. 다른 목회자들을 방문하며 그들과 함께, 또한 그들을 위해 기도하라. 당신이 다른 목회자들에게 다음과 같이 말할 때 형성될 일체감을 생각해 보라. "저희는 하나님께서 당신의 교회와 목회를 축복하시길 기도하고 있습니다. 저희가 당신과 당신의 교회를 위해 무슨 기도를 드리면 되겠습니까?" 하나님께서 광범위한 부흥을 일으키시는 곳에서는 공통적으로 발견할 수 있는 모습이 있다. 그것은 목회자와 단체들이 이미 교단을 초월하여 함께 모여 기도하고 있다는 것이다.

기도는 또한 하나의 교회로서 당신이 하는 모든 일에서 중요한 위치를 차지해야 한다. 하나님께서는 당신의 교회가 "만민의 기도하는 집"(사 56:7)이 되는 데 관심이 있으시다. 집단적 기도를 고취하기 위한 다음 몇 가지 제안들을 고려해 보고 하나님과 만나는 빈도를 늘려보라.

* 당신이 예배를 인도하는 중에 기도의 조언자들이 대기하고 있는 기도실을 하나 준비하라. 하나님께서 죄를 깨닫게 하실 때 즉시 응답하도록 당신의 사람들을 훈련시켜라. 그들이 언제든지 일어나 기도실로 가서 하나님을 만날 수 있게 하라. 기도의 전사들은 기도실과 기도시간을 하나님께서 예배 자체 내에서 하시는 일을 뒷받침하는 데 사용할 수 있다.

* 당신이 기도실을 사용하지 않는다면, 당신은 강단으로 나와 기도하도록 사람들을 독려할 수도 있다. 이것은 그들 중 어느 정도의 사람들에게는 하나님께 응답하는 가시적인 방법을 제공해 줄 것이다. 이것은 다른 사람들에게 스스로를 겸비하는 데 필요한 기회를 제공할 것이다. 교만을 다루는 일에는 언제나 공적인 응답(반응)이 요구된다.

* 소그룹 기도를 독려하라. 작은 모임에서든, 특별기도모임에서든, 다른 시간에서든, 구성원들이 함께 서로를 위해 기도하도록 독려하라. 그들이 육체적 문제뿐만 아니라 영적 관심사들을 위해 기도하게 하라. 이런 곳에서 사람들이 서로를 위해 진지하게 기도할 때 사랑이 넘쳐나기 시작한다.

* 집단(전체)기도의 시간들을 음악(찬양)이나 설교를 준비할 때처럼 주의 깊게 준비하고 계획하라. 찬양 가운데 교회가 함께 기도하도록 이끌라. 집단적인 몸으로서 효과적으로

기도하도록 사람들을 훈련시키는 방법들을 가르쳐 달라고 하나님께 기도하라.

* 어떤 교회들은, 사람들이 구체적인 문제나 필요에 대해 함께 기도할 사람을 찾을 수 있는 기회를 제공한다. 어떤 목회자는 이런 시간을 '해방의 예배'(set-free services)라고 불렀다. 이 목회자는 수요일 저녁예배가 끝난 후에 기도가 필요한 사람은 그대로 남아 있도록 초대하곤 했다. 그는 무거운 짐을 진 사람들이 요청할 때 성숙한 제자들로 하여금 함께 기도해 주게 했다. 기도의 사람들은 강단 앞에 둥글게 무릎을 꿇곤 했다. 그러면 기도해 줄 사람을 찾은 이들은 그 중 한 사람 앞에 가서 자신의 고민을 나누고 그 사람의 기도를 받는다. 성경은 이렇게 말한다. "이러므로 너희 죄를 서로 고하며 병 낫기를 위하여 서로 기도하라 의인의 간구는 역사하는 힘이 많으니라"(약 5:16). 이 교회는 기도시간이 많은 사람들의 삶을 바꾸어놓는 것을 보았다. 목회자는 매주 이런 기도의 시간을 가진 후, 그의 상담 부담이 눈에 띄게 줄어들었다는 것을 발견했다.

경쟁의 달력을 지워라

의식(행동), 심지어 종교의식까지도 삶 가운데서 하나님을 밀어낼 수 있다. 교인들은 하나님 그리고 자신들의 삶에 대한 하나님의 소명에 관심을 집중해야 한다. 사단은 크리스천들이 삶 가운데서 그리고 교회에서 죄를 다루지 못하도록 그들의 관심을 다른 곳으로 유도하길 좋아한다. 당신의 사람들을 하나님과의 신선한 만남에서 멀어지게 하는 모든 의식들을 제거하기 위해 당신이 할 수 있는 모든 노력을 기울여라.

텍사스 주 오스틴에 있는 한 교회는, 하나님께서 죄에 대한 회개를 촉구하고 계시다는 것을 느꼈다. 그래서 그 교회는 회개가 너무 중요하기 때문에 교회의 다른 바쁜 스케줄 사이에 억지로 밀어넣듯 삽입되어서는 안된다는 결정을 내렸다. 지도자들은 여름 몇 달 동안 중요하지 않은 모든 교회 프로그램을 취소하고 기도와 금식과 회개의 시간을 마련했다.

그들의 달력에는 매주 두 가지가 있었다. 주일 아침예배와 수요일 저녁 기도회가 그것이었다. 그들은 매주 수요일 저녁마다 한 가지 주제에 초점을 맞추어 하나님의 말씀 앞에 서는 시간으로 모임을 가졌다. 말씀을 읽은 후 목사가 짧게 설교를 했다. 그리고 나면 사람들이 기도와 고백과 회개로 하나님께 응답했다. 그들은 온 여름을 하나님께 돌아가는 데 바쳤다.

하나님께서는 개인과 가정과 교회의 삶에 놀라운 일들을 행하셨다. 여름이 끝날 무렵, 지도자들은 하나님께서 그들에게 이렇게 말씀하시는 것을 느꼈다. "너희와의 볼일이 아직 끝나지 않았다. 하지만 너희는 이제 정규일정으로 돌아가도 좋다."

이것은 철저한 순응(수정)처럼 보인다. 하지만 교회 지도자로서 여러분은 부흥이 여러분의 교회에 얼마나 중요한가를 결정해야 한다. 이것은 하나의 교회로서 삶과 죽음의 문제일 수 있다. 부흥에는 지불해야 할 대가가 있다. 당신의 교회가 기꺼이 수정(adjustment, 순응)하려 한다면, 이것은 참된 부흥에 대해 교인들이 얼마나 진지한가를 보여주는 좋은 표시이다. 당신은 교회 달력에서 서로 갈등을 일으키는 행사들을 지워버리는 것이 현명하다. 하나님께 돌아가는 기간의 교회 스케줄에 대해서는 기도 가운데 하나님의 인도하심을 조심스럽게 구하라.

사람들 앞에 다림줄을 놓아라

하나님께서 부흥으로 그의 백성을 부르신다는 사실은 그의 백성이 하나님을 떠났기 때문에 돌아와야 한다는 것을 뜻한다. 하지만 하나님의 백성이 항상 자신들이 하나님의 본래 기준에서 떠났다는 것을 깨닫는 것은 아니다. 우리 시대에 하나님의 말씀은 그리스도의 몸(교회들)과 크리스천의 삶에 대한 하나님의 이상을 보여주는 다림줄 역할을 한다. 하나님의 백성이 성경에 제시된 하나님의 기준을 분명하게 이해할 때, 성령께서는 그들의 죄를 깨닫게 하신다. 그들의 죄에 대한 경건한 슬픔은 회개로 이어져야 한다(고후 7:10 참조).

* 예배, 성경공부, 노방전도, 그외 다른 방법으로 그의 백성 앞에 하나님의 다림줄을 놓기 위해 하나님의 말씀을 사용하라.
* 하나님의 말씀을 다림줄로 사용하는 특별한 주제나 테마에 대해 설교하라. 사람들이 하나님의 다림줄로 자신과 교회를 재도록 도와주라.

* 말씀중심에서 넘어서서 그리스도 중심에까지 나아가라. 말씀은 그 자체가 목적이 아니다. 말씀은 한 위(位, Person)와의 관계를 가리킨다(요 5:39-40 참조). 말씀은 한 인간이 어디에서 하나님을 떠났는가를 규명하는 데 도움을 준다. 다음 단계는 하나님께 나아가 그와의 바른 관계회복을 구하는 것이다. 일단 한 인간이 하나님과 바른 관계를 가지면, 자신의 행동을 하나님의 기준과 계명에 맞도록 재정돈하는 일에 하나님의 도우심을 구할 수 있다.

그룹(단체, 모임) 내에서의 하나님의 역사하심에 응답하기

당신이 주님에게서 배워야 하는 한 가지는 한 집단의 체험에서 이루어지는 하나님의 역사하심에 반응(응답)하는 방법이다. 대개 우리는 하나님께서 우리의 찬양예배에 그리고 그룹활동이나 계획이나 프로그램에 개입하실 때 어떻게 반응해야 하는가를 배우지 못했다. 이것은 하나님께서 당신에게 가르쳐주실 교훈이다. 당신은 그에게 의지할 수 있다. 그는 당신의 그룹을 당신보다 훨씬 더 많이 보살피신다. 그룹 내에서 특별한 방법으로 일하길 원하신다면, 하나님께서는 당신이 적절하게 반응(응답)하게 하실 것이다. 하지만 당신은 영적 지도자로서 제 기능을 하는 쪽으로 몇 가지 적절한 헌신을 해야 한다. 당신의 계획과 일정을 하나님께 맡겨야 한다. 그가 당신의 그룹에 개입하신다면, 당신의 일정을 포기하고 하나님께서 무엇을 하기 원하시는지 살피도록 하라. 미리 이렇게 하기로 결정하지 못했다면, 예배중에 하나님께서 간섭하시고 계획과 일정을 직접 떠맡으려 하실 때에 당신은 여기에 순응하지 못하게 될 것이다.

우리(헨리와 클로드)는 150명 정도의 모임을 인도하고 있었다. 소그룹들이 나눔과 기도의 시간을 막 끝내고 헨리가 강연할 차례였다. 한 여자가 일어나 그녀가 속한 그룹의 한 여자분이 우리의 기도를 필요로 한다고 말했다. 그 여자는 어린 시절 아버지에게서 학대를 당했었다. 그런데 지금 그녀의 아버지는 암으로 죽어가고 있었다. 그녀는 아버지의 죽음을 지켜 보면서 고민에 싸여 있었다.

우리는 이런 사람들에게 하나님께서 극적인 감정적(정서적), 영적 치료를 행하시는 모습을 봐 왔다. 우리는 하나님께서 그저 우리 그룹에서 기도제목을 나누는 것 이상을 원하신다는 것을 깨달았다. 우리는 간단히 기도하고 강연을 예정대로 계속하느냐 그렇지 않으면 하나님께 모임을 맡기느냐를 결정해야 했다. 우리는 이미 모임 전에 동의해 둔 것이 있었다. 그것은 하나님께서 우리를 간섭하시면 우리 일정을 포기하고 하나님께 일할 수 있는 자유를 드리자는 것이었다. 이것이 우리가 한 일이었다.

우리는 하나님께서 그 여자분의 필요를 이 그룹에 맡기셨다는 것을 알고 있었다. 우리는 또한 하나님께서 그녀를 가장 잘 목회할 수 있는 사람들을 그 그룹에 두셨을 것이라고 생각했다. 우리는 그녀의 필요를 공감할 수 있는 사람은 앞에 나와 그녀를 둘러싸고 함께 기도해 달라고 부탁했다. 8-10명의 여자들이 기도로 그녀를 도우러 나왔다. 그런 다음 우리는 하나님만이 채워주실 수 있는 절실한 필요들이 있는 사람들은 누구나 앞으로 나와 함께 기도하자고 했다.

그러자 하나님께 이끌린 사람들이 앞으로 나와 응답한 사람들과 함께 기도했다.

하나님께서 한 사람의 삶에서 그의 일을 완성하실 때, 우리는 그 사람에게 한 가지 기회를 준다. 그것은 하나님께서 하신 일을 그룹과 함께 나누는 것이다. 하나님께서는 그들의 증거(간증)를 사용하셔서 비슷한 문제를 가진 사람들이 그 앞에 나와 자유함을 얻도록 초대하시는 경우가 많았다. 그 나머지 시간에 우리는, 하나님께서 그 그룹원들을 사용하셔서 도움이 필요한 다른 구성원들을 사역하는 것을 지켜 볼 수 있었다. 수십 년간 영적 결박을 당하고 있었던 사람들이 그리스도 안에서 자유를 찾았다. 다른 사람들은 하나님만이 주실 수 있는 위로와 치료와 평안을 맛보았다. 어떤 사람들은 난생 처음으로 아버지(하늘에 계신 아버지)의 무조건적 사랑을 체험하였다(그리고 느꼈다). 다른 사람들을 사역하는 일에 하나님께 쓰임받은 사람들은 전에 경험한 적이 없는 극적인 방법으로 그들을 통해 일하시는 하나님을 체험했다. 우리는 그 시간에 체험을 통해 하나님에 대해 많은 것을 배웠으며, 그것은 우리가 일 주일의 강의를 통해 배운 것보다 더 많았다.

다음은 당신의 그룹에서 일하시는 하나님의 활동에 대해 응답하는 방법과 관련된 몇 가지 제안들이다. 다시 말하지만, 하나님께서 이런 제안들 없이도 당신을 개인적으로 인도하실 수 있다는 것을 깨달아라. 이것이 하나님께서 우리에게 하시는 일이다.

* 하나님께서 당신에게 말씀하고 계실 때, 하나님의 음성을 알 수 있도록 당신과 하나님과의 개인적인 관계를 발전시

키는 데 많은 시간을 투자하라. 하나님의 백성 앞에 설 때, 당신은 언제나 하나님과 바른 관계에 있어야 한다. 당신 속의 부정함 때문에 전체 그룹(집단)이 하나님과 신선한 만남을 갖지 못하게 될 수도 있다.

* 그룹모임(학기)을 시작하기 전에, 모든 죄를 고백하여 하나님 앞에 깨끗한 양심을 갖는 시간을 갖도록 하라.
* 하나님께서 당신의 모임에서 일하기 원하실 때, 하나님의 인도하심에 당신을 내어맡겨라.
* 하나님께서 특별한 일을 하기 원하신다는 것을 보여주실 때는 언제든지 당신의 계획을 포기하고 하나님께 모든 권한을 드리겠다고 미리 결정하라. 당신의 모임 속에서 일하시는 하나님을 볼 때, 이것은 당신이 지도자로서 그룹원들에게 하나님과 함께하라고 하는 초대이다.
* 기쁨이나 회개의 눈물, 감정적 또는 영적 깨어짐, 새로운 발견의 전율, 필요에 대한 응답에서 기도의 긴급성 등과 같은 것들을 살펴라. 때때로 이런 것들은 얼굴표정이나 조용한 한숨으로만 나타날 때가 있다. 당신이 그 사람에게 그룹 전체로서 아니면 개인적으로 말을 해야 할지를 결정하라. 당신은 그런 일에 대한 인도하심을 성령께 맡겨야 한다. 그가 당신을 인도해 주실 것을 믿어라. 실수하지 않을까 두려워하지 마라.
* 다음과 같은 질문들을 던짐으로써 반응(응답)하라. 지금 당신의 삶에서 우리와 나누고 싶은 일이 일어나고 있습니까?

우리가 당신을 위해 어떻게 기도해 드릴 수 있겠습니까? 하나님께서 지금 당신의 삶 속에서 하고 계시는 일을 우리와 나누지 않으시겠습니까? 우리가 어떻게 하면 당신에게 도움이 될 수 있겠습니까?

* 어떤 사람이 자신의 처지를 나눔(sharing)으로써 반응한다면, 그 필요에 근거해서 그 사람을 사역하라. 그가 반응할 준비가 되어 있지 않은 것 같으면, 그 사람에게 부담을 주거나 강요하지 말라. 당신이 표면에 드러난 문제를 다룰 준비가 되어 있지 않다고 느껴지면, 그룹원들에게 도움을 줄 수 있는 사람이 있느냐고 물어보라. 당신은 하나님께서 필요한 사역을 할 적절한 사람이나 사람들을 공급하시는 것을 보고 놀랄 것이다.

* 한 사람이 그룹과 자신의 처지를 나눌 때, 어떤 반응을 보이는 것이 적절할지 기도하면서 깊이 생각해 보라. 당신은 한 사람 한 사람이 자신의 처지를 이야기할 때마다 반응을 할 필요는 없다. 오히려 당신은 이렇게 할 수 있을 것이다.

__ 그 사람에게 큰 소리로 기도하고 하나님께 응답(반응)해 보라고 하라.

__ 같은 짐이나 죄를 지고 있는 다른 사람들에게 와서 함께 기도하라고 부탁해 보라.

__ 비슷한 문제로 그들을 위해 기도해 주길 원하는 사람들을 초청하라.

__ 개인적인 승리를 거둔 다른 사람들에게 이 사람을 위해

와서 기도해 줄 것을 요청하라.
__ 같은 죄를 가진 사람들을 일어나게 하고 다른 사람들이 그들을 둘러싸게 하거나 그 중 한 사람이 기도를 인도하게 하라.
__ 약속이나 교훈이나 교정으로서 성경구절을 낭독하라.
__ 죄를 죄로 다시 규정하라. 덜 중한 죄란 없다. 거짓말을 '하얀 거짓말'로 절하하지 말라. 간음을 '스캔들'로 절하하지 말라.
__ 구성원들을 독려하여 순종 가운데 서로 돕기 위해 기도와 나눔을 목적으로 함께 모이는 책임그룹들을 만들게 하라.

* 사람들에게 하나님께서 하고 계시는 일을 증거할 기회를 주라. 이것은 매우 중요하다.

하나님께서는 같은 문제나 도전에 직면한 다른 사람을 돕기 위해 한 사람의 증거(간증)를 사용하시는 경우가 많다.

* 다음 순서로 무엇을 해야 할지 분명한 인도하심을 느끼지 못할 때, 그룹원들에게 물어보라. 이렇게 말해 보라. "저는 다음 순서로 뭘 해야 할지 분명하게 느껴지지 않습니다. 혹시 하나님께서 우리가 하길 원하시는 일이 무엇인지 느껴지시는 분이 있습니까?"

* 하나님께서 당신과 하시는 일이 끝났다고 느껴질 때까지 하나님의 계획을 계속 따르라.

당신에게 상황 하나하나를 어떻게 처리하라고 지시할 수는 없다. 그러나 경험에서 배운 바를 말해 줄 수는 있다. 하나님께서는 한 그룹에서 일하기 원하실 때, 필요한 인도하심을 주실 것이다. 당신의 일은 그의 음성이나 행동을 인식한 다음 그가 당신으로 하여금 하길 원하신다고 느끼는 모든 것을 하는 것이다. 동시에, 하나님께서 그의 몸(교회)을 통해 일하시는 것을 믿어라. 하나님께서는 구성원들을 당신의 그룹에 두셨고 그리스도의 몸을 세울 수 있는 은사를 그들에게 주셨다. 하나님께서 당신의 그룹에게 주신 모든 자원들을 인정하고 활용하라.

집단적인 반응(대답) 이끌어내기

전체예배를 인도할 때, 당신은 하나님께 대한 전체적인(집단적인) 응답(반응)을 이끌어내야 할 것이다. 고백에는 남에게 상처를 입은 사람들과 그 죄를 알고 있는(그 상처를 입힌) 사람들이 포함되어야 한다는 기본적인 지침을 따르라. 일반적으로 고백자들의 크기는 남에게 상처를 입힌 사람들의 크기만큼 커야 한다. 야고보서 5:16에 제안된 것처럼 상호고백은 죄에 대한 연약함과 항상 따라다니는 습관에 도움이 될 것이다.

고백은 회개와 같은 것이 아님을 교인들에게 상기시켜라. 고백은 회개의 시작일 뿐이다. 적절한 때에, 구성원들에게 상처를 입은 사람들과 화해하고, 눈에 보이는 손해를 입혔을 경우, 그것이 회복 가능할 때는 배상을 해 주어야 한다는 것을 상기시켜라.

조상들의 죄도 인정하고 고백하라. 교회가 해결되지 않은 오래 전의 죄들을 알게 된다면, 조상들의 죄를 고백하는 시간을 갖도록 하라. 조상들의 죄에 대한 고백의 예로 다니엘서 9장을 보라. 조상들의 죄를 고백하는 것은 그들이 행한 일이 잘못이었음을 당신이 하나님께 동의하는 것이다. 그런 다음, 당신의 길을 고치며 그 길로 다시 가지 않겠다고 맹세한다.

집단적인 죄를 기록한 목록이 낭독되고 뒤이어 영적 지도자들이 인도하는 고백의 기도가 뒤따를 수 있다. 언약갱신의 시간이 뒤따를 수도 있다. 그런 다음, 당신의 교회가 알게 된 우상이나 거짓 신들을 어떻게 해야 할지 하나님의 인도하심을 구하라. 집단적인 반응에 대한 다른 몇 가지 제안들로는 다음과 같은 것이 있다.

* 핵심인물들이 일어나 읽고 고백하거나 기도하게 하라.
* 종이에 죄들을 적어 그것을 십자가에 못박거나 상자에 넣어 불태우라.
* 전체의 기도제목을 준비하여 낭독하라.
* 묵상기도 시간을 주라.
* 소그룹과 대그룹 기도시간을 주라.
* 한 제목을 놓고 동시에 기도하는 시간을 주라.
* 강단으로 나와 기도하도록 사람들을 초청하라.
* 사람들이 기도를 요청하고 즉시 그를 위해 기도해 줄 개인이나 그룹을 찾을 수 있게 하라. 몸의 지체들을 활용하라.
* 성급하게 사람들에게 용서를 선포하지 말라. 하나님만이 깨끗케 함과 용서의 유일한 소망이심을 그 사람이 깨달을 때까지 하나님께서 그 사람의 죄를 깨닫게 하시게 하라.

증거(간증)시간 인도하기
(알칸소 주 리틀락의 빌 엘리프 <Bill Eliff> 목사의 기고)

역사를 통해 볼 때, 큰 부흥의 물결이 확산되기 위한 주된 요소들 가운데 하나는 풍성한 개인적인 증거(간증)들이었다. 개개인의 마음에 쌓인 하나님의 역사는 하나님의 손에 잡힌 강한 도구가 되어 다른 사람들을 고무시키고, 격려하며, 그들로 하여금 자신들의 필요를 깨닫게 하는 데 사용될 수 있다.

목회자들은 다음과 같은 이유 때문에 증거(간증)의 시간을 두려워하는 경우가 많다.

* 당혹스러울 정도로 '메마른' 간증시간들
* 지나치게 길거나 감정적인 간증시간들
* 적정한 선을 넘어가는 간증들

간증시간은 하나님께서 상당한 유익을 이루시는 데 다음과 같은 방법으로 사용될 수 있다.

* 하나님께서 사람들의 삶을 바꾸어놓으실 때 그에게 합당한 영광을 돌려라.
* 신자들이 하나님께서 그들의 삶 가운데서 하고 계시는 일을 확인하며 증거하도록 도와주라.
* 특별한 간증들이 다른 신자들을 고무시키고, 그들의 죄를 깨닫게 하며, 용기를 주고, 그들을 가르치며 훈련하게 하라.
* 하나님께서 그리스도의 몸 가운데서 하고 계시는 크고 전체적인 일에 대한 새로운 깨달음을 통해 교회를 성장시켜라.

* 목회자에게 간증들 가운데 거듭해서 언급되는 주제들을 규명하고 거기에 대해 '설교할' 기회를 주라.
* 교회 지도자들에게 하나님께서 일하고 계시는 곳에 대한 더 나은 이해를 제공하고 1차적으로 도움이 필요한 곳들을 규명함으로써 영적 '온도계'를 제공하라.
* 필요할 때는 공적 고백과 전체적인 용서를 위한 기회를 제공하라.

다음은 효과적인 간증시간을 이끄는 법에 대한 몇 가지 힌트이다. 보통의 평신도라면 과거의 좋지 않은 경험들 때문에 이런 시간에 대해 목회자만큼 두려움을 가질 것이다. 적절한 설명을 통해 이런 두려움을 제거하는 일은 그리스도의 몸 가운데 하나님의 영이 그의 백성에게 새롭게 부어지는 통로를 청소하는 일이 될 것이다.

기도하라! 다음을 위해 개인기도와 공적 기도의 시간을 가져라.

* 하나님께서 삶을 나눌 올바른 사람들을 보내주시도록
* 원수로부터 보호받기 위해
* 목회자로서 이 시간을 인도할 지혜를 달라고(특히 죄를 깨닫게 하는 부분에 민감하도록)

교인들에게 간증하는 법을 가르치는 시간을 가져라. 다음 모델이 활용될 수 있을 것이다.

1. 하나님께서 각 그리스도인에게서 그에게만 독특하고 특별한 삶의 메시지를 어떻게 전개하고 계시는가를 다른 사람들과 나누게 하라. 하나님께서는 그들 속에서 이런 진리들을 전개하시기 위해

그들 삶의 모든 체험과 그들의 올바른 반응(응답)을 활용하고 계신다. 이런 진리들을 다른 사람들에게 투명하고 분명하게 전달하는 법을 배우는 것이 하나님 나라에서 크게 쓰임받을 수 있는 방법 중 하나이다.

   2. 삶의 메시지를 나누는 방법을 정하라(당신은 이것을 OHP나 간단한 인쇄물로 제시하기 원할 것이다).

    a. 하나님께서 당신을 어디서 발견하셨는가에 대해 나누어라. 죄나 필요 등의 부분들에 대해 구체적으로 밝혀라.

    b. 당신이 스스로의 삶을 제어한 결과 경험했던 것들을 나누어라.

    c. 하나님께서 당신에게 하신 말씀을 나누어라.

    d. 당신이 어떻게 반응했는지를 나누어라. 처음에 당신은 부정적으로 반응했을지도 모른다 … 정직하라.

    e. 하나님의 진리에 순종함으로써 지금 당신이 경험하고 있는 것을 나누어라. 당신은 순종의 어떤 유익들을 경험하고 있는가?

   3. 간단한 기본규칙들을 정하라.

* 간단하게 하라.
* 구체적으로 하라.
* 현재적으로 하라(be current).
* 하나님께 모든 영광을 돌려라.
* 다른 사람들에게 부정적인 영향을 미치지 않게 하라.
* 모든 도덕적인 죄에 대해서는 '도덕적인 실패'라는 말을 사용하라.

4. 교인들로 하여금 하나님께서 최근에(당신은 이것을 지난 주, 지난 달, 6개월 전 등으로 정할 수 있을 것이다) 일하고 계시는 부분을 하나 생각하게 하라. 그런 다음 교인들로 하여금 서로 마주보고 앞에서 말한 방법에 따라 3분간의 간증시간을 갖게 하라.

5. 잠시 기도하라. 교인들로 하여금 공적인 간증을 나누길 원하시는 하나님께 물어보게 하라. 그렇게 느끼는 사람들은 앞쪽으로 나와 앉게 하라. 당신이 앞으로 나온 모든 사람들에게 간증시간을 허락할 수도 있고 그렇지 못할 수도 있음을 미리 말하라. 이것은 누구의 간증을 허락할 것인가에 대한 재량권을 목회자에게 주는 것이다.

6. 사람들이 앞으로 나올 때, 목회자는 간증을 하는 사람들과 함께 마이크 곁에 설 수 있다. 부담을 갖지 말고 필요하다면 중간에 끼여들어 그들이 좀더 분명하고 구체적이도록 도와주라. 격려와 사랑을 주라.

7. 그 사람이 간증한 후에는 그 사람에게 목회자의 역할을 하라.

* 어울린다면, 격려나 칭찬의 말을 해 주라.
* 그들이 교회의 용서를 구한다면, 교회 전체가 그 사람에게 "나는 당신을 용서합니다!"라고 말하게 하라.
* 간증한 사람들이 자리로 돌아올 때, 다른 사람들로 하여금 그 사람을 포옹하거나 격려나 축복의 말을 해 주게 하라.
* 간증자에게 아직도 필요나 짐 등이 있다면, 관심이 있는 한 무리의 사람들로 하여금 그 사람을 가운데 놓고 또는 옆방으로 가서 그 사람을 위해 기도나 격려나 조언이나 다른 필

요한 도움들을 줄 수 있게 하라.

8. 간증하는 사람뿐만 아니라 그 간증을 통해 하나님께서 교회에게 하시는 말씀에도 주목하라. 이 시간 교인들은 구경꾼이 아니라 참여자라는 것을 상기시켜라. 하나님께서 유사하거나 관련된 문제들에 대해 그들에게 직접 이야기하시는 것일지도 모른다. 비슷한 간증이 여러 차례 반복될 때는, 하나님께서 교회에게 말씀하시는 것으로 보라.

9. 간증들에 기초하여 '설교할' 기회를 놓치지 말라. 간증 하나하나가 끝날 때마다 무엇인가를 말해야 한다는 생각은 갖지 말라. 하나님께서 간증들을 통해 분명하고 확실하게 하는 데 도움이 될 핵심적인 생각들을 떠오르게 하신다면 그 기회를 잡으며, 심지어 초대를 위해 간증을 중단시키더라도 그렇게 하라.

도움이 되는 다른 힌트들

1. 지나침에 대해서는 걱정하지 말라. 어떤 사람이 어떤 면에서 한계선을 넘어서는 것처럼 보인다면, 사람들이 간증을 자유롭게 나누는 것에 대해 하나님께 공개적으로 감사를 드려라. 그런 다음 사람들에게 간증의 경계들을 부드럽게 상기시켜라.

2. 사람들이 다른 개인과 나누었어야 될 것들을 나눌 때, 그들의 양심을 깨끗케 하기 위해 가능하다면 그 개인을 즉시 찾아가도록 요청하라.

3. 모든 사람이 간증해야 한다고는 생각지 말라. 간증을 '오래

끄는 것' 보다 의미 있는 말 한 마디로 중단시키는 것이 더 나을 때가 많다. 이것은 교인들에게 하나님으로부터 더 많이 듣고자 하는 마음을 불러일으킨다. 간증을 하지 못한 사람들에게는 다른 기회가 있을 것임을 알려주고 그들이 기꺼이 간증을 하려고 했던 것만으로도 하나님께 순종한 것임을 알게 해 주라.

4. 사람들에게 모든 간증이 중요하다는 사실을 자주 상기시켜라.

비록 위에서 제시된 제안들이 기계적인 것으로 보일지 모르지만, 이것들은 많은 경우 교회로 하여금 하나님의 생명을 나타내는 데 도움이 되는 것으로 입증되었다. 하나님께서 이 놀랍고 성경적인 일을 통해 축복의 길을 여실 때 당신을 사용하실 것을 믿어라.

요약

* 하나님의 백성이 하나님께 돌아가도록 인도하는 일은 성령께서 죄, 특히 집단적인 죄를 깨닫게 하실 때 시작된다
* 성령께서 죄를 깨닫게 하실 때, 우리는 여기에 즉각 순종해야 한다.
* 하나님께서 사람들에게 개인적 또는 집단적 죄를 깨닫게 하셨다고 느낄 때는 언제든지 죄 고백과 회개를 촉구할 준비를 하라.
* 당신에게도 교본은 필요치 않다. 당신에게 정말 필요한 것은 하나님뿐이다.

* 하나님께서 당신을 인도하시고 그의 백성이 돌아오게 하실 것을 굳게 믿어라.
* 예수께서는 합심기도에 대해 더 큰 권세를 약속하셨다. 그는 다른 신자들과 함께 기도할 때 개인이 혼자서 경험하는 것과는 다른 측면의 그의 임재를 경험하게 될 것이라고 약속하셨다.
* 우리 시대에 하나님의 말씀은 그리스도의 몸(교회들)과 크리스천의 삶에 대한 하나님의 이상을 보여주는 다림줄 역할을 한다.
* 고백은 회개와 같은 것이 아님을 교인들에게 상기시켜라.
* 역사를 통해 볼 때, 큰 부흥의 물결이 확산되기 위한 주된 요소들 가운데 하나는 풍성한 개인적인 증거(간증)들이었다.

기도 가운데 하나님 만나기

* 혹시 당신이 자격이 없다는 생각을 가지고 있다면 그 생각을 주님과 나누어라.
* 하나님께서 당신의 삶 속에 임재하셔서 당신을 인도하시고 준비시키시는 것에 대해 감사하라.
* 당신이 언제 어떻게 하나님의 백성을 하나님께 돌아가도록 인도하길 원하시는지에 관해 하나님의 구체적인 인도하심을 구하라.
* 하나님께서 간섭하실 때에는 언제든지 이를 허락하라.

다른 사람들과 함께 하나님 만나기

소그룹에서 기회가 있을 때, 이런 토론문제들을 생각해 보라.
1. 하나님의 백성이 하나님께로 돌아가도록 인도하기에 가장 좋은 때는 언제인가?
2. 하나님께 돌아가도록 사람들을 인도하는 데 있어 다중 지도(복수리더)체제의 활용이 왜 가치가 있는가?
3. 우리는 어떻게 기도를 더 강조할 수 있는가?
4. 하나님의 말씀을 그의 백성을 위한 다림줄로 사용하는 몇 가지 방법들은 무엇인가? 하나님께서 우리를 통해 언제 어떻게 말씀하길 원하시는가?
5. 한 그룹에서의 하나님의 활동에 대해 반응을 이끌어내는 데 있어 가장 중요한 요소는 무엇인가?
6. 부흥을 확산시키는 데 있어 간증집회들이 어떻게 유용할 수 있는가?

18장
부흥이 찾아올 때

하나님께서는 그의 백성을 회복시키실 때 그들을 역사의 주된 흐름 속으로 완전히 되돌려 놓으신다. 이에 하나님의 백성의 마음에서 부흥이 일어나고 영적 각성이 수반된다. 당신은 하나님께서 그의 백성에게 돌아가실 때 부흥이 일어날 것임을 알게 될 것이다. 증거가 있을 것이며, 당신은 그것을 알게 될 것이다.

* 하나님의 임재가 돌아옴
* 새로운 자유
* 새로운 기쁨
* 새로운 평안
* 참된 예배
* 예수께 대한 깊은 사랑과 믿음
* 깨끗하고 투명한 양심

* 그리스도를 닮음
* 화해(개인간, 부부간, 가족간, 그룹원들간, 교회간, 교단간)
* 거룩
* 단지 개조된 행동이 아니라 하나님께 대한 사랑에 기초한 도덕적 변화들
* '지옥의 문들이' 이기려 함에도 불구하고 이루어지는 교회의 전진
* 분명하게 말씀하시는 하나님의 음성
* 기도응답
* 모두에게 분명한 성령의 능력
* 예수를 더 닮아가는 순박하고 진실된 생활
* 서로에 대한 커져가는 사랑
* 하나님의 말씀에 대한 커져가는 갈망과 사랑
* 잃어버린 자들에 대한 새로운 부담

참된 부흥에 대한 다른 증거도 많이 있을 것이다. 하나님께서 그의 백성 가운데서 하고 계시는 일을 보여주실 방법들에 주목하라. 부흥이 찾아올 때, 영적 지도자는 부흥이 잘못된 방향으로 흐르지 않도록 더 큰 주의를 기울이고 더 많이 기도해야 한다. 다음은 부흥이 일어날 때 고려해야 할 것에 대한 몇 가지 조언과 주의이다.

1. 지속적인 부흥을 방해할 수 있는 문제들을 경계하라. 육체적 탈진, 공개적인 험담, 응답 조작, 잘못된 동기, 상한 심령의 간증이 아니라 교만, 만남이 아니라 감정주의, 관계의 자리를 빼앗아버리는 활동, 하나님 중심의 반응이 아니라 인간 중심의 반응, 삶의 변화

까지 이어지지 못하고 중단되는 성급한 '회개,' 하나님보다는 방법에 의존하기, 회심보다는 결정에 초점 맞추기.

2. 하나님의 영광을 숨기지 말라. 자신들의 삶에서 나타나는 하나님의 역사를 증거하도록 사람들을 독려하라. 그 역사가 아직 진행중에, 특히 승리 쪽으로 진행중일지라도 그렇게 하게 하라. 다른 사람이나 교회나 코스나 방법이 아니라 하나님께 영광을 돌리게 하라. 하나님께서는 다른 사람들을 사용하셨을 것이다. 그렇지만 하나님께 궁극적인 영광을 돌려라.

3. 지겹도록 보고하지 말라. 유명한 연설가이자 작가인 한 사람이 그의 교회에서 하나님의 크신 역사를 체험했다고 한다. 얼마 후에 그는 그때 무슨 일이 일어났느냐는 질문을 받았다. 그러자 그는 "지겹도록 보고했는데요"라고 대답했다. 하나님의 활동에 대한 보고들이 자주 부흥의 불길을 퍼트린다. 하나님의 활동을 보고하는 일은 중요하다. 그러나 이것은 적어도 두 가지 위험을 안고 있다. 첫째, 당신은 하나님의 영광을 가로채고 그 일에 대한 공로를 자신의 것으로 돌리고 싶은 유혹을 받을 수 있다. 둘째, 당신은 부흥을 보고하는 데 바쁜 나머지 관심 부족으로 부흥의 불길이 꺼져버릴 수 있다.

4. 불길 자체가 계속 타오르게 하라. 항상 부흥의 불길에 대해 보고하는 데만 시간을 소모함으로써 정작 부흥의 불길 자체를 등한시하지 않도록 하라. 당신은 목자로서 부흥의 과정을 이끌어야 하며, 더 깊은 일과 더 큰 수확을 위해 부흥의 열매를 보존하는 일을 해야 한다. 간증 요청이 오면, 그 부흥에 감화를 받은 평신도를 보내라. 그들도 이야기를 들려주고 그들의 개인적인 증거를 나눌 수 있다.

5. 당신이 참된 부흥의 시간을 인도하고 있다면, 당신의 지역 사역이 외부의 요청에 초점을 맞추도록 도와줄 소그룹을 구성할 영적 조언자들을 당신 교회에서 뽑아 명단을 작성하라. 하나님께서 당신을 두시고 그리스도의 몸(교회)의 유익을 위해 그들의 조언을 인도하실 것을 믿어라.

6. 당신을 위해 기도해 줄 기도 전사들의 명단을 작성하라. 기도할 제목들을 구체적으로 정하라. 예를 들면 다음과 같다.

* 하나님께만 영광을 돌리고 그 영광을 내가 가로채지 않도록
* 교회 밖, 즉 사회의 요청에 분별력을 가질 수 있도록
* 반대에 부딪칠 때 포기하지 않고 오히려 하나님의 조언에 민감할 수 있도록
* 가족과 함께하는 시간을 위해

7. 매체를 통한 보도에 주의하라. 가능하다면 출판 전에 보도(보고서)들을 점검하게 해 달라고 요청하라. 때때로 보도자들은 공로를 엉뚱한 방향에 맞추거나 하나님의 활동이 아닌 방법에 초점을 맞춘다. 교만한 마음에서 부흥의 이야기를 할 매체를 찾지 않도록 하라. 하나님께서는 말을 통해 참된 부흥의 증거를 훨씬 더 효과적으로 퍼트리신다. 참된 부흥은 광고가 필요없다.

8. 하나님의 활동에 관한 모든 대화에서 언어사용에 주의하라. 인간 중심이 아니라 하나님 중심에 당신의 초점을 맞추어라.

9. 하나님께서 말씀하시고, 하시는 일을 정기적으로 보고할 시간을 주라.

10. 말씀증거(설교)를 중단하지 말라. 어떤 예배들은 간증이나 고백으로 채워진다. 그러나 사람들은 성경의 다림줄을 들어야 한다. 그들이 철저히 회개하고 하나님의 길과 기준으로 돌아오기 위해서는 하나님의 원래 의도를 알아야 한다. 설교가 없다면, 그들의 회개는 얕고 불완전할 수 있다.

11. 하나님께서 나머지 기독교 사회에까지 부흥을 확대하시게 하라. 다른 사람들과 스포트라이트를 나누어 받거나 그렇지 않으면 흘려버릴 기회들에 민감하라. 당신의 스탭 중 다른 사람들, 평신도들, 다른 목회자들 또는 다른 영적 지도자들이 모임을 인도하는 것을 막지 말라. 공간이나 다른 어려움이 있으면, 모임을 다른 교회들이나 중간지역으로 옮겨라. 그것을 억제하지 말라.

12. 추수를 위한 기도를 결집하라. 일꾼들을 보내 달라고 기도하라. 잃어버린(잃은) 사람들을 위해 구체적으로 기도하라. 그룹들이나 3인 1조 기도팀들을 독려하여 이름을 불러가며 잃어버린 사람들을 위해 기도하게 하라.

13. 하나님의 영광이 나타나도록, 모든 신자들이 하나 되도록 그리고 세상이 보는 앞에서 그리스도께서 높아지도록 요한복음 17장 말씀대로 기도를 드려라.

14. 부흥 후에 사회적 변화를 이끌고 또 촉구할 준비를 하라. 영적 각성은 언제나 사회의 매우 기본적인 단계들에 영향을 미쳐 왔다. 이러한 변화들은 도덕적, 윤리적, 법적 심지어 교육적 문제들을 다루는 데서도 일어날 수 있다. 그러나 교회 밖의 싸움문제들로 인해 엉뚱한 방향으로 가지 않도록 주의하라. 하나님만이 주권자이시

다. 당신은 주의 명령에 따라서만 '지옥의 문'을 향해 전진할 수 있다.

하나님의 은혜에 대한 증거: 1995년 휘튼 대학의 부흥

1995년 3월 19일 주일 밤 700명 가량 학생들이 WCF(World Christians Fellowship)를 위해 휘튼 대학(일리노이 주 휘튼) 캠퍼스에 모였다. 그날 밤 하워드 패인 대학(텍사스 주 브라운우드)에서 온 두 학생이 지난 달에 자신들의 캠퍼스에서 일어난 부흥에 대해 간증했다. 집회는 저녁 7시 30분에 시작해서 다음날 아침 6시까지 계속되었다. 학생들은 한 사람씩 마이크 앞으로 나와 죄를 고백했다. 학생들이 죄를 고백하자마자 다른 학생들이 그 사람을 둘러싸고 함께 그를 위해 기도해 주었다.

하나님께서 그들과의 볼일이 끝나지 않으셨다는 것을 알았기 때문에, 저녁 9시 30분에 다시 모인다는 발표가 있었다. 그날 밤 강단 앞에는 검은 쓰레기 자루들이 나란히 놓여져 있었다. 학생들에게는 그들이 주님과 동행하는 것을 방해하는 것이나 그들이 죄를 범하도록 유혹하는 것을 버릴 기회가 주어졌다. 다섯 개의 자루들이 마약, 술, 포르노 잡지, 세속적인 음악 테이프, 심지어 신용카드들로 가득 찼다. 새벽 2시가 되었는데도 하나님께서는 여전히 학생들을 다루고 계셨다. 학생들에게 휴식시간을 주기 위해, 그날 밤 집회는 거기서 끝이 났다. 하지만 또 한 번의 화요일 집회가 계획되었다. 이런 집회는 나흘 밤이나 계속되었다. 이것은 성령께서 캠퍼스 안에 그의 역사를 계속해서 확대하셨기 때문이다.

하나님 앞에서 집회를 갖는 중에 경배와 찬양의 시간이 주어졌다. 죄 고백의 시간 사이사이에 성경낭독과 즉석 특별음악이 삽입되었다. 수요일에, 지도자들은 학생들의 반응이 곁길로 나가지 않게 하기 위해서 성경을 가르칠 필요가 있다는 것을 깨달았다. 세 명의 학교 직원들이 유혹과 죄를 다루는 법, 그리스도인의 성장을 위한 제자도에 대해 가르쳤다. 수요일 집회가 끝날 쯤에는, 죄를 공개적으로 자백하기 원하는 모든 학생들이 그렇게 했다. 학생들은 자신들이 그리스도께 다짐한 헌신을 확실히 하기 위해 그룹을 지어 서로를 붙잡아주었다. 그룹에 속하지 않은 학생들은 집회를 떠나기 전 각 그룹에 '입양되었다.'

목요일 저녁집회는 하나님께서 행하신 일에 대한 찬양과 감사의 시간이었다. 학생들은 자신들이 경험한 승리를 나누거나 하나님께서 가르쳐 주시는 것에 대해 말했다. 집회 마지막 순간에, 학생들에게 전임사역에 헌신하라는 부름이 있었다. 200명에서 300명 가량의 학생들이 이 부름에 응답했다. 휘튼의 증거들이 다른 대학교와 신학교와 교회들에 번져 나갔다. 우리는 하나님께서 제멋대로인 그의 자녀들에게 회개를 허락하시는 은혜의 때에 살고 있다.

요약

* 당신은 하나님께서 그의 백성에게 돌아가실 때 부흥이 일어날 것임을 알게 될 것이다.

* 부흥을 방해할 수 있는 문제들을 경계하라.
* 하나님의 영광을 숨기지 말라. 자신들의 삶에서 나타나는 하나님의 역사를 증거하도록 사람들을 독려하라.
* 지겹도록 보고하지 말라.
* 집안의 불길이 계속 타오르게 하라.
* 매체를 통한 보도에 주의하라.
* 말씀증거(설교)를 중단하지 말라.
* 추수를 위한 기도를 결집하라.
* 하나님께서 나머지 기독교 사회에까지 부흥을 확대하시게 하라.
* 하나님의 영광이 나타나도록, 모든 신자들이 하나 되도록 그리고 세상이 보는 앞에서 그리스도께서 높아지도록 요한복음 17장 말씀대로 기도를 드리라.
* 부흥 후에 사회적 변화를 이끌고 또 촉구할 준비를 하라.

기도 가운데 하나님 만나기

* 인간의 지혜는 당신을 배반할 것이다. 그러므로 하나님께 지혜를 구하라.
* 하나님의 영광을 위해 기도하라.
* 하나님께서 무엇을 요구하시든지 당신을 하나님의 종으로 내어맡겨라.

다른 사람들과 함께 하나님 만나기

소그룹에서 기회가 있을 때, 이런 토론문제들을 생각해 보라.
1. 부흥이 찾아올 때 피해야 하는 몇 가지 위험들은 어떤 것인가? 이러한 위험들을 어떻게 피할 수 있는가?
2. 부흥의 때에 행해지는 몇 가지 긍정적인 것들은 어떤 것인가?
3. 하나님께서 부흥의 때에 영광을 받으시는 가장 좋은 몇 가지 방법들은 어떤 것인가?
4. 위에서 말한 모든 제안들 가운데, 어느 것이 당신에게 가장 의미 있어 보이는가? 그 이유는 무엇인가?

19 장
지속적인 부흥을 위한 시간들

많은 교회들이 하나님께서 의도하시는 것과 동떨어진 모습을 하고 있는 데는 많은 이유가 있다. 그 중 하나는 이런 이유이다. 그것은 우리가 하나님과 사랑의 관계를 정기적으로 새롭게 하는 데 실패해 왔기 때문이다. 우리는 갱신을 위한 시도나 부흥집회의 외양은 취해 왔을지 모른다. 그러나 현재 우리의 상황은 우리가 그 동안 어디에선가 실패했음을 말해 준다.

몇 십 년 전까지만 해도 부흥회는 2주 혹은 그 이상 계속되었다. 첫 주는 하나님의 백성이 하나님께로 돌아가는 것을 돕는 데 할애되었다. 그리고 둘째 주는 잃어버린 자들을 향해 복음을 전파하는 데 할애되었다. 이것은 우리가 부흥과 영적 각성을 위한 하나님의 패턴에서 논의해 온 순서와 일치한다. 하나님의 백성의 부흥이 먼저 일어나야 한다. 그러나 지난 수십 년 동안 우리는 부흥회 기간을 단축해 왔다. 이제 많은 교회들이 고작 사흘이나 나흘 정도의 부흥회를 할 뿐이다.

잃어버린 자들을 향한 우리의 헌신 때문에, 우리는 부흥회의 1차적인 강조점을 잃어버린 자들에게 복음의 메시지를 전하는 것에 둔 적이 자주 있었다. 그러는 가운데 우리는 하나님 백성의 부흥과 갱신(새롭게 됨)을 등한시해 왔다.

우리는 이 책 「하나님과의 신선한 만남」(*Fresh Encounter Experiencing God in Revival and Spiritual Awakening*)의 메시지가 하나님께서 당신과 당신이 섬기는 교회에 참된 부흥을 가져다 주시는 도구가 되길 기도한다. 부흥은 하나님의 백성에게 거듭거듭 필요하다. 우리는 언제나 하나님으로부터 떠나고 하나님과의 사랑의 관계를 차갑게 만들 것이다. 지금 부흥과 갱신을 위한 정기적인 시간을 계획하는 것으로 시작하라. 하나님께서 부흥을 내려주실 때, 그 불길이 다시 꺼지지 않게 하라. 하나님의 백성이 정기적으로 하나님께 돌아가도록 그들을 인도하라. 다음 아이디어들은 당신이 하나님과의 사랑의 관계 갱신을 위한 정규시간들을 계획하고 시행하는 데 다소간 도움이 될 것이다. 한 세대 동안 지속되거나 적어도 주님이 오실 때까지 지속되는 부흥과 각성을 일으키소서!

성일들

추수감사절, 성탄절, 부활절과 같은 기독교의 성일들(holy days, holidays)은 갱신의 시간들이 되어야 한다. 이런 날들과 이와 관련된 시즌에 축하와 관계갱신에 초점을 맞추어라. 이 날들은 하나님께서 그의 아들을 보내심으로써 우리에게 아낌없이 부어주신 그 모든 사랑을 기억하는 날이다. 오랜 세월 전해져 오는 전통들을 하나의 의식으로 지키는 이런 날들은 하나님의 사랑을 기억하고 그 사랑에 응답하는 시간이 될 수 있다.

사람들로 하여금 하나님께서 그들의 삶에 영향을 끼치신 일들을 깨닫도록 도와주라. 사람들이 개인적으로 하나님께 응답하도록 도와주라. 거룩한 날들은 하나님께서 베풀어주신 모든 일에 대한 감사의 표현으로 선교를 위한 특별예물을 드리기에 좋은 때이다. 이 날들은 또한 사람들의 죄 때문에 깨어진 하나님과의 관계에 있어서 회개를 촉구할 수 있는 때이기도 하다.

성찬 전의 모임들

19세기 어떤 나라들에서(오늘날에도 어떤 그룹들에서)는 성찬 전 모임들이 회개의 시간으로 활용되었다. 성찬식을 거행하는 주일 하루 전(토요일)에 전체 교인이 모든 일상적인 일을 제쳐두고 함께 모여 점검의 시간을 갖곤 했다. 이때는 사람들이 합당하지 못한 상태로 성찬에 참여하지 않기 위해 기억나는 모든 죄를 고백하고 회개하고 깨어진 관계를 회복하는 데 사용되었다(고전 11:27-32 참조). 그들은 주의 식탁에 나올 때 하나님 앞에서 손을 깨끗케 하고, 정결한 마음을 가지며, 깨끗한 양심을 갖기 위해 가능한 모든 일을 다 했다.

때때로 이 성찬 전 시간은 일 주일이나 이 주일 동안 계속되었다. 앤드류 머레이(Andrew Murray)는 19세기에 남아프리카에서 「주의 식탁」(The Lord's Table) [1] 이라는 책을 썼다. 이 책은 성찬 일 주일 전에 신자들이 주 예수와 그의 식사초대에 관심을 집중하도록 돕기 위한 매일공부 교재로 활용되었다. 독자들은 주일 성찬 전에 주의 깊은 자기 점검의 시간을 갖곤 했다. 성찬식 동안의 초점은 우리를 위해 십자가에서 죽으신 그리스도의 희생에 맞춰졌다. 이것은 사람들로 하여금 주님의 죽으심을 기억하고 그의 재림을 고대하게 했다. 그런 다음 이 책은 그 다음 한 주 동안 주님의 준비가 능력과 성화와 순종과 사역과 그리스도와의 교제와 관련된 일상생활에서 어떤 차이를 낳는가를 살펴보는 공부자료를 제공한다.

성만찬 시행의 의미와 목적의 회복은 계속적인 갱신에 도움이 될 것이다. 구성원들이 정기적으로 자신을 점검하고 기억나는 모든 죄를 회개하는 시간을 갖는 일은 그들을 주님께 가까이 묶어두는 귀중한 방법이 될 수 있다.

오순절 기도모임들

「기도의 삶」(The Prayer Life)에서 앤드류 머레이는 오순절 기도모임의 기원에 대해 설명한다.[2] 1857-1858년에 미국에서 일어난 부흥은 1860년에는 이미 남아프리카까지 번진 상태였다. 1861년 목회자들은 오순절 전 주간에 매일 오후 기도모임을 갖기로 결정했다. 많은 심령들이 뜨거워졌고 깊은 감명을 받았다.

오순절은 성령께서 교회에 강림하신 날이라는 특별한 의미를 가진다. 그래서 교회들은 예수 승천일과 오순절 사이의 열흘간을 다락방에서 기도한 제자들처럼 매일 기도하며 보내기로 했다. 그후 50년 동안 오순절 기도모임(집회)이 지켜졌다. 목회자들은 설교와 기도 제목을 나누었다.

머레이에 따르면, 이런 기도모임은 하나님의 백성을 위한 부흥의 시간이 될 때가 많았다. 그는 이런 기도모임에는 풍성한 복음의 추수가 뒤따를 때가 많았다고 말했다. 오순절로 이어지는 특별기도 집회를 고려해 보고 싶지 않은가?

순례 기도모임들

1816년 웨일스에서 윌리엄 윌리엄즈(William Williams)는 성령의 사역에 대한 설교를 하고 있었다. 그는 교구민들에게 이런 제안을 했다. "여러분이 하나님께서 이 교구 전체를 구원하시는 데 동의한다면 어떻게 되겠습니까? '아, 그런데 어떻게 하면 하나님께서 그렇게 하실 수 있습니까?' 전 교구를 다 돌면서 기도모임을 계속 가지십시오. 이 집에서 저 집으로 옮겨가십시오 - 문을 열어주는 모든 가정으로 말입니다. 하나님께서 그 가정에 오셔서 그 가정을 구원해 달라는 기도를 드리십시오. 여러분이 전 교구를 한 바퀴 돌 때까지 하나님께서 오시지 않는다면, 다시 한 번 도십시오. 여러분이 전심으로 기도하면, 반도 채 돌기 전에 하나님께서 여러분에게 오실 것입니다."[3]

그 예배에 참석한 사람들 중에는 종교적 배경이 거의없이 외롭게 살고 있는 한 할머니가 있었다. 그녀는 매우 가난했지만 무리해서 초를 두 상자나 사서 순례 기도모임이 자기 집에서 있을 때를 준비했다. 거의 1년이 지난 후, 실망한 할머니는 초를 산 가게를 찾아갔다. 그녀는 주인에게 언제 기도모임이 자기 집에서 있을 것인지 물었다. 주인은 얼굴이 화끈 달아올랐다. 교인들은 그 제안을 대수롭지 않게 받아들였기 때문이다. 그가 이 일을 교회에 알림으로써 순례 기도모임이 시작되었다. 1817년 8월 어느 주일 저녁에 성령께서 권능으로 임하셔서 그 산골짜기에 놀라운 부흥을 일으키셨다.

당신의 교회에서도 하나님께서 부흥을 허락하실 때까지 한 집 한 집 옮겨다니면서 각 가정과 사회를 위해 기도하는 순례 기도모임을 시작해 보고 싶지 않은가?

바디 라이프 모임들

교회는 그리스도의 몸으로 묘사된다. 모든 지체는 몸 전체가 적절하게 기능하도록 돕는 데 있어 중요한 역할을 한다. '바디 라이프'(Body Life) 모임은 몸의 지체들이 서로를 보살피고 힘을 주기 위한 시간이다. 이것은 간증의 시간, 특별한 기도제목을 나누는 시간, 서로를 위해 기도해 주는 시간, 서로의 기쁨을 함께 나누는 시간, 서로의 눈물을 함께 나누는 시간이 될 수 있다. 이것은 구성원들이 잘못, 약함, 필요 등을 함께 나누고 필요에 처한 지체들을 돌보는 시간이다.

바디 라이프 모임은 함께 경배하고 삶을 나누는 것으로 전통적인 예배보다 덜 형식적이고 더 친밀한 시간이다. 바디 라이프 개념을 도입한 예배계획을 세워보라. 교인들이 로마서 12장과 고린도전서 12장을 공부하고 그리스도의 몸의 지체들이 서로 관계를 갖는 방법들을 열거해 보도록 하라. 교인들로 하여금 필요들을 나누며, 기도를 요청하고, 하나님의 선하심을 증거하며, 지난 날의 하나님의 축복을 기억하고, 서로를 돕고 격려하는 방법들을 이야기하게 하라. 교인들로 하여금 어떻게 하면 "서로 돌아보아 사랑과 선행을 격려"(히 10:24)할 수 있는지 생각하게 하라.

간증 모임들

350페이지의 '간증시간 인도하기'에 제시된 제안들을 활용하여 하나님의 백성이 그들 가운데서 나타나는 하나님의 고귀한 역사들을 선포하는 정규적인 시간을 제공하라(시 96편 참조). 하나님께서는 한 사람의 삶 가운데 최근에 행하신 일에 대한 증거(간증)들을 사용하셔서 다른 사람으로 하여금 그것과 유사한 체험을 갈망하게 하신다. 사람들이 하나님의 역사에 대해 들을 때, 그들의 믿음은 그들 자신의 삶과 가정에서 하나님의 특별한 역사가 일어날 것을 믿는 믿음으로 커져 간다.

말씀의 물로 씻음

주보 여백이나 다른 인쇄물에 특별한 주제와 관련된 성경구절들을 써넣어라. 강단에서 그 성경구절을 읽거나 전체 교인이 응답하는 태도로 읽게 하라. 전체가 한 목소리로 합창을 하듯 읽게 하라.

성경은 그 자체가 목적이 아니다. 성경은 언제나 사람들을 하나의 관계로 이끌어야 한다. 그러므로 사람들에게 읽은 성경구절들을 생각하면서 어떤 방법으로든 하나님께 응답하도록 요청하라. 예를 들면, 성경구절들을 낭독한 후에 다음과 같이 하라.

* 사람들로 하여금 기도하면서 하나님께서 이 진리에 대한 응답으로 그들이 무엇을 하기 원하시는지 물어보게 하라. 그 사람이 무엇을 생각하느냐는 그렇게 중요하지 않다. 하나님께서 그 메시지에 대한 응답으로 그들이 무엇을 하길 원하시느냐가 중요하다. 하나님께서 그의 백성에게 직접 말씀하실 수 있도록 그들을 하나님께로 향하게 하라.
* 이렇게 질문하고 요청하라. "하나님께서 여러분에게 어떤 죄를 깨닫게 하십니까? 그 죄를 고백하고 하나님께로 돌아가십시오." 인간이 무엇을 생각하고 말하느냐가 아니라 하나님께서 무엇을 하고 계시느냐에 강조점이 있다는 것에 주목하라. 이런 질문들을 활용할 때, 당신은 사람들이 하나님께서 원하시는 일을 하기 위해 그에게로 돌아가도록 독려하는 것이다. 그들의 관심이 하나님께로 쏠릴 때 기적이 일어나며 삶이 바뀐다!
* 사람들이 4-5명씩 작은 그룹을 이루어 하나님께 대한 응답으로 문장기도를 드리게 하라. 때로 이것은 작고 친밀한 한 그룹에서 서로의 벽을 허무는 아주 좋은 기회이다. 그러면

하나님께서 그들 가운데 임하시고 그들의 삶은 철저히 변한다. 이런 일이 한 그룹에서 일어나면, 그룹의 다른 사람들도 하나님을 만난다. 이런 체험에 대한 간증은 사람들 가운데 하나님의 역사가 크게 확대되는 계기가 될 수 있다.

당신 자신의 다림줄 메시지 준비하기

목회자들과 그 밖의 영적 지도자들은, 하나님께서 그룹이나 교회에서 다루기 원하시는 하나의 주제를 하나님께서 직접 정하게 하실 필요가 있다. 주어진 주제에 대해 하나님의 다림줄에 견주어 자신들의 삶을 평가하도록 사람들을 도와주는 적절한 질문이나 활동들과 함께 성경구절들을 제공하라. 그 주제에 대해 설교하거나 가르치고 사람들로 하여금 하나님께 응답하고 어떤 부분이든 그들이 하나님으로부터 떠난 곳에서 하나님께 돌아가도록 촉구하라. 역사 속의 많은 부흥의 기간 중에, 설교는 한 가지 구체적인 죄에 초점이 맞추어져 왔다. 설교자가 그 죄를 철저히 다룰 때, 하나님께서는 그의 백성을 철저히 다루셨다. 메시지에는 교만, 비탄, 험담, 분열, 탐심, 간음, 절도, 속임 등이 포함되었을 것이다.

교회 징계

하나님께서는 모든 개인에게 죄에 대한 책임을 물으신다. 하나님께서는 우리가 죄를 깨닫게 하시는 성령의 역사에 응답하길 기대하신다. 크리스천이 자신의 죄를 다루길 거절하면, 하나님께서는 교회가 그 죄를 다루도록 의도하신다. 교회는 많은 교인들로 구성되어 있다. 그러나 그들은 하나의 몸이다. 한 구성원이 거역한다면, 몸 전체에게 책임이 있다.

교회의 징계는 조심스럽게 사랑으로, 하나님의 인도하심을 따라 이루어져야 한다. 초대교회가 제멋대로인 교인들을 징계할 때 교인들은 크게 두려워했으며, 이런 두려움은 모든 교인들의 충성도를 높여주었다. 하나님께서는 교회에게 죄를 다룰 것을 명하셨다. 하나님께서 규정하신 일을 하지 못할 때, 교회는 죄를 짓는 것이며 하나님의 징계를 자청하는 것이다.

이러한 단계에 대해 당신의 교회를 준비시킬 필요가 있다. 우리는 이전의 교회 징계의 남용 때문에 하나님의 분명한 계명에서 떠났다. 교회가 이 부분에서 하나님의 인도하심을 받기 위해서는 주의 깊은 가르침과 많은 기도가 필요하다.

하나님께서는 교회 징계에 대해 어떤 말씀을 하시는가?

이러므로 우리 각인이 자기 일을 하나님께 직고하리라(롬 14:12).

몸 가운데서 분쟁이 없고 오직 여러 지체가 서로 같이하여 돌아보게 하셨으니 만일 한 지체가 고통을 받으면 모든 지체도 함께 고통을 받고 한 지체가 영광을 얻으면 모든 지체도 함께 즐거워하나니(고전 12:25-26).

형제들아 사람이 만일 무슨 범죄한 일이 드러나거든 신령한 너희는 온유한 심령으로 그러한 자를 바로잡고 네 자신을 돌아보아 너도 시험을 받을까 두려워하라 너희가 짐을 서로 지라 그리하여 그리스도의 법을 성취하라(갈 6:1-2).

내 형제들아 너희 중에 미혹하여 진리를 떠난 자를 누가 돌아서게 하면 너희가 알 것은 죄인을 미혹한 길에서 돌아서게 하는 자가 그 영혼을 사망에서 구원하며 허다한 죄를 덮을 것이니라(약 5:19-20).

장로에 대한 송사는 두세 증인이 없으면 받지 말 것이요 범죄한 자들을 모든 사람 앞에 꾸짖어 나머지 사람으로 두려워하게 하라 하나님과 그리스도 예수와 택하심을 받은 천사들 앞에서 내가 엄히 명하노니 너는 편견이 없이 이것들을 지켜 아무 일도 편벽되이 하지 말며(딤전 5:19-21).

이단에 속한 사람을 한두 번 훈계한 후에 멀리하라(딛 3:10).

너는 말씀을 전파하라 때를 얻든지 못 얻든지 항상 힘쓰라 범사에 오래 참음과 가르침으로 경책하며 경계하며 권하라(딤후 4:2).

누가 이 편지에 한 우리 말을 순종치 아니하거든 그 사람을 지목하여 사귀지 말고 저로 하여금 부끄럽게 하라 그러나 원수와 같이 생각지 말고 형제같이 권하라(살전 3:14-15).

또 형제들아 너희를 권면하노니 규모 없는 자들을 권계하며 마음이 약한 자들을 안위하고 힘이 없는 자들을 붙들어 주며 모든 사람을 대하여 오래 참으라 삼가 누가 누구에게든지 악으로 악을 갚지 말게 하고 오직 피차 대하든지 모든 사람을 대하든지 항상 선을 좇으라 항상 기뻐하라 쉬지 말고 기도하라 범사에 감사하라 이는 그리스도 예수 안에서 너희를 향하신 하나님의 뜻이니라(살전 5:14-18).

너희의 자랑하는 것이 옳지 아니하도다 적은 누룩이 온 덩어리에 퍼지는 것을 알지 못하느냐 너희는 누룩 없는 자인데 새 덩어리가 되기 위하여 묵은 누룩을 내어 버리라 우리의 유월절 양 곧 그리스도께서 희생이 되셨느니라 … 내가 너희에게 쓴 것에 음행하는 자들을 사귀지 말라 하였거니와 이 말은 이 세상의 음행하는 자들이나 탐하는 자들과 토색하는 자들이나 우상숭배하는 자들을 도무지 사귀지 말라 하는 것이 아니니 만일 그리하려면 세상 밖으로 나가야 할 것이라 이제 내가 너희에게 쓴 것은 만일 어떤 형제라 일컫는 자가 음행하거나 탐람하거나 우상숭배를 하거나 후욕하거나 술 취하거나 토색하거든 사귀지도 말고 그런 자와는 함께 먹지도 말라 함이라 외인들을 판단하는데 내게 무슨 상관이 있으리요마는 교중 사람들이야 너희가 판단치 아니하랴 외인들은 하나님이 판단하시려니와 이 악한 사람은 너희 중에서 내어 쫓으라 (고전 5:6-7, 9-13).

그러므로 내가 편지로 너희를 근심하게 한 것을 후회하였으나 지금은 후회하지 아니함은 그 편지가 너희로 잠시만 근심하게 한 줄을 앎이라 내가 지금 기뻐함은 너희로 근심하게 한 까닭이 아니요 도리어 너희가 근심함으로 회개함에 이른 까닭이라 너희가 하나님의 뜻대로 근심하게 된 것은 우리에게서 아무 해도 받지 않게 하려 함이라 하나님의 뜻대로 하는 근심은 후회할 것이 없는 구원에 이르게 하는 회개를 이루는 것이요 세상 근심은 사망을 이루는 것이니라 보라 하나님의 뜻대로 하게 한 이 근심이 너희로 얼마나 간절하게 하며 얼마나 변명하게 하며 얼마나 분하게 하며 얼마나 두렵게 하며 얼마나 사모하게 하며 얼마나 열심 있게 하며 얼마나 벌하게 하였는가, 너희가 저 일에 대하여 일절 너희 자신의 깨끗함을 나타내었느니라 그런즉 내가 너희에게 쓴 것은 그 불의 행한 자를 위한 것도 아니요 그 불의

당한 자를 위한 것도 아니요 오직 우리를 위한 너희의 간절함이 하나
님 앞에서 너희에게 나타나게 하려 함이로라(고후 7:8-12).

내가 이제 세번째 너희에게 갈 터이니 두세 증인의 입으로 말마다 확
정하리라(고후 13:1).

계속적인 갱신을 위한 그 밖의 아이디어들

당신 자신을 계발하는 데 고려해 보고 싶을 몇몇 아이디어들이 있다.

* 하나님 찾기 - 사람들로 하여금 당신이 섬기는 교회나 지역 사회 주변에서 하나님의 역사하심을 찾아내고 그것들을 몸(교회)에 알리도록 독려하라.

* 제자훈련 - 삶이 말끔히 청소된 후, 새로운 삶의 방식이 채워지지 않으면, 낡은 방식들이 다시 돌아올 것이다(마 12:43-45 참조). 삶이 청소된 후 빈 공간을 채울 바른 삶의 훈련을 제공하라.

* 기도의 집 - 기도하는 교회를 만들기 위해 모든 노력을 다 기울여라. 기도의 행위가 아니라 우주의 하나님과의 관계에 초점을 맞추어라.

* 예배의 의미 회복 - 많은 예배의식들이 그 의미를 잃어버렸다. 우리는 그것들을 평범한 또는 단순한 의식으로 취급하는 경향이 있다. 침례(세례)와 성찬예배는 중요하고 의미 있는 예배시간이 되어야 한다.

하나님의 은혜에 대한 증거: 오순절 기도모임들

텍사스 주의 웰링턴은 인구가 3,500명 정도 되는 작은 시골 도시이다. 제일침례교회(First Baptist Church)는 갱신의 시간을 지나왔다. 담임목사 조니 팀스(Johnny Tims)는 무슨 일이 일어났는지 잘 설명할 수 없었다. 그러나 그는 이렇게 말했다. "우리 교회는 달라졌습니다. 우리 교회는 3년 전의 우리 교회가 아닙니다. 우리에게는 영적인 일체감이 있습니다. 교인들은 서로를 사랑합니다. 그들은 주님을 사랑하고 주님께 순종하려 합니다. 그들은 기도의 짐과 잃어버린 자들을 그리스도를 믿는 구원의 믿음으로 인도하는 짐을 기꺼이 지고 있습니다."

1993-1994년에 교회는 전통적인 춘계, 추계 부흥회를 열지 않았다. 교인들은 하나님을 구하는 일에 관심을 집중시켰다. 그들은 하나님께서 그들에게 무엇을 해야 하는가를 가르쳐 주실 때 하나님을 그대로 따를 준비를 했다. 1995년 초에 그룹들과 개인들이 기도하고 있을 때, 교인들은 철저히 기도에 헌신해야 한다는 것을 느꼈다. 그들은 부흥과 영적 각성을 위한 하나님의 패턴을 연구했다. 그들은 하나님께서 다소간 그의 백성을 부흥시켰다는 것을 깨달았다. 그러자 그들은 잃어버린 사람들이 구원얻는 추수의 광경을 보게 될 것이라고 기대했다. 그러나 추수가 이루어지는 것을 보지 못하자 그들은 걱정이 되었다. 그들은 기도하고 다른 사람들의 조언을 구하면서 하나님께서 그들을 한 계획으로 인도하고 계시다는 것을 느꼈다.

그들은 유대 절기들을 연구하는 가운데 유대인들이 오순절

전 50일부터 초읽기를 해 나가는 것에서 가족적인 강조점을 두었다는 사실을 발견했다. 오순절에 강조된 것은 첫열매들이다. 초대교회는 오순절날에 3,000명이 회심할 때 풍성한 첫열매들을 맛보았다. 그들은 또한 예수 승천일과 오순절 사이 10일 동안 이뤄지는 오순절 기도모임들에 대한 앤드류 머레이의 증거에 대해서도 들었다(p. 372). 1995년 봄에 전체 교인들이 기도에, 특히 영적 추수에 대한 기도에 헌신했다.

유월절 후 첫 날부터 시작해서 가족들은 매일 모여 성경을 읽고 기도했다. 가족들은 개인적으로 알고 있는 잃어버린 사람들의 명단을 작성하고 그들의 구원을 위해 기도하기 시작했다. 이 일은 오순절까지 50일 동안 계속되었다.

오순절 주일 전 6주 동안, 전체 교회가 「하나님 앞에서」(In God's Presence)라는 기도에 대한 교제를 공부했다. 매주일 모든 장년 및 유년주일학교 학급들은 1시간 동안 함께 기도하고 그들이 기도에 대해 배운 것을 실행하는 시간을 가졌다. 찬양예배 동안, 자원자들은 구성원들이 제출한 특별 기도제목을 놓고 기도실에서 기도를 드렸다. 그들은 또한 지역사회의 잃어버린 사람들의 명단을 놓고 기도를 시작했으며, 그 명단은 점점 늘어났다.

오순절 전 열흘 동안, 교인들은 매일 밤 함께 모여 기도를 드렸다. 어느 날 밤 그들은 그 지역 모든 교회를 초청하여 국가를 위한 합심기도를 드렸다. 몇 날 밤은 팀을 나누어 각 가정에 가서 소그룹으로 기도를 드렸다. 어떤 소그룹들은 시내를 걸어다니며 기도를 했다. 또 어떤 그룹들은 카운티(행정구역) 전체를 차로 돌며 추수를 위해 기도했다. 어느 날 밤, 교회는 러시아로 단기선교를 보낼 팀을 구성했다. 그들은 영적 추수를 위해 함께 기도했다. 오순절 주일이 왔을 때, 하나님께서는 이 교회를 민족들을 위한 기도의 집으로 준비하셨다.

오순절 주일예배는 하나님께서 최근 몇 달간 행하신 일에 대한 간증(증거)과 나눔의 시간이 되었다. 한 번도 사람들 앞에서 간증을 해 보지 않은 사람들이, 자신들이 그리스도를 어떻게 알게 되었는가를 이야기했다. 네 사람이 그날 주님께 공개적으로 헌신을 다짐했다. 이들은 웰링턴의 첫 열매들로 여겨졌다. 그런 다음 교회는 하나님의 풍성하신 은혜와 그의 백성의 육체적 필요를 채워주심을 감사하기 위해 교회 마당에서 디너 파티를 열었다. 그날 오후 한 사람이 중생했다.

그후 몇 달 동안, 그들은 사람들을 그리스도께로 인도하는 하나님의 능력을 보기 시작했다. 러시아 선교여행팀도 400명이 그리스도께로 돌아오는 역사를 체험했다. 그들의 교회는 이미 여러 곳에 교도소 선교를 하고 있었다. 그들은 300명이 넘는 죄수들이 그들의 사역을 통해 그리스도를 믿는 구원의 믿음으로 돌아오는 것을 보았다. 교인들은 죄수들을 믿음으로 훈련시켰으며, 하나님께서 그들의 삶을 철저히 바꾸시는 것을 보았다. 이 작은 지역사회에서도 이들은 그리스도께 돌아오게 해 달라고 기도한 사람들 가운데 25명이 그리스도께로 돌아오는 것을 보았다. 이제 이들은 계속해서 기도하고 있다. 왜냐하면 기도는 교회의 첫째 가는 사역전략이며, 하나님께서 기도에 응답하신다는 것을 깨달았기 때문이다.

20장
이 땅의 부흥을 간구하는 기도

우리의 주권적인 하나님은 인간과 나라들을 다스리는 분이시다. 역사 전체를 통해 하나님께서는 나라들을 세우시고 그에게서 떠나 죄악 가운데 사는 나라들 위에 진노와 심판을 내리셨다. 우리 나라가 살아 남으려면, 우리가 하나님께 돌아가야 한다. 그만이 우리의 희망이다. 우리는 그를 의뢰해야 한다. 시편 기자가 말한 다음 진리를 읽고 당신이 나라를 위해 기도할 수 있는 방법들을 규명해 보라.

여호와께서 열방의 도모를 폐하시며 민족들의 사상을 무효케 하시도다 여호와의 도모는 영영히 서고 그 심사는 대대에 이르리로다 여호와로 자기 하나님을 삼은 나라 곧 하나님의 기업으로 빼신 바 된 백성은 복이 있도다 여호와께서 하늘에서 감찰하사 모든 인생을 보심이여 곧 그 거하신 곳에서 세상의 모든 거민을 하감하시도다 저는 일반의 마음을 지으시며 저희 모든 행사를 감찰하시는 자로다 많은 군대로 구원 얻은 왕이 없으며 용사가 힘이 커도 스스로 구하지 못하는 도다 구원함에 말은 헛것임이여 그 큰 힘으로 구하지 못하는도다 여호와는 그 경외하는 자 곧 그 인자하심을 바라는 자를 살피사 저희 영혼을 사망에서 건지시며 저희를 기근 시에 살게 하시는도다 우리 영혼이 여호와를 바람이여 저는 우리의 도움과 방패시로다 우리 마음이 저를 즐거워함이여 우리가 그 성호를 의지한 연고로다 여호와여 우리가 주께 바라는 대로 주의 인자하심을 우리에게 베푸소서(시 33:10-22).

하나님의 계획이 사람들과 나라들의 계획에 앞설 것이다. 하나님께서는 인간을 보시고 인간의 마음을 하나씩 다듬으신다. 나라의 부흥을 위한 기도를 시작하고 싶은가? 그렇다면 당신 마음에서 부흥을 구하는 것으로 시작하여 당신 안에서 부흥이 일어나게 하라.

우리 나라가 지금 직면해 있는 절망적인 문제들 가운데 많은 것이 우리 죄의 결과이자 하나님의 징계와 의로운 심판의 증거라는 것을 많은 사람들이 느끼고 있다. 하나님께서는 우리에게 징계를 내리신다. 역사 전체를 통해, 이것이 하나님의 패턴이었다. 하나님께서 심판을 내리실 때, 어떤 군사력이나 기술이나 인간의 전문지식도 하나님의 진노로부터 나라를 구할 수 없었다.

얼마 전에 세계는 무신론의 소련이 무너지는 것을 지켜 보았다. 거의 하룻밤 사이에 장벽들이 무너져내렸고 복음이 유럽과 아시아 전역에 퍼질 수 있었다. 전례 없이 많은 사람들이 그리스도께 돌아오고 있다. 지구의 어떤 지역들은 지금도 새로운 영적 각성을 체험하고 있다. 어떤 사람들은 이 문제에 대해 논쟁을 벌이겠지만, 하나님께서는 공산주의의 붕괴에 중요한 역할을 하셨다. 하나님의 바람은 모두가 회개하고 진리를 아는 것이다.

오늘날 이런 큰 추수밭에서 일하는 어떤 선교사들은 서구 기독교가 하나님께서 하시는 일을 오염시키지 않기를 기도하고 있다. 서구교회의 음란과 위선과 무기력과 타협이 세상의 다른 지역들에서 하나님의 이름을 더럽히고 있다.

부흥, 우리의 유일한 소망

우리 나라의 미래에 대한 유일한 희망은, 부흥이 우리 교회들을 휩쓸고 영적 각성이 이 땅을 깨우는 것이다. 우리 나라가 하나님께 돌아가고 다시 그를 두려워하려면, 하나님의 백성이 먼저 회개해야 한다. 기억하라. 하나님의 백성이 회개하고 부흥이 일어날 때, 우리 땅은 고침을 받는다. "내 이름으로 일컫는 내 백성이 그 악한 길에서 떠나 스스로 겸비하고 기도하여 내 얼굴을 구하면 내가 하늘에서 듣고 그 죄를 사하고 그 땅을 고칠지라"(대하 7:14).

부흥을 보고 싶다면, 하나님의 요구조건들을 충족시켜야만 한다. 그리고 우리의 완악한 교만을 거침없이 다루고 하나님 앞에 우리를 겸손히 낮추어야 한다. 그런 다음 기도하고 그의 얼굴을 구해야만 한다. 기도는 한 인물과의 관계이다. 기도는 우주의 보좌의 방에 들어가 전능하신 여호와 하나님 앞에 서는 것이다. 하나님의 백성이 진지하게 기도하고 거룩한 하나님 앞에 설 때, 그들은 스스로의 죄를 깨닫고 상하고 찢긴 마음으로 하나님의 위엄 앞에 엎드릴 것이다.

우리 죄의 본성을 깨닫고 그 죄에 대해 마음을 찢을 때, 우리는 회개하고 하나님께 돌아갈 준비를 갖추게 된다. 우리가 그저 하나님의 초대에 응하기만 하면, 하나님께서는 회개를 허락하시고 능하게 하실 준비를 하신다.

부흥을 위한 참되고 진실된 기도는 우리를 회개로 인도한다. 이 땅에서 부흥이 일어나는 것을 보려면, 먼저 우리는 가능한 수준에서 기도하고 회개하는 일을 시작해야 한다.

* 개개인으로서
* 가정으로서
* 교회로서
* 사업체로서
* 지역사회로서
* 교단으로서
* 더 큰 기독교 사회로서
* 마지막으로 하나의 나라로서

부흥을 위해 기도하기

당신은 하나님께서 당신의 가족, 교회, 도시, 교단, 나라를 변화시키는 데 당신을 사용하실 만큼 기도의 사람이 되기 위해 당신의 생활방식을 기꺼이 바꾸겠는가? 하나님께서 원하시는 패턴은 지도자들을 통해 부흥을 시작하는 것이다. 지도자들을 위해 기도하라.

그러므로 내가 첫째로 권하노니 모든 사람을 위하여 간구와 기도와 도고와 감사를 하되 임금들과 높은 지위에 있는 모든 사람을 위하여 하라 이는 우리가 모든 경건과 단정한 중에 고요하고 평안한 생활을 하려 함이니라 이것이 우리 구주 하나님 앞에 선하고 받으실 만한 것이니 하나님은 모든 사람이 구원을 받으며 진리를 아는 데 이르기를 원하시느니라 … 그러므로 각처에서 남자들이 분노와 다툼이 없이 거룩한 손을 들어 기도하기를 원하노라(딤전 2:1-4, 8).

하나님의 은혜에 대한 증거: 하나님께서 미국을 고치셨다

다음은 미국 국민들에게 개인과 국가적인 죄를 회개할 것을 촉구한 미국 지도자 한 사람의 이야기이다. 상원과 대통령은 그들이 직면하고 있는 남북전쟁이 미국의 죄에 대한 하나님의 의로운 심판의 결과임을 느꼈다. 미국의 분열은 큰일이었다. 미국이 그렇게 큰 내란 후에 두 나라로 갈라지지 않을 이유가 없었다. 그러나 대통령은 국민들에게 기도와 회개를 촉구했다. 남북전쟁이 끝났다. 국가는 다시 하나가 되었다. 그 땅은 치료받았다. 이것은 하나님께서 혼란 가운데 있는 나라를 어떻게 회개케 하시는가를 보여주는 하나의 증거이다.

남북전쟁 동안, 상원과 에이브러햄 링컨 대통령은 국가가 전능하신 하나님 앞에 스스로를 낮추고 하나님 앞에서 국가적 죄를 회개할 필요성을 절실히 느꼈다. 다음 인용문은 1861년과 1864년 사이에 링컨 대통령이 발표한 선언문들이다.

국가 금식일 선포, 1861년 8월 12일

"상하원 합동위원회는 미합중국 대통령을 방문하여 미합중국 국민들이 엄숙하게, 전능하신 하나님께 간절한 기도를 드리면서 지킬 공식적인 기도와 겸비와 금식의 날을 하루 추천해 줄 것을 요청했습니다… 언제나 마찬가지지만, 지금은 모든 국민이 하나님의 최고 통치권을 인정하고 존중해야 할 때입니다. 겸손하게 그의 징계에 순복하고, 여호와를 경외하는 것이 지혜의 근본임을 확신하고서 자신들의 죄와 허물을 고백하고 회개하며, 간절함과 뉘우치는 마음으로 그들의 지난 잘못에 대한 용서를 구하는 기도를 드리고… 한때 하나님의 축복으로 하나였고, 번영했으며, 행복했던 우리의 사랑하는 조국이 이제 알력과 내란으로 고통당하고 있습니다. 그러므로 지금은 우리가 이 무서운 재앙 가운데 하나님의 손을 인정하고, 한 나라와 개인으로서 우리의 잘못과 범죄를 가슴아픈 마음으로 회개하면서 하나님 앞에서 우리 자신을 낮추고 그의 자비를 위해 기도할 때입니다… 그러므로 미합중국 대통령인 나 에이브러햄 링컨은 오는 9월 마지막 목요일을 온 미국인의 겸비와 기도와 금식의 날로 선포합니다."

국가 금식일 선포, 1863년 3월 30일

"이에 인간과 국가들의 모든 일에서 전능하신 하나님의 최고 권위와 공의로운 통치를 절실히 깨달은 미합중국 상원은 결의로써 대통령에게 국가적 기도와 겸비를 위해 한 날을 따로 정해 주길 요청했습니다.

하나님의 통치하시는 힘을 의지하는 것, 겸손히 애통하며 드리는 진정한 회개는 자비와 용서를 가져다준다는 확실한 희망을 가지고 우리 죄와 허물을 고백하는 것 그리고 성경에 선포되어 있으며 모든 역사를 통해 증명된 최고의 진리, 즉 하나님을 주로 모신 나라들만이 축복을 받는다는 진리를 깨닫는 것은 개인뿐만 아니라 국가의 의무입니다.

우리는 개인과 마찬가지로 국가들도 하나님의 법에 의해 이 세상에서 징벌과 응징을 받는다는 것을 알고 있습니다. 지금 전국을 황폐화시키고 있는 내전의 무서운 참화가 우리의 건방진 죄 때문에, 우리 나라 전체가 개혁될 필요성 때문에 우리에게 임한 징벌이라고 생각하는 것이 옳지 않겠습니까? 우리는 천국의 풍성함의 수혜자로 선택되었습니다. 우리는 오랜 세월 동안 평화와 번영을 누려 왔습니다. 우리는 다른 어떤 나라도 맛보지 못한 전례 없는 숫적인 성장과 인구증가와 힘의 성장을 이루었습니다. 그러나 우리는 하나님을 잊어버렸습니다. 우리는 우리를 평화롭게 지켜주셨으며, 우리를 풍성케 하시고 부하게 하시며 강하게 하신 은혜의 손을 잊어버렸습니다. 우리는 교만하여져서 이 모든 축복이 우리 자신의 높은 지혜와 덕으로 이루어졌다는 헛된 생각을 해 왔습니다. 우리는 연이은 성공에 취해 구속과 보존의 은혜의 필요성을 느끼지 못할 만큼 거만해졌으며, 우리를 지으신 하나님께 기도하지 못할 정도로 교만해졌습니다.

그러므로 크신 권능 앞에서 우리를 낮추고, 우리의 국가적인 죄를 고백하며, 인자와 용서를 구하는 기도를 드리는 것이 우리의 의무입니다….

이제 상원의 요청에 전적으로 동의하여, 나는 1863년 4월 30일을 국가적인 겸손과 금식과 기도의 날로 선포하는 바입니다. 그리고 모든 국민들이 이 날에 일상적인 세속적 추구를 삼가고, 공적인 예배장소와 각 가정에 모여 이날을 주님께 거룩한 날로 지키며, 이날에 적절한 종교적 의무들을 겸손하게 이행할 것을 요청합니다 … 이 모든 것이 신실하게 진리 가운데 이루어질 때, 하나님의 가르침에 의해 보증된 소망, 즉 한 나라의 합심된 외침이 높은 곳에서 들려지며, 다름아닌 우리 국가적 죄 용서와 지금 갈려져 고통당하는 우리 나라가 하나 되고 평화로운 이전의 행복한 상태로 회복되는 그런 축복으로 응답되리라는 소망 가운데 겸손히 쉬기로 합시다."

기도의 날 선포, 1864년 7월 7일

"이에 상원과 하원은 마지막 회의에서 7월 2일에 승인된 것을 만장일치로 채택하는 바이며, 그 내용은 다음과 같다.

미합중국 대통령은 국민들로부터 겸비와 기도를 위해 하루를 지정해 줄 것을 요청받았습니다. 국가의 최고 행정수반인 그와 함께 워싱턴에 있는 그의 최고 행정참모들(장관들)과 상원의원, 모든 판사, 공무원, 육군, 해군, 공군장교 및 병사들 그리고 충성스럽고 법을 지키는 모든 국민들이 그들의 일상 예배처나 어느 곳이든 가능한 곳에 모여 그들의 갖가지 죄를 고백하고 회개하며, 전능하신 하나님의 자비와 용서를 구하고 … 세상의 최고 통치자이신 그에게 한 나라로서 우리를 무너뜨리지 마시고 우리가 다른 나라들의 적의나 공모로 또는 그의 영원한 목적과 배치될 수 있는 우리 자신의 조언들에 집착하여 망하지 않게 해 달라고 간구하는 시간을 갖길 요청합니다….

그러므로 이제 나 에이브러햄 링컨은 … 오는 8월 첫째 목요

일을 미합중국 국민 전체가 국가적 겸비와 기도의 날로 지킬 것을 선포합니다.

이에 나는 이 정부의 장관들, 모든 의원들, 모든 판사들, 공무원이든 군인이든 선원이든 간에 이 땅에서 권위를 행사하는 모든 사람들과 미합중국의 충성스럽고 법을 지키는 모든 국민들이 이 날 그들이 좋아하는 공적 예배처에 모여 전능하시며 자비로운 우주의 통치자에게 경의를 표하고 죄를 고백하며, 미 상원의원이 앞에서 했던 것과 같은 엄숙하고 열성적이며 겸허하게 추천되는 그런 간구를 드리길 요청하는 바입니다."

미합중국과 도움이 필요한 지구상의 다른 나라들에게, 각 나라의 지도자들이 하나님을 경외하며 국가에 기도와 회개를 촉구하는 그런 날이 오기를! "하나님이여, 다시 한 번 역사하소서!"

요약

- 우리의 주권적인 하나님은 인간과 나라들을 다스리는 분이시다.
- 나라가 살아 남으려면, 우리가 하나님께 돌아가야 한다.
- 나라의 부흥을 위해 기도하는 일을 시작하고 싶다면, 당신 마음에서 부흥을 구하는 것으로 시작함으로써 당신 안에서 부흥이 일어나게 하라.
- 기억하라. 하나님의 백성이 회개하고 부흥이 일어날 때, 우리 땅은 고침을 받는다.

* 하나님의 백성이 진지하게 기도하고 거룩한 하나님 앞에 설 때, 그들은 스스로의 죄를 깨닫고 상하고 찢긴 마음으로 하나님의 위엄 앞에 엎드릴 것이다.
* 부흥을 위한 참되고 진실된 기도는 회개로 이어질 것이다.
* "하나님이여, 다시 한 번 역사하소서!"
* "우리 구원의 하나님이여 우리를 돌이키시고 … 이에 영광이 우리 땅에 거하리이다"(시 85:4, 9).

기도 가운데 하나님을 만나기 위해 당신은 기꺼이 기도하는가? 당신이 개인적으로 기도를 시작할 수 있는 몇 가지 방법들이 있다. 당신은 이런 제안들을 합심기도에도 사용할 수 있을 것이다.

* 하나님께서 그의 거룩함을 보여주시고 우리 모두를 다루실 때 모든 영광을 받으시도록 기도하라.
* 하나님께서 우리와 우리 지도자들이 개인적, 집단적 죄로 인한 그의 징벌을 깨닫게 되는 데 필요한 모든 일을 하시도록 기도하라.
* 지도자들이 하나님 앞에서 스스로를 겸비하도록, 즉 거룩하신 하나님 앞에서 마음을 찢고 겸손할 수 있게 해 달라고 기도하라.
* 지도자들이 하나님은 인간과 나라들의 주권적인 통치자이심을 인정하도록 기도하라.
* 지도자들이 하나님의 인도와 도우심을 의지하도록 기도하라.
* 지도자들이 하나님의 징계와 심판을 깨닫고 가족과 교회와

도시와 교단과 국가에게, 회개하고 하나님께 돌아가라고 촉구하도록 기도하라.
* 각 그룹의 모든 사람들이 하나님의 징계와 심판을 깨닫고 지도자를 따라 전심으로 하나님께 돌아가도록 기도하라.
* 하나님께서 당신의 가정과 교회와 도시와 교단과 나라에서 그의 목적을 이루실 때, 그에게 영광과 감사와 찬양을 돌려라.

다른 사람들과 함께 하나님 만나기

당신의 나라와 하나님과 그의 의로운 목적들에 정말 관심이 있다면, 결연한 노력을 기울여 다른 신자들과 함께 부흥을 위해 기도하라. 부흥이 당신에게서 시작되어 당신의 가정과 교회와 도시와 당신이 속한 교단과 나라에까지 확산되도록 기도하라. 여기서는 토론 문제들을 제시하지 않았다. 대신에 다른 사람과 함께 기도하는 데 도움이 되는 몇몇 제안들을 제시했다.

1. 기도중에 하나님의 임재와 적극적인 간섭을 받아들여라.
2. '교회' 용어보다는 일상적인 어휘를 사용하라.
3. 집단적인 죄를 고백할 때, 우리는, 우리를, 우리의, 우리의 것보다는, 나는, 나를, 나의, 나의 것이라는 단어들을 사용해서 기도하라.
4. 기도시간이 끝날 때까지 종결어('아멘'이나 '예수님의 이름으로')를 쓰지 말라.
5. 고백과 깨끗케 함과 화해의 기도를 통해 스스로를 준비하라.

6. 찬양과 경배와 감사의 기도를 드리는 시간을 가져라.
7. 간구와 중보기도를 드리는 시간을 가져라. 처음부터 기도제목을 열거하고 논의하는 대신 기도중에 기도제목들을 나누어라.
8. 한 번에 한 가지 제목을 놓고 기도하라.
9. 그 제목에 대해 돌아가며 기도하라. 하나님께서 기도를 인도하시는 한 그 제목에 대해 계속 기도하라.
10. 당신이 하나님께 구하는 바를 명확하게 구체화하라. 모호하거나 일반적인 간구를 피하라.
11. 하나님의 뜻에 합당하게 당신의 기도를 인도해 달라고 성령께 간구하라.
12. 하나님의 관점을 고려해 놓고 하나님께 기도에 응답할 이유를 제시하라.
13. 성경원칙, 패턴, 약속들을 활용하여 기도를 드려라.
14. 성령의 인도하심으로 다른 사람들과 같은 기도를 드리기를 구하라.
15. 성령께서 당신에게 기도를 촉구하는 방향들에 주목하라.
16. 당신이 위해서 기도하고 있는 사람이 느끼는 바를 당신이 '느낄 수' 있도록 그 사람의 입장이 되기를 구하라.
17. 당신의 기도에 대한 인도나 응답을 찾기 위해 다른 사람들의 기도에 귀를 기울여라.
18. 다른 사람들의 기도에 반응하라.
19. 서로를 위해 기도하라.

20. 시간이 허락하면, 하나님께서 당신에게 볼일이 끝날 때까지 기도하라.
21. 당신이 기도해 온 기도제목들을 기록하는 것을 고려해 보라. 그러면 당신은 하나님의 응답을 기대할 수 있을 것이다.
22. 하나님께서 당신의 기도 중 하나에 응답하실 때, 감사하며 그의 놀라운 역사를 증거할 기회를 구해야 한다는 것을 기억하라.[1]

부흥을 위한 기도: 시편 85:4-9

우리 구원의 하나님이여 우리를 돌이키시고
우리에게 향하신 주의 분노를 그치소서
주께서 우리에게 영원히 노하시며
대대에 발분하시겠나이까
우리를 다시 살리사
주의 백성으로 주를 기뻐하게 아니하시겠나이까
여호와여 주의 인자하심을 우리에게 보이시며
주의 구원을 우리에게 주소서
내가 하나님 여호와의 하실 말씀을 들으리니
대저 그 백성, 그 성도에게 화평을 말씀하실 것이라
저희는 다시 망령된 데로 돌아가지 말지로다
진실로 그의 구원이 그를 경외하는 자에게 가까우니
이에 영광이 우리 땅에 거하리이다.

각주

1장

1. Jonathan Edwards, "Narrative of Surprising Conversions," *The Works of President Edwards*(New York: Leavitt & Allen, 1857), 231-72 그리고 Frank Grenville Beardsley, *The History of American Revivals*, 2nd ed., rev. and enl.(New York: American Tract Society, 1912), 20-83에서 인용.

2장

1. C. L. Culpepper, *The Shantung Revival*(Atlanta: Home Mission Board, 1982) 그리고 Bertha Smith, *Go Home and Tell*(Nashville: Broadman Press, 1965)에서 인용.

3장

1. Beardsley, History of American Revivals, 84-107과 E. A.

Payne, "The Prayer Call of 1784," Ter-Jubilee Celebrations 1942-44(Baptist Missionary Society, 1945), 19-31에서 인용.

4장

1. 웨일스의 각성운동에 대한 더 자세한 사항은 J. Edwin Orr, *The Flaming Tongue*(Chicago: Moody Press, 1973), 또는 Richard Owen Roberts, *Glory Filled the Land*(Wheaton, Ill.: International Awakening Press, 1989)를 보라.

5장

1. "Christ-Centered Revival," *National Prayer Conference Notebook*(June 1990), 9-12.

7장

1. Beardsley, *History of American Revivals*, 216.

2. Ibid. For further reading, see J. Edwin Orr, *The Event of the Century: The 1857-1858 Awakening*, ed. Richard Owen Roberts(Wheaton, Ill.: International Awakening Press, 1989).

8장

1. Robert E. Coleman, ed., *One Divine Moment: The Asbury Revival*(Old Tappan, N. J.: Fleming H. Revell Co., 1970)에서 인용. 이 부흥에 대한 실제 모습과 음성기록, 참여한 사람들과의 인터뷰까

지 담고 있는 비디오 테이프도 구할 수 있다 - *When God Came*, Broadman & Holman. 이 테이프를 당신의 가족이나 교회에 보여주는 일이 우리 시대에 '부흥의 불씨'로 하나님께 쓰임받을 수도 있다.

12장

1. John Avant, Malcolm McDow, and Alvin Reid, eds., *Revival! Brownwood, Fort Worth, Wheaton and Beyond*(Nashville: Broadman & Holman, 1996).

19장

1. Andrew Murray, *The Lord's Table: A Help to the Right Observance of the Lord's Supper* (Fort Washington, Penn.: Christian Literature Crusade, 1985).

2. Murray, *The Prayer Life* (Springdale, Penn.: Whitaker House, 1981).

3. Lewis H. Elvet, "With Christ Among the Miners," *Glory Filled the Land*, ed. Richard Owen Roberts (Wheaton, Ill.: International Awakening Press, 1989), 20.

20장

1. T.W. Hunt and Claude V. King, *In God's Presence*(효과적인 합심기도에 대한 한 과정), (Nashville: LifeWay Press, 1995), 94.

요단 사역정신

"그러므로 너희는 가서 모든 민족을 제자로 삼아 아버지와 아들과 성령의 이름으로 침(세)례를 베풀고 내가 너희에게 분부한 모든 것을 가르쳐 지키게 하라
볼지어다 내가 세상 끝날까지 너희와 항상 함께 있으리라 하시니라"

1. For God and Church
하나님의 영광과 그의 몸 된 교회의 영적 성장과 성숙을 위한 도서를 엄선하여 출판한다.

2. Prayer-focused Ministry
기획·편집·제작·보급의 전 과정을 기도 가운데 진행한다.

3. Path to Church Growth
건강한 교회를 세우는 축복의 통로로 섬긴다.

4. Good Stewardship and Professionalism
선한 청지기와 프로정신으로 문서 사역에 임한다.

5. Creating a Culture of Christianity by Developing Contents
각종 문화 컨텐츠를 개발함으로 기독교 문화 창달에 기여한다.